崛起的资产托管业务

杨 洪 方铭辉◎编著

1998
~
2018

中信出版集团 · 北京

图书在版编目（CIP）数据

崛起的资产托管业务 / 杨洪，方铭辉编著 . -- 北京：
中信出版社，2018.9（2018.9 重印）
ISBN 978-7-5086-9319-4

I.①崛… II.①杨…②方… III.①商业银行－资
产管理－研究－中国 IV.① F832.33

中国版本图书馆 CIP 数据核字（2018）第 179328 号

崛起的资产托管业务

编 著 者：杨 洪 方铭辉
出版发行：中信出版集团股份有限公司
（北京市朝阳区惠新东街甲 4 号富盛大厦 2 座 邮编 100029）
承 印 者：北京诚信伟业印刷有限公司

开 本：787mm×1092mm 1/16 印 张：24.5 字 数：242 千字
版 次：2018 年 9 月第 1 版 印 次：2018 年 9 月第 2 次印刷
广告经营许可证：京朝工商广字第 8087 号
书 号：ISBN 978-7-5086-9319-4
定 价：79.00 元

这是一片 "绿海"

1998 年，我国资产托管业务与证券投资基金相伴而生。2018 年是我国开展资产托管业务的第二十年。这二十年来，我国金融业的发展日新月异、方兴未艾，资产托管业务犹如一艘新型的"护卫舰艇"，为我国金融业的"万吨航母"保驾护航。资产托管业务凭借着强大的内在生命力，植根于证券投资基金，并迅速拓展至券商资管、理财、信托、保险、年金、私募等领域，产品与服务不断创新，国际化程度不断提升，成为金融业中一支重要的生力军，正在驶向一片更加广阔的"绿色海洋"。

之所以为"绿海"，是因为资产托管业务与"绿色"有着不解之缘：有破竹成林之"绿"，有轻型发展之"绿"，也有金融安全之"绿"。

2018 年一季度，我国资产托管总规模超过 144 万亿元，资产托管业务产品种类达到数十种，服务内容从基础的资产保管、资金清算、估值核算、投资监督渗透到资产对接、绩效评估、账户体系与综合方案设计，服务对象从金融机构到企业与个人，服务范围从境内到境外，从业机构从商业银行到证券公司再到专业登记机构。二十年来，资产托管业务从新兴迅速走向成熟，发展速度势如破竹。中国银行业协会牵头各托管银行成立了托管业务专业委员会，为我国托管业务的发展夯定了坚实的基础。今天，我国的资产托管业务正处在风华正茂、挥斥方遒的时代。此为破竹成林之"绿"。

当今，我国银行业面临利差收窄与金融脱媒的困局，各家商业银行纷纷致力于发展低资本消耗的业务品种，探索更加集约化的经营方式。美欧商业银行为摆脱金融危机的影响，不断探索转型，压缩传统的信贷业务并扩大中间业务的占比。资产托管业务以托管营运与产品增值服务为核心业务，资源消耗少，不占用且不受限于风险资本，不受传统信用风险影响，能有效提升商业银行的非息收入和综合赢利水平，是"新常态"下商业银行理想的低风险利润增长点，是极具价值的"绿色"中间业务。此为轻型发展之"绿"。

伴随着我国经济的蓬勃发展，金融业作为驱动我国经济发展的引擎，保持着创新前行。一路上，有机遇，也有风险，有波澜，也有乱流。投资者权益受到不法侵害的情况屡有发生。保护投资者权益是资产托管人的第一要职，资产托管业务在我国经济起飞的时代肩负起了为我国金融安全保驾护航的神圣使命。笔者自参加工作以来，一直在银行体系内工作，从中国人民银行到中国工商银行再到中信银行，从公司业务到零售业务再到资产托管业务，从信贷科科长、处长、支行行长到分行部门总经理，从总行部门负责人到筹建分行，又从省级分行行长到总行部门总经理，一步一个脚印，步步也未落下。伴随着我国金融改革的大潮，三十多年来，笔者积累了丰富的银行业务经验，深入了解了金融业各个业务环节的关键节点，也非常高兴能够将半生所学应用到托管这一专业性较强的新兴业务上，以托管人的专业性来捍卫国家金融安全并营造"绿色"的金融生态环境。此为金融安全之"绿"。

笔者于 2016 年 3 月调任中信银行资产托管部总经理，同年担任中国银行业协会托管业务专业委员会副主任，自此与资产托管业务结下不解之缘。通过一段时间的潜心学习与研究，笔者深刻地了解并认识了资产托管业务这片"绿海"。在学习的过程中，笔者发现，资产托管业务作为一项新兴业务，理论文献非常匮乏。十余年来，仅有刘长江先生的《商业银行资产托管业务》与夏博辉先生的《资产托管与托管银行》两部专著，以及中国银行业协会托管业务专业委员会每年编著的《中国资产托管行业发展报告》，高质量的论文更是凤毛麟角。于是，笔者起意撰写本书，希望通过本书，将笔者在从事资产托管业务过程中的所学、所获、所做、所感记录和分享。更希望借此书对我国资产托管行业的发展贡献一点绵薄之力。

在本书的撰写过程中，笔者得到了有关领导、同事、专家学者和朋友的指点，得到了父母、太太和女儿的理解与鼓励，在此一并表示衷心的感谢！笔者每天的工作时间保持在至少 10 小时以上，笔者的合作者方铭辉先生在写作的过程中更是星期六保证不休息、星期天休息不保证，这才保证了在繁忙的工作之余完成了本书的写作。在此一并向方铭辉先生和他的太太姚女士表示衷心的感谢。

笔者自担任中信银行资产托管部总经理以来，带领团队改系统、优服务、建体系、设机构、梳流程、立制度、控风险，设计确定了"商行＋投行＋托管"的业务发展模式，推动和促进资产托管业务成为中信银行的战略性业务之一，将资产托管业务写入了中信银行战略发展规划：继续巩固托管业务的战略性地位，深化"商行＋投行＋托管"业务模式，强化公募证券投资基金、证券公司托管等特色产品创新，完善托管业务架构体系，推进托管系统建设，实现操作简便化、流程智能化、配置一体化、监控实时化，打造托管业务多元化发展格局。中信银行的资产托管规模在不到两年的时间里实现新增 4 万亿元，截至 2018 年一季度，中信银行资产托管规模超过 8.5 万亿元，其中，公开募集证券投资基金、证券公司资管计划、商业银行理财、信托和第三方监管五项托管单品的托管规模均超过万亿元。

由于个人学识所限，不足之处在所难免，希望得到同行与各位学者的指正。笔者也希望借此书抛砖引玉，在未来能有更多有识、有志之士为我国资产托管业务的发展谱写华章。

这是一片"绿海"。让我们共同扬帆，乘风远航！

中信银行总行资产托管部总经理

杨洪

二〇一八年初于北京

上篇： 洞见　基本逻辑与发展综述

中篇： 精进 业务体系与实务操作

下篇： 驾驭 托管实战与特色案例

上篇： 洞见

基本逻辑与发展综述

第一章

风靡全球的轻型利润引擎

资产托管业务在我国仅有 20 年的历史，尚属一项新兴业务，连很多有关商业银行的教科书都没有介绍这项业务，甚至很多银行的从业人士也对资产托管业务不甚了解。那么，资产托管业务究竟有何魔力，能够在短短 20 年内根植我国市场并获得如此磅礴的发展？能够让全球知名的百年上市银行出售传统业务，转型为专业托管银行？能够吸引众多机构重视并发展这项新兴业务？资产托管业务又是从哪里起源？在哪里发展壮大？在我国都经历了哪些发展历程呢？

银行业启动的全新引擎

传统商业银行业务在全球已有几百年的历史。一直以来，商业银行都是资本聚集与流转的平台，是金融体系的基石。但是，自二十世纪七八十年代以来，不少国际知名的商业银行选择卖掉传统的银行业务，包括批发银行与零售银行等主流业务，转而专门从事资产托管业务。转型的银行包括道富银行（State Street）、纽约梅隆银行（BNY Mellon）等国际知名的上市银行。转型后，这些银行几乎完全剥离了传统的资产类银行业务，以提供专业化的托管及资产管理作为核心业务，托管资产达到数十万亿美元，是这些托管银行自身资产的百倍有余。因为在全球百余个市场提供资产托管服务，这些银行获得了巨额的轻资本利润。耐人寻味的是，这些托管银行在金融危机中完全没有受到冲击，反而是那些倚重传统业务的银行受到巨大的影响，甚至不乏破产的银行。

1978 年 12 月，中国共产党第十一届中央委员会第三次全体会议（简称十一届三中全会）确定了我国改革开放的政策。该政策的实施拉开了我国现代化建设和经济快速发展的大幕，极大地解放和发展了社会生产力，提高了综合国力。我国建立了全面的物质生产体系，国际地位持续不断提高，人民生活水平、人口平均寿命、教育发展都获得了显著提升。

随着我国加入世界贸易组织（World Trade Organization，简称WTO），我国经济与国际接轨，全面融入了世界经济体系和经济全球化的大浪潮。无论是对内改革还是对外开放，随着我国经济发展取得翻天覆地的变化，我国的金融体系也逐渐成长、成熟，并在我国经济发展的浪潮中扮演了重要的角色。在金融体系中，商业银行承担的责任尤为重要，就像整个体系的基石，其交易功能和融资功能为社会提供底层金融流动的保障和资金融通的链条。商业银行的业务体系从最基本的负债业务与信贷业务开始不断发展演化，根据客户类型、产品类型、服务类型衍生出各类细分业务，包括批发业务、零售业务、金融市场业务、投资银行业务、国际业务、同业业务、信用卡业务等。资产托管业务也是基于商业银行的交易功能和融资功能，与公开募集证券投资基金（简称公募证券投资基金或公募基金）相伴而生的。

1998 年，证券投资基金在我国诞生，资产托管业务随之出现。作为一项新兴的托管业务，资产托管业务与其他商业银行业务最大的不同是，资产托管业务并不依赖银行自身的资产进行经营，而是托管人（即商业银行或其他具备资格的金融机构）作为独立的第三方为受托资产提供托管服务，受托资产完全独立于托管人自身的资产。正因如此，资产托管业务是一项纯粹的"绿色"中间业务，是完全依赖专业服务获取收入的一项业务。

随着利率市场化的不断推进以及竞争的不断加剧，商业银行传统业务的发展举步维艰。信用风险、流动性风险和利率风险无不伴随传统业务左右。但资产托管业务是依靠专业化服务获取利润，完全摆脱了传统银行的重资本经营模式。正因如此，海外的百年上市银行选择了出售传统业务并向专业化资产托管发展；也正因如此，我国越来越多的商业银行甚至证券公司和专业机构开始聚焦资产托管。

资产托管业务从零开始，短短 20 年内在我国金融市场呈星火燎原之势。目前，我国总资产托管规模已经超过了 100 万亿元，托管机构如雨后春笋般涌现，越来越多的商业银行甚至证券公司将资产托管业务作为向轻资本转型的战略性业务，资产托管业务也从证券投资基金这一标准化产品不断扩大到资产管理行业的各类产品，进而"辐射"到各类资金监管业务。20 年来，资产托管业务在我国的发展用李白的诗句"轻舟已过万重山"来形容再合适不过。对于商业银行而言，由于资产托管业务天然能够为银行带来账户和存款，因此已经被众多商业银行用作在激烈竞争中获取客户以及其他业务的有效手段，资产托管业务逐渐进入白热化阶段。

资产托管业务在我国发展的 20 年间，具有以下几个显著特点：

（1）整体托管规模快速增长，从 1998 年的亿元级别开始发展到目前超过百万亿元级别，超过了任何一项金融业务规模的增长，甚至超过了我国当前一年的国内生产总值的增长。

（2）托管机构越来越多，经中国证券监督管理委员会（简称证监会）审批的机构，由最初的几家大型银行发展到全国股份制商业银行，再到外资银行［限 QFII（合格境外机构投资者）业务］、地方商业银行、证券公司和登记结算机构。

（3）托管业务的需求不断演化，应用领域不断扩展，从证券投资基金到各类资产管理产品，再到私募股权投资和各类交易与非交易资金的监管。

资产托管业务虽然在我国只有短短 20 年的历史，却已然形成一股势不可当的力量，受到各家金融机构争相追捧。同时，资产托管业务在我国的金融市场也承担了越来越多的责任，甚至肩负了社会金融体系稳定的使命，彰显了蓬勃向上的强大生命力。

中国共产党第十九次全国代表大会（简称十九大）以来，中国特色社会主义进入新时代，社会主要矛盾已经转化为人民日益增长的美好生活需要和不平衡不充分的发展之间的矛盾，十几亿人的温饱问题已经稳定解决，人民对美好生活需要的追求日益增多。未来，人民在财富创造以及教育、养老、医疗、环境等方面的需求都会不断增多，供给侧改革不断深化，资产管理、社会保障、跨境金融、创业投资等领域都将有长足发展，而这些领域无不涉及资产托管。资产托管业务对资金的保管和对流向的监督形成了一道社会安全保障，它将进入一个全新的大有可为的战略机遇期。

海外资产托管业务的前世今生

起源于英国的殖民投资

在全球范围探寻资产托管业务的源头，可追溯到 19 世纪 60 年代。国际上普遍认为世界上最早成立的共同基金，是 1868 年由菲利普·罗斯（Philip Rose）在英国募集设立的海外和殖民地政府信托①

---

① B Fixsen, Rachel. *There's Life in the Old Investment Trust Yet*！*Maybe They're a Tad Old-Fashioned, but at Current Discounts, Who Can Resist the Investment Fund*？［N］. *The Independent*, 2000.

（The Foreign & Colonial Government Trust）。英格兰银行①是该信托基金的托管银行，也是全球公认的最早的托管银行。

19 世纪中期，英国资产阶级革命取得成功，英国人累积了大量的资本，他们希望通过各种途径实现财富增值。由于国内市场有限，投资回报率不能满足英国投资者的需求，很多资本家纷纷到海外寻求财富增值的途径，然而中小投资者受限于机会与能力，很难自行投资海外市场。当时也出现了很多民间的投资项目，但大多缺乏法律保护，没有合法、标准的协议，也没有正当的监管，而且募集者在募集时虽都承诺高回报，但在募集资金之后要么肆意挥霍、全无约束，要么携款外逃、销声匿迹，最终使大量中小投资者血本无归。为了整顿乱象，当时的英国政府出面筹划并设立了海外和殖民地政府信托，通过公开发售认股凭证的形式募集资金，并由专业的基金管理人开展集合投资，主要投资范围是全球各国和地区的公司债券。为了规范监管，英国政府引入了托管银行机制，由英格兰银行担任托管人。

这只基金发行的招募说明书②中包含如下一段内容：

> 一个全新的金融方案将于明天呈现给公众，这就是由出资人命名的"海外和殖民地政府信托"。该计划一旦成功实施，将具有多样化的投资方向。同时，正因它是崭新而大胆的，所以值得仔细考虑。它是由大家来决定的。

时至今日，全球第一只基金仍然在运作，海外和殖民地政府信托在 1891 年更名为海外和殖民地投资信托（The Foreign & Colonial Investment Trust，简称 F&C），它脱离了政府背景，成为一只完全专业化运作的信托型投资基金。1925 年，其投资范围从债券扩展到股

---

① 英格兰银行（Bank of England），亦称"英伦银行"（中国香港译）。

② 资料来源：*Foreign & Colonial Annual Report* 2015。

票市场。

这只基金至今已存在 150 年，这是多么伟大的一只百年基金！相信所有的金融从业者都会为之感动和感到敬畏。这只基金的托管银行英格兰银行，拥有更加古老的历史。英格兰银行成立于 1694 年，是英国的中央银行，它通过货币政策委员会（Monetary Policy Committee，简称 MPC）对英国的国家货币政策负责。英格兰银行至今已有 300 多年的历史，如今还建立了一座英格兰银行博物馆，博物馆坐落于英国伦敦的金融城，与英格兰银行相邻，免费开放，供人们参观。

如今，金融行业的托管机制已经伴随海外和殖民地政府信托走过了 150 个年头，并在不断发展完善。托管机制最初的设立目的是规范和监督基金管理人的投资运作，防止管理人挪用资金，以保障投资者的权益。在海外和殖民地政府信托建立之初，英格兰银行作为托管银行的工作主要是保管信托基金的财产（包括现金资产与证券资产），并负责处理分红派息，但并没有提供类似于今天的估值核算等增值服务。但是，"保护投资者权益"这一宗旨，直到今天依然是资产托管业务的核心职能，也是托管人在任何情况下都应坚守的原则。

至于托管机制的立法建制和向增值服务的扩展，则是在美国发展壮大并走到今天的。

壮大于美国的共同基金

1918 年，第一次世界大战结束。这场持续 4 年的战争让欧洲走向衰落，却让美国崛起。资产托管业务起源于英国，但真正让其获得成长和繁荣的地方是美国。

1924 年 3 月 21 日，马萨诸塞投资者信托基金[①]（Massachusetts Investors Trust，简称 MIT）在美国波士顿成立，它是全球第一只公司

---

① 资料来源：https：//www.mfs.com/。

型开放式共同基金。马萨诸塞投资者信托基金由哈佛大学的 200 名教授出资 5 万美元设立，在设立的第一年合计募集了 32 000 份基金份额，总计 39.2 万美元。其管理机构是马萨诸塞金融服务公司（Massachusetts Financial Services，简称 MFS）。与之前设立的基金相比，马萨诸塞投资者信托基金的特殊性在于基金公司必须按基金的资产净值持续地出售份额给投资者，同时投资者也可以按基金的资产净值赎回他们手中的基金份额，正是基于此，马萨诸塞投资者信托基金被认为是世界上第一只开放式投资基金。马萨诸塞投资者信托基金发展至今，已经有 90 多年的历史，截至 2016 年 12 月 31 日，其资产净值已达到 58 亿美元。

马萨诸塞投资者信托基金不仅开放了份额的申购与赎回，还开辟了信托基金"白箱操作"的先河。起初该基金投资了 19 只蓝筹股、14 只铁路股票、10 只公用事业股票及 2 只保险公司股票，所有信息均予以披露。这与当时大多数"暗箱操作"的封闭式基金相比，具有本质上的区别。而且，出于应对份额赎回的需要，马萨诸塞投资者信托基金保留了一定的现金资产，没有进行满仓操作，这使马萨诸塞投资者信托基金在 1929—1932 年的美国经济大萧条（简称大萧条）中幸存下来。

大萧条之后，马萨诸塞投资者信托基金成为第一只依照 1933 年美国《证券法》（Securities Act of 1933）注册的基金。到 20 世纪 50 年代末，该基金一度成为全球资产规模最大的基金。90 多年来，马萨诸塞投资者信托基金创下了世界基金史上的多个"第一"，经历了大萧条，见证了美国证券交易委员会的成立，经历了数次经济衰退与复苏，时至今日，这只基金仍然与我们同在，见证着世界金融的发展。

马萨诸塞投资者信托基金是由道富银行托管的，道富银行是美国第一家托管银行。道富银行至今仍在全球资产托管行业保持着领先地位。作为全球首只开放式共同基金的托管银行，道富银行也有着传奇历史，在本书的第四章将会具体介绍道富银行资产托管业务的发展模式。

马萨诸塞投资者信托基金诞生的时代，也是大量美国投资基金破土而出的时代。1920—1928 年，美国创设了大批投资基金，由于股市上涨，多数基金在缺乏监管约束的情况下，风格特别激进，投资特别大胆，它们普遍崇尚高风险、高回报的理念，忽视风险控制，也忽视对投资者的保护。1929 年，美国爆发经济危机，股市全面崩溃，大量的基金投资公司倒闭，投资者血本无归。

为了加强监管，整治市场乱象，美国在大萧条后出台了多部法案，包括：

（1）1933 年颁布《证券法》（Securities Act of 1933）。

（2）1934 年颁布《证券交易法》（Securities Exchange Act of 1934）。

（3）1940 年颁布《投资公司法》（Investment Company Act of 1940）。

（4）1940 年颁布《投资顾问法》（Investment Advisers Act of 1940）。

其中，1940 年的《投资公司法》第 17 章第（f）条证券托管中，明确了投资基金必须由托管人进行托管，而设立托管人是为了保护投资者，并明确了什么样的机构可以担任托管人。

也是从 1940 年开始，资产托管业务在历史上第一次被写进了法案，为其此后的长足发展奠定了基础。自美国开始之后，其他国家也于不同时期参照美国的做法，为保护投资者的权益，对投资基金设立了托管机制。我国，亦如此。

风靡全球的轻型引擎

如今，资产托管业务已经成为全球各大银行和证券服务机构的一项重要业务，一直承担着为投资者保驾护航的使命。在不断发展的过程中，资产托管业务的专业化程度不断提高，服务范围不断扩大，行业集中度也在不断上升。托管人的范围不断扩大，组织类型也在不断增多：有专业化的托管银行，如纽约梅隆银行和道富银行；有综合化的银行集团，如摩根大通（JPMorgan Chase & Co）、花旗银行（Citibank）；也有合伙制的托管银行，如布朗兄弟哈里曼银行（Brown Brothers Harriman，简称BBH）；还有银行下设的专业投资者服务机构，如CACEIS。

从服务范围来看，托管人又可以分为以遍布全球的全能型托管服务见长的全球托管银行（Global Custodian），以服务部分地区、行业或客户见长的区域托管银行（Regional Custodian），以及专注于一个特定市场或地区的本地托管银行（Local Custodian）。

从资产托管业务的经营范围来看，资产托管机构已经不局限于基础的保管和清算服务，而是向更多增值服务开疆拓土，包括估值核算、公司行为、业绩评估等。部分资产托管机构甚至做到涵盖金融咨询、财富管理、资产管家、金融综合解决方案等一揽子服务。

此外，随着科学技术与信息技术的发展及全球化投资已成趋势，资产托管业务的行业集中度越来越高。在全球范围内的成熟市场，托管机构数量呈下降的趋势，很多托管机构以合并、并购或联盟等形式来谋求业务发展，扩大市场份额。2015年年末，全球排名前5位的托管机构的资产托管规模合计超过100万亿美元，而第6位至第10位托管机构的资产托管规模合计仅为26.44万亿美元，这5家托管机构的总规模还不及纽约梅隆银行一家的规模，可见行业集中度之高。2015年全球资产托管规模最大的15家托管机构①如表1.1所示。

---

① 资料来源：各银行2015年年报、彭博（Bloomberg）、中国银行业协会、www. global-custody. net等。（不同货币按照2015年12月31日汇率中间价折算为美元。）

表 1.1　2015 年全球资产托管规模最大的 15 家托管机构

排名	托管机构	中文简称	资产托管规模 （万亿美元）
1	BNY Mellon	纽约梅隆	28.90
2	State Street	道富	27.51
3	JPMorgan	摩根大通	19.94
4	CITI	花旗	15.10
5	BNP Paribas	法国巴黎	9.05
6	HSBC	汇丰	6.58
7	Northern Trust	北美信托	6.50
8	Mitsubishi UFJ	三菱东京日联	4.50
9	Mizuho	瑞穗	4.43
10	Societe Generale	法国兴业	4.43
11	Brown Brothers Harriman	布朗兄弟哈里曼	4.22
12	RBC	加拿大皇家银行	3.20
13	CACEIS	东方汇理投资者服务	2.69
14	Sumitomo Mitsui	三井住友	2.44
15	Wells Fargo	富国银行	1.90

　　截至 2015 年年末，中国工商银行为我国托管规模最大的机构，全球排名第 16 位，托管资产达到了 1.77 万亿美元（约合人民币 11.5 万亿元），与排名第 15 位的富国银行仅相差 1 300 亿美元。这证明我国资产托管业务经过十几年的快速发展，已经初步迈进了国际资产托管业务强国的行列，虽然在不少方面与国际一流的托管银行尚存在一定差距，但相信在不远的未来，我国资产托管业务在国际上的地位将不断提高。

我国资产托管 20 年风雨历程

起步探索阶段

1998—2002 年是我国资产托管业务的起步探索阶段。

历史总是惊人的相似。与英国、美国资产托管业务的诞生背景类似，我国资产托管业务也是为治乱而生。1978 年，中国十一届三中全会开始实行"对内改革、对外开放"的政策，"改革开放"的春风吹遍大江南北。1984 年，我国第一只规范化的股票——飞乐音响经中国人民银行上海市分行批准发行。1990 年年末，上海证券交易所正式营业；1991 年年末，深圳证券交易所正式营业。两市开业后，我国股票市场经历了快速的发展，而我国的投资基金也伴随着证券市场的发展而出现。1991—1995 年，我国出现了第一批投资基金，1992 年，淄博乡镇企业投资基金设立，之后陆续出现了很多类似的产品，到 1995 年年末全国共有基金公司 75 家。这些"老基金"大多以募集资金并进行集中投资的方式进行运作，但是管理人的行为不受任何监督和约束，无论是投资行为还是分红行为都不够透明。在这种机制下，难免出现委托资产受到侵占、管理人不按照约定投资范围进行投资及收益数据造假的情况。为规范投资基金的市场，强化监管，保护投资者利益，1997 年 11 月 5 日，国务院批准发布了《证券投资基金管理暂行办法》，其中规定：

> 经批准设立的基金，应当委托商业银行作为基金托管人托管基金资产。

《证券投资基金管理暂行办法》明确了基金投资管理与资产托管相分离的制度安排，确立了证券投资基金托管人与托管业务的机制，它是开启我国资产托管业务发展的重要标志。

1998 年 2 月，经中国人民银行和证监会批准，中国工商银行成为我国第一家获得证券投资基金托管业务资格的托管机构。中国建设银行、中国农业银行、交通银行和中国银行相继在同年获得证券投资基金托管资格。

1998 年 3 月，我国最早的两只封闭式契约型证券投资基金——基金开元、基金金泰正式设立，托管人均为中国工商银行。基金开元的管理人是南方基金管理有限公司，基金金泰的管理人是国泰基金管理有限公司。这两只基金在投资范围、投资比例和分配原则上是一样的，具体如下。

基金投资范围

基金投资范围为具有良好流动性的金融工具，主要包括国内依法公开发行、上市的股票、债券及经证监会批准的允许基金投资的其他金融工具。

基金投资比例

基金的投资组合将遵循下列规定：

（1）基金的 80% 投资股票，20% 投资国债。

（2）基金持有 1 家上市公司的股票，不超过基金资产净值的 10%。

（3）基金与由该基金管理人管理的其他基金持有 1 家公司发行证券的总和不超过该证券的 10%。

（4）基金将遵守证监会规定的其他比例限制。

基金分配原则

（1）基金收益分配的比例不低于基金会计年度净收益的 90%。

（2）基金收益每会计年度分配一次，采用现金形式分配，于每个基金会计年度结束后 4 个月内实施。

（3）基金当年收益先弥补上一年度亏损后，方可进行当年收益分配。

（4）基金投资当年亏损，则不进行收益分配。

（5）每份基金单位享有同等分配权。

托管人对于投资管理人的监督，也主要是基于投资范围、投资比例与基金的收益分配。例如，当管理人违背投资范围的规定，将基金投资未上市股权，则托管人有权拒绝执行交易并将该情况报送给证监会。或者，当管理人投资股票的比例超过80%，基金托管人同样会向管理人发出警告，并将该情况报送给证监会。而对于基金的收益，则是根据基金的净值和投资者持有的基金份额来确定的，基金的净值由管理人和托管人分别计算，由管理人担任主会计，在计算完成后由托管人进行复核，这样一来，既能防止管理人在计算基金净值时舞弊，又能避免基金净值计算错误，可谓是一举两得，从而保护了投资者的利益。

基金开元和基金金泰开创了我国公募证券投资基金的先河，而中国工商银行则成为我国资产托管业务领域的先行者。我国资产托管业务的大幕，自此拉开。1998年3月，基金开元和基金金泰分别在上海、深圳证券交易所上市交易。

2000年10月，证监会发布了《开放式证券投资基金试点办法》。2001年9月21日，我国第一只开放式证券投资基金——华安创新证券投资基金正式成立，托管人是交通银行。华安创新证券投资基金每日开放申购与赎回，向管理人和托管人提出了更高的要求，我国的开放式基金自此开始蓬勃发展。

2002年10月23日，我国第一只债券型公募证券投资基金——华夏债券基金正式成立，托管人是交通银行。

2003年12月30日，我国第一只货币市场基金——华安现金货币型基金正式成立，托管人是中国工商银行。（虽然产品最终落地于2003年，但是对于货币市场基金的开发与探索主要在2002年及之前几年。）

1998—2002 年，我国的资产托管业务经历了从无到有的过程，主要的资产托管业务品种只有证券投资基金。可以说，这一阶段是我国资产托管业务的起步阶段，也是探索阶段。

多元发展阶段

2003—2010 年是我国资产托管业务的多元发展阶段。

在这一阶段，我国资产托管业务的职责与地位在法律上得到了进一步确认，资产托管业务的范围也由单一的证券投资基金扩展到全国社会保障基金（简称社保基金）、QFII 投资产品、企业年金、保险资金、证券公司资产管理计划、信托计划、QDII（合格境内机构投资者）投资产品、商业银行理财产品等众多品类，几乎覆盖了所有的资产管理领域。

在这一阶段，在中国工商银行、中国建设银行、中国银行、中国农业银行和交通银行获得第一批基金托管资格之后，华夏银行、中国光大银行、招商银行、中信银行、中国民生银行、兴业银行、上海浦东发展银行、北京银行、深圳发展银行（现为平安银行）、广发银行、中国邮政储蓄银行、上海银行、渤海银行、宁波银行等[1]商业银行也相继获得证券投资基金的托管业务资格。托管业务由中国工商银行、中国建设银行、中国银行、中国农业银行和交通银行垄断的格局被打破。

在这一阶段，我国的公募证券投资基金随着证券市场的发展经历了快速发展，并在 2006—2007 年经历了一次波澜壮阔的大牛市，其间，上证综指从 1 000 多点一路上涨到 6 124 点的峰值，我国证券投资基金的规模随之不断发展壮大，基金托管规模随之快速扩大。

---

[1]　按照证监会官方网站发布的《证券投资基金托管人名录》进行排序。

2002 年 12 月 20 日，全国社保基金理事会发布公告，确定交通银行和中国银行为社保基金的托管银行，同时确定了 6 家基金管理人，依据 2001 年发布的《全国社会保障基金投资管理暂行办法》中的相关规定履行托管职责。后续全国社保基金又增补了中国工商银行和中国农业银行作为境内投资托管银行，北美信托银行和花旗银行作为全球托管银行。

2003 年 1 月，中国工商银行、中国银行、招商银行、汇丰银行和花旗银行获得第一批 QFII 托管业务资格。自此，我国托管业务牌照化经营的模式基本成型，呈现出以证券投资基金托管业务为基础及核心牌照，并针对其他各项专业或特定托管业务单独发放牌照的业务模式。由于涉及跨国投资，QFII 业务对托管银行有单独的技术要求，加之涉及部分外资银行，QFII 业务就成为单独发放牌照的一项托管业务。在首批 5 家银行获得 QFII 资格之后，其他大型银行、全国股份制商业银行及部分外资银行陆续获得 QFII 资格。2003 年，我国首个 QFII 机构——瑞士银行（UBS）在北京东方君悦大酒店执行了第一笔 QFII 投资指令，托管银行为花旗银行。2004 年，交通银行托管了我国首只 QFII 公募证券投资基金——日兴中国人民币国债母基金。2011 年，中信银行托管了西班牙对外银行（BBVA）的 QFII 资产，成为第一家开展 QFII 托管业务的全国股份制商业银行。

2004 年 1 月，劳动和社会保障部①发布《企业年金试行办法》，于当年 5 月 1 日起正式推行企业年金。企业年金是国家基本养老保险的重要补充，是城镇职工养老保险体系的"第二支柱"，意义非常重大。《企业年金试行办法》中，明确了企业年金需要进行托管。其中第十九条做了如下规定：

---

① 2008 年，被整合为人力资源和社会保障部。

受托人应当选择具有资格的商业银行或专业托管机构作为托管人，负责托管企业年金基金。受托人与账户管理人、投资管理人和托管人确定委托关系，应当签订书面合同。

企业年金托管资格成为证券投资基金和 QFII 之后的另一张资产托管业务牌照，企业年金托管业务也成为各托管银行的必争之地。自此，资产托管业务除了在投资行为下保护投资者利益外，也在国家养老保障体系中肩负起保管责任。资产托管业务逐渐成为守护国家金融安全和社会稳定发展的一道专业化防线。

2004 年 4 月，保监会①下发《保险资金运用风险控制指引（试行)》，在第十二条做了如下规定：

保险公司应建立第三方托管机制。保险公司选择托管机构应对其信用状况、清算能力、账户管理能力、风险管理能力和绩效评估能力等进行严格的考核，托管机构的资格应符合保监会的有关规定。

同年 10 月，保监会与银监会②联合发布了《中国保监会 中国银监会关于规范保险资产托管业务的通知》，规范了保险资产托管的具体内容，保险资产托管成为另一个单独发放业务牌照的资产托管业务品种，资产托管业务的范围进一步扩大。2006 年 3 月，保监会发布《保险资金间接投资基础设施项目试点管理办法》，要求通过资产托管强化外部约束，保险公司投资基础设施的项目被纳入托管业务范畴。2010 年 9 月，保监会发布《保险资金投资不动产暂行办法》和《保险资金投资股权暂行办法》，明确要求建立托管机制，至此基本所有的保险资产均被要求纳入资产托管业务范畴。

---

① 原中国保险监督管理委员会的简称，2018 年与原中国银行业监督管理委员会合并为中国银行保险监督管理委员会。
② 原中国银行业监督管理委员会的简称。

2004 年 6 月，《中华人民共和国证券投资基金法》颁布并实施，取代了《证券投资基金管理暂行办法》。《中华人民共和国证券投资基金法》从法律上进一步确立了托管人的职责与地位。

2005 年 3 月，中国光大银行托管了我国首只由证监会正式批准的证券公司集合资产管理计划——光大阳光集合资产管理计划，将证券公司资产管理业务正式纳入托管范畴，结束了证券公司私下开展代客理财业务的乱象，标志着证券公司资产管理业务走上有序的道路。

2006 年 7 月，银监会下发《关于加强信托投资公司集合资金信托业务项下财产托管和信息披露等有关问题的通知》，将信托计划也纳入了托管业务的范畴。其中对托管的要求如下：

> 信托投资公司办理集合资金信托业务，应将集合资金信托计划项下的信托财产交由合格的商业银行托管。

> 已经取得证券投资基金或者企业年金托管资格的商业银行可以担任信托财产的托管人。托管人与信托投资公司应无关联关系。

该通知还对托管人的职责及集合资金信托计划托管业务的具体操作做了详细的要求。

2006 年 11 月，中国工商银行托管了我国第一只 QDII 基金——华安国际配置混合证券投资基金，从此开启了境内产品出境投资托管业务的大门。对于我国托管银行业务和牌照无法覆盖的地区，会委托全球托管银行或当地的托管银行进行次托管。

2009 年 7 月，银监会下发了《中国银监会关于进一步规范商业银行个人理财业务投资管理有关问题的通知》，要求商业银行发行的个人理财产品均须由具备证券投资基金托管业务资格的托管人予以托管。

在这一阶段，我国的资产托管业务由不足 100 亿元的规模一路发展到了 2010 年年末的 9.48 万亿元，资产托管业务品种也从单一的证券投资基金发展至各类资产管理产品。

爆发式增长阶段

2011—2016 年是我国资产托管业务爆发式增长的阶段。这期间，我国资产托管业务的规模从 2011 年的 14.15 万亿元快速增长到 121.92 万亿元，几乎翻了近 10 倍，而且我国资产托管业务市场的规模每年增速基本保持在 50% 以上，呈现出爆发式增长态势，直到 2016 年年末增幅回落至 39%，2017 年进一步滑落至 16%。2011—2017年我国资产托管业务规模的变化情况①如图1.1 所示。

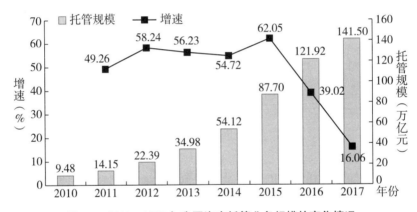

图 1.1   2011—2017 年我国资产托管业务规模的变化情况

我国资产托管业务在这一阶段能获得如此高速的发展，其规模能得到如此大幅的扩张，主要是因为 2011—2016 年是我国金融史上的"大资管"时代。"大资管"的实质，是因影子银行与非标准化债权资产的壮大，基金公司、证券公司等资产管理机构摆脱了单一的投资上市股票与债券的主动管理模式，拓展出通道业务这样一片新天地。影子银行和通道业务，是监管部门非常关注的领域，因为

①   资料来源：中国银行业协会官方网站。

资金在各种通道之间穿行，其实在一定程度上是为了规避政策限制，而托管自然成了这个时代监控资金流向、保护投资者权益的有效手段。

影子银行的概念最早是由美国太平洋投资管理公司（Pacific Investment Management Company）执行董事保罗·麦考利（Paul McCulley）于 2007 年在美联储年度会议上提出的。它是指游离于监管体系之外，与传统的接受中央银行监管的商业银行系统相对应的金融机构。中国人民银行的调查统计司与其成都分行调查统计处联合课题组（2012）对我国的影子银行进行了如下定义：

影子银行是指从事金融中介活动，具有与传统银行类似的信用、期限或流动性转换功能，但未受《巴塞尔协议Ⅲ》（The Basel Ⅲ Accord）或等同程度监管的实体或准实体。

2008 年美国的次贷危机直接催生了《巴塞尔协议Ⅲ》的实施，该协议对商业银行资本充足率提出了更高的要求，以加强商业银行抵御金融风险的能力。我国一直以来实施规范的金融监管与利率制度，这使商业银行趋于风险厌恶，偏好向规模大、偿债能力强的企业发放贷款。同时，由于贷款规模受到存贷比考核的限制，商业银行无法向部分满足贷款条件的企业或项目发放贷款。如此一来，大量的融资需求无法得到满足。影子银行为迫切需要资金的融资方和寻找存款之外的投资渠道的投资方提供了一个平台，由于投融资双方都具有强烈的需求，而且影子银行又不需要像银行信贷一样受到严格的监管和提供风险准备，进入门槛较低，因此信托公司、证券公司、基金公司等资产管理机构蜂拥而至。

我国的影子银行主要分为两类：第一类是商业银行理财产品通过信托公司、证券公司、基金公司、保险公司等资产管理通道变相向融资方提供资金；第二类是金融脱媒的民间借贷以及互联网金融等融资渠道。"大资管"主要是指第一类情况。2010 年之前，银行理财资金通过银信合作模式直接对接信托投放信贷。而在 2010 年下半年至 2011 年年初，银监会先后发布了《中国银监会关于规范银信理财合作业务有关事项的通知》《中国银监会关于进一步规范银行业金融机构信贷资产转让业务的通知》《中国银监会关于印发信托公司净资本计算标准有关事项的通知》等一系列文件，基本断绝了通过银信合作模式实现融资的通道。但是，需求仍然存在，市场上迅速出现了替代通道，即通过资产管理业务对接理财的通道业务。证券公司、基金公司等机构代替了之前信托公司的角色成为新的影子银行，形成了 SOT① 等模式，规模迅速扩大。常见的两层通道资产管理业务模式如图 1.2 所示。

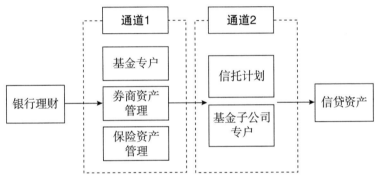

图 1.2　常见的两层通道资产管理业务模式

虽然表外理财被广泛看作影子银行的一种表现，但实质上，大部分理财产品及相应的通道还是处于监管体系之内的。2012 年银监会发布的《中国银行业监督管理委员会 2012 年报》中明确指出：

> 我国绝大部分的信用中介机构都已被纳入监管体系，并受到严格监管，银监会所监管的六类非银行金融机构及其业务

---

① SOT 英文全称为 Securities of Trusts，即通过证券公司资产管理计划与信托计划两层资产管理，绕开了直接的银信合作，是一种多层结构的通道业务模式。

（包括信托公司、企业集团财务公司、金融租赁公司、货币经纪公司、汽车金融公司和消费金融公司）、商业银行理财等表外业务不属于影子银行。

但无论如何，在"大资管"时代，我国的资产托管业务获得了前所未有的机会，发展迅速。

由于通道业务的发展过于迅猛，很多非标准化资产在各种通道之间流转，存在一定的资金空转现象，也确实为监管带来了一定的难度。因此，监管机构自2017年开始治理通道业务，出台了全面开展"监管套利、空转套利、关联套利"专项治理工作的通知，并进行了专项检查。2018年年初，继续出台多个文件，全面遏制各类通道业务，以期资金能够回流实体经济。

除了资产托管规模呈爆发式增长之外，这一阶段还有几个主要特点：

（1）托管机构的数量和种类均显著增加，机构数量由初期的19家增至43家，机构种类由商业银行扩展到证券公司和登记结算公司等证券机构，自此，各类机构开始加入切分资产托管市场"大蛋糕"的行列。

（2）资产托管业务的创新能力显著提升，互联网金融的风靡以及"余额宝"的出现，催生了"T＋0"快速赎回[1]等一系列资产托管业务的创新。

（3）资产托管业务从一项牌照性业务逐渐向更广阔的市场迈进，私募投资基金、互联网金融P2P（点对点网络借款）及其他形式的产品也开始逐渐自发地寻求托管，增强产品的规范性与合规性，以获得投资者与社会的认可。国内获得证券投资基金托管业务资格的机构[2]如表1.2所示。

---

① "T＋0"指投资者卖出货币基金后，赎回款可以实时到账。
② 资料来源：证监会官方网站（截至2017年10月）。

表 1.2　获得证券投资基金托管业务资格的机构

序号	托管机构	注册地
1	中国工商银行股份有限公司	北京
2	中国农业银行股份有限公司	北京
3	中国银行股份有限公司	北京
4	中国建设银行股份有限公司	北京
5	交通银行股份有限公司	上海
6	华夏银行股份有限公司	北京
7	中国光大银行股份有限公司	北京
8	招商银行股份有限公司	深圳
9	中信银行股份有限公司	北京
10	中国民生银行股份有限公司	北京
11	兴业银行股份有限公司	福建
12	上海浦东发展银行股份有限公司	上海
13	北京银行股份有限公司	北京
14	平安银行股份有限公司	深圳
15	广东发展银行股份有限公司	广东
16	中国邮政储蓄银行股份有限公司	北京
17	上海银行股份有限公司	上海
18	渤海银行股份有限公司	天津
19	宁波银行股份有限公司	浙江
20	浙商银行股份有限公司	浙江
21	海通证券股份有限公司	上海
22	国信证券股份有限公司	深圳
23	徽商银行股份有限公司	安徽
24	广州农村商业银行股份有限公司	广东
25	招商证券股份有限公司	深圳
26	中国证券登记结算有限责任公司	北京

续表

序号	托管机构	注册地
27	包商银行股份有限公司	内蒙古
28	恒丰银行股份有限公司	山东
29	杭州银行股份有限公司	浙江
30	南京银行股份有限公司	江苏
31	广发证券股份有限公司	广东
32	国泰君安证券股份有限公司	上海
33	江苏银行股份有限公司	江苏
34	中国银河证券股份有限公司	北京
35	华泰证券股份有限公司	江苏
36	中信证券股份有限公司	深圳
37	兴业证券股份有限公司	福建
38	中国证券金融股份有限公司	北京
39	中信建投证券股份有限公司	北京
40	中国国际金融股份有限公司	北京
41	恒泰证券股份有限公司	内蒙古
42	中泰证券股份有限公司	山东
43	国金证券股份有限公司	四川

展望我国资产托管业务的未来

我国资产托管业务于 1998 年起航，经历了 1998—2002 年的起步探索阶段，2003—2010 年的多元发展阶段，2011—2016 年的爆发式增长阶段，目前已经逐渐成为一项成熟的业务品种。这期间，中国银行业协会牵头各托管银行成立了托管业务专业委员会，为我国资产托管业务的发展保驾护航。当今我国的资产托管业务，正处于风华正茂、挥斥方遒的时代。展望我国资产托管业务的未来，必将欣欣向荣、蒸蒸日上，成为金融行业的一片新"绿海"。

2018 年 4 月 27 日，中国人民银行、中国银行保险监督管理委员会（简称银保监会）、证监会、国家外汇管理局联合发布了《关于规范金融机构资产管理业务的指导意见》，金融行业将这一指导意见称为"资管新规"。资管新规的落地将对资产管理行业的市场格局及业务模式带来深远影响，"大资管"时代多层嵌套的业务模式即将终结，取而代之的是净值化资产管理的新篇章。

资产托管业务已经成为资产管理转型的重要角色，资管新规的实施，也将为托管行业带来重大的变革，主要体现在：

（1）托管业务的重要性和核心价值更加凸显。资管新规明确提出资产管理产品须"第三方独立托管"，托管行业有望建立统一、专门的法律框架和监管规范，托管将成为资产管理行业的基石，凭借专业能力和制度安排体现核心价值。

（2）资管新规对托管人的履职能力提出了更高的要求。在估值核算方面，资管新规明确提出产品净值化和投资标准化的指导思路，大量非估值产品将被估值产品替代，这对托管人的估值核算能力和效率提出更高要求；投资监督方面，资管新规对产品嵌套、投资限制、集中度、期限匹配、杠杆率等方面的要求极其繁杂，托管人须准确理解监管思路，切实履行投资监督责任；信息披露方面，资管新规对披露内容（包括产品净值、投资比例、投资风险等重要信息）和频次提出更高要求，托管人须具备高效、准确、灵活的信息披露能力。

（3）"去嵌套""强穿透""降杠杆""信贷资产回表"影响托管市场格局。短期内，在资产管理机构整体水准显著提升前，资金端的"降杠杆"将提高产品的募集难度，投资端的"降杠杆"将提升投资管理的难度并降低规模放大效应，将限制托管市场的整体容量；"信贷资产回表"则从资产端抑制了资产管理市场供给，在标准化资产市场成熟前，将抑制资产管理及托管规模的增速。

除了资管新规的影响，从我国托管业务的历史和全球托管行业

的发展来看，我国资产托管业务未来的发展，可能会呈现如下几个
特点。

竞争加剧，行业集中度上升

从海外资产托管业务发展的经验来看，美国、英国等成熟市场
的资产托管业务基本都经历了激烈竞争、合并收购、集中度上升的
阶段。从目前我国资产托管业务发展的趋势来看，以上也有可能成
为我国资产托管业务发展的必经之路。

2011 年以来，我国资产托管业务的收入不断上涨，但是平均托
管费率不断下行，由 2011 年的千分之一下降到 2017 年年末的不到
万分之四，对于一个行业而言，费率下降如此迅速，说明资产托管
业务市场的竞争已经进入白热化阶段。2011—2017 年我国资产托管
行业总收入与平均费率情况[1]如图 1.3 所示。其中，平均费率的计算
规则为：

$$N 年平均费率 = N 年托管总收入 / N 年托管总规模$$

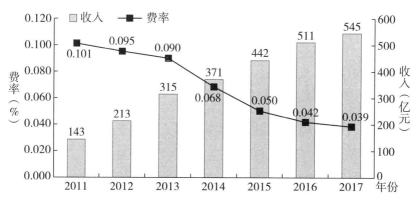

图 1.3　2011—2017 年我国资产托管行业总收入与平均费率情况

为了争夺市场份额，部分托管机构甚至打出了免收费的价码，

---

[1]　资料来源：中国银行业协会官方网站。

当然，这样的情况长期来看是难以为继的。一旦部分托管银行的收入无法覆盖成本，将不排除会出现业务萎缩或者合并、收购等情况。最终，具有规模效应的大型托管机构以及能够通过先进的系统大幅降低托管营运成本的专业型托管机构会是存活下来的胜者，行业集中度上升。

产品种类增多， 服务范围不断拓宽

资产托管业务作为一项牌照业务，基本囊括了资产管理的各个领域。未来，在牌照之外的业务品种也有可能出现资产托管业务的需求。例如，不少信托公司已经将其管理的所有产品纳入资产托管业务的范畴，包括监管未要求纳入资产托管业务的单一资金信托计划。再如，在《私募投资基金监督管理暂行办法》出台之前，就已经有大量私募投资基金主动要求托管机构托管其设立的私募基金产品，目的在于向投资者展示自身产品的合规性，实际上也是对产品的一种增信。此外，资产托管业务的服务范围将不断拓宽，例如，不少专业的资产管理机构为精减人员，将自身的会计营运事务外包给专业机构，而对于持牌托管机构，是天然有能力承接基金行政外包服务的。

托管增值服务不断多元化

资产托管业务的基础服务是账户开立、资产保管和资金清算，对于需要估值与监督服务的产品，资产托管业务还包括会计核算、资产估值、投资监督、公司事项等。从海外经验来看，资产托管业务还可以包括外汇兑换、证券借贷、绩效评估等相关增值服务，我国资产托管业务也摸索出资产对接、授信支持等产品增值服务。只有提供增值服务，才能够摆脱同质化的竞争，才能获得更高的收费。因此，未来资产托管业务的增值服务还将向多元化发展。

专业化程度进一步提高

资产托管业务是一项新兴的业务种类，专业化程度比较高。在未来，随着竞争的不断加剧，资产托管业务的专业化程度还将进一步提高，而且会集中在两个方面，一是人才专业化程度，二是系统专业化程度。

风险将可能进一步暴露

资产托管业务的风险主要是操作风险和声誉风险。随着业务量的增加，操作风险的暴露在所难免，因此也对托管机构的内控机制提出了更高的要求。不少托管机构已经通过 ISAE 3402 内控标准的要求并持续执行该标准，同时不断加强系统自动化程度，减少人工干预造成的差错。此外，金融行业的风险与收益成正比，为了拓展业务，一些较激进的托管机构可能会忽略对合作机构的选择，这些合作机构一旦出现道德风险（如投资作假或卷款跑路等），将给托管机构带来声誉风险。

第二章
包罗万象的业务内涵

资产托管业务为保护投资者权益而生，随市场不断演化发展，凭借自身旺盛的生命力发展到涵盖资产管理、投资融资、第三方监管等范畴，业务内涵包罗万象。本章内容从本质上分析资产托管业务的内涵与基本职责，并从法律和监管的角度探析资产托管业务。

资产托管业务的内涵与基本职责

资产托管业务的内涵

无论是对于资产托管业务的起源之地英国和资产托管业务的发展壮大之地美国，还是对于资产托管业务正处于蓬勃发展时期的中国，资产托管业务都是为治乱而生，最主要的目的都是保护投资者权益。具体而言，托管人作为专业第三人，监督基金管理人的投资行为，避免投资者的利益因信息不对称或专业知识不足而受到侵害。从这一角度来看，资产托管业务的内涵其实是信用补充与专业服务。

在委托人与管理人的委托投资关系中，可能存在管理人不按照合同约定进行投资的情况，甚至可能存在管理人未经委托人同意挪用资金作为其他用途的情况，这些都是管理人的信用缺失造成的。从信用的角度来看，合同关系的建立是基于社会信用，这一层信用关系相对比较脆弱。对于委托人而言，在将资金委托之后，将完全失去对资金的掌控，委托人的利益容易受到侵害。

为了保护委托人的利益，政府可以制定相应的规则，以约束管理人的行为。这一层政府保护所依赖的是政府信用，政府信用是信用体系中最高级别的信用，是保障社会稳定和发展的基础信用，例如，流通货币和国债都是依托政府信用发行的。但是，政府信用只能从宏观上通过建章立制进行信用补充，很难直接对每一位委托人进行直接的利益保护。于是，资产托管机制得以引入。托管机制在引入之初依托的是银行信用。银行信用在信用体系中仅次于政府信用，高于社会信用。银行信用在货币体系高度发达的今天，已经成为社会稳定的重要基础。银行信用的等级高于社会信用是很容易理解的，就像人们把钱存在银行，会比通过借款协议借给他人更放心。银行作为第三方对管理人进行监督，直接保管委托人的资金与证券账户并监控管理人的投资运作行为，是从微观上对委托人利益的保护，也是从微观上对社会信用进行的信用补充。信用体系与信用补充如图2.1所示。

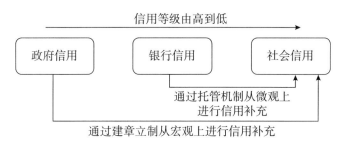

图 2.1　信用体系与信用补充

目前，我国的托管机构已经不局限于商业银行，还扩展到了证券公司和其他专业机构，这些机构都需要获取监管机构颁发的资产托管业务牌照，并具有与银行相似的职能，在资产托管业务上也起到了信用补充的作用。

如果委托人不具备金融相关专业知识，他们难以对管理人的行为进行准确评估。尽管多数管理人会定期向委托人披露资产运作情况，但如果委托人不是专业人士，他们很可能对整体市场情况不够了解，更难以理解所持基金的持仓情况、分红情况等信息，如此一来就会造成专业信息上的不对称。例如，有的管理人并没有按照合同约定进行投资，但是通过放高利贷等途径获得了可观的收益，并给委托人进行分红，委托人在不具备金融相关专业知识的情况下，拿到了超出预期的分红，可能会做出追加投资的决策，而不知道管理人违背合同约定使用了自己的资金，将其资产置于高风险的投资行为中。再如，由于证券市场整体低迷，大部分股票下跌，管理人恪尽职守，所投资的股票表现好于市场，但基金单位净值仍然因大市不佳出现了下跌。委托人如果不具备金融知识，很可能会质疑管理人没有按照合同约定进行投资，此时管理人是蒙冤的。在以上两种情况下，托管人的存在，可以从专业的角度监督管理人的行为，约束管理人的资金使用，并监控管理人投资各类产品的投资比例，形成专业服务。

资产托管业务的信用补充和专业服务就像公平秤，从第三方的角度消除了委托人和管理人在信任与专业上的壁垒，同时保护了委托人的权益。

资产托管业务的定义

2012 年，中国金融出版社出版的《中国资产托管行业发展报告(2011)》中列举了国际各大机构和组织对资产托管业务的定义，其中比较全面的是维基百科给出的，具体如下。

托管银行是专门负责保护公司或个人金融资产的金融机构，具体职责为：

- 保管不同类型、市场的资产，诸如股票、债券等证券、贵金属以及货币（现金）等。
- 安排交易清算和证券、资金的收付。
- 收集相关资产的权益信息（股票红利、债券利息），管理相关的税务事项。
- 管理保管证券的公司行为，如股票分红、拆分、并购等。
- 提供相关证券及其发行人的信息，诸如股东大会及相关代理。
- 对银行存款账户的存取款和其他资金变动进行管理。
- 处理外汇汇兑事宜。
- 对共同基金等特定客户提供额外服务，包括会计服务、法律咨询、税收支持等服务。
- 向授权的第三方提供定期和特别报告。

这一定义同时涵盖了托管人的职责，是国际上比较公认的对托管银行的定义。对于我国的资产托管业务，刘长江先生与夏博辉先生在他们的专著中分别进行了定义。在本书中，结合近几年资产托管业务的发展与变化，笔者对资产托管业务综合定义如下：

> 资产托管业务是托管机构作为独立的第三方机构，依据相关法律法规与托管合同的约定，安全保管受托资产，监督管理人的投资运作行为，按照约定提供托管资产的清算交割、会计核算、信息报告等服务，并在职责范围内保护投资者权益的一项业务。

这一定义与此前其他学者和专业人士对资产托管业务定义的主要不同之处在于：

（1）引入了"托管机构"的概念，取代"托管银行"。这主要是考虑到我国具备资产托管业务资格的机构已经由商业银行扩展到证券公司和其他专业机构。

（2）加入了"依据相关法律法规"的表述。这主要是考虑到资产托管业务在我国是一项牌照业务，对于证券投资基金、企业年金基金等标准化较高的业务，无论合同如何约定，首先都要符合相关法律法规的规定。

（3）描述了"在职责范围内保护投资者权益"的托管人职责。

对于商业银行而言，资产托管业务还是一项不占用银行资本并能够为银行带来大量存款的"绿色"中间业务。这一特点将在下文中具体介绍。

托管人的基本职责

托管人的基本职责在各类涉及资产托管业务牌照的法规中都进行了具体明确，例如在《中华人民共和国证券投资基金法》[①] 第三十七条中，将证券投资基金托管人的职责明确如下：

- 安全保管基金财产。
- 按照规定开设基金财产的资金账户和证券账户。
- 对所托管的不同基金财产分别设置账户，确保基金财产的完整与独立。
- 保存基金托管业务活动的记录、账册、报表和其他相关资料。
- 按照基金合同的约定，根据基金管理人的投资指令，及时办理清算、交割事宜。

---

① 《中华人民共和国证券投资基金法》，2003 年 10 月 28 日第十届全国人民代表大会常务委员会第五次会议通过，2012 年 12 月 28 日第十一届全国人民代表大会常务委员会第三十次会议修订。

- 办理与基金托管业务活动有关的信息披露事项。
- 对基金财务会计报告、中期和年度基金报告出具意见。
- 复核、审查基金管理人计算的基金资产净值和基金份额申购、赎回价格。
- 按照规定召集基金份额持有人大会。
- 按照规定监督基金管理人的投资运作。
- 国务院证券监督管理机构规定的其他职责。

证券投资基金托管人的职责是相对全面、被广泛认可和执行的。

在《证券公司客户资产管理业务管理办法》① 第四十七条中，将证券公司客户资产管理业务托管人的职责明确如下：

- 安全保管资产管理业务资产。
- 执行证券公司的投资或者清算指令，并负责办理资产管理业务资产运营中的资金往来。
- 监督证券公司资产管理业务的经营运作，发现证券公司的投资或清算指令违反法律、行政法规、证监会的规定或者资产管理合同约定的，应当要求改正；未能改正的，应当拒绝执行，并向证券公司住所地、资产管理分公司所在地证监会派出机构及中国证券业协会报告。
- 出具资产托管报告。
- 资产管理合同约定的其他事项。

在《中国保监会　中国银监会关于规范保险资产托管业务的通知》② 中，将保险资产托管人的职责明确如下：

---

① 《证券公司客户资产管理业务管理办法》，2012 年 8 月 1 日中国证券监督管理委员会第 21 次主席办公会议审议通过，根据 2013 年 6 月 26 日中国证券监督管理委员会令第 93 号《关于修改〈证券公司客户资产管理业务管理办法〉的决定》修订。
② 《中国保监会　中国银监会关于规范保险资产托管业务的通知》，保监发〔2014〕84 号。

- 安全保管托管的保险资产。

- 根据托管合同约定，代理或协助保险机构开立托管资金账户和证券账户。

- 根据保险机构或专业投资管理机构的有效指令，及时办理资金划转和清算交割。

- 对托管保险资产进行估值和会计核算。

- 根据托管合同约定，向保险机构提供托管资产报告、有关数据、报表和信息。

- 完整保存保险资产托管业务活动的记录、账册、报表和其他相关资料自合同终止之日起至少15年。

- 对托管的保险资产投资信息和相关资料负有保密义务，不得擅自将上述信息和资料泄露给其他商业机构或个人。

- 按照法律法规及保险资金运用相关规定，监督托管保险资产的投资运作，向保监会提交监督报告和有关数据、报表，并配合保监会对保险机构投资运作进行监督检查等。

在《企业年金基金管理办法》① 第三十四条中，将企业年金托管人的职责明确如下：

- 安全保管企业年金基金财产。

- 以企业年金基金名义开设基金财产的资金账户和证券账户等。

- 对所托管的不同企业年金基金财产分别设置账户，确保基金财产的完整和独立。

- 根据受托人指令，向投资管理人分配企业年金基金财产。

---

① 《企业年金基金管理办法》，2011年2月12日人力资源和社会保障部、银监会、证监会、保监会令第11号公布，根据2015年4月30日《人力资源社会保障部关于修改部分规章的决定》修订。

- 及时办理清算交割事宜。
- 负责企业年金基金会计核算和估值，复核、审查和确认投资管理人计算的基金财产净值。
- 根据受托人指令，向受益人发放企业年金待遇。
- 定期与账户管理人、投资管理人核对有关数据。
- 按照规定监督投资管理人的投资运作，并定期向受托人报告投资监督情况。
- 定期向受托人提交企业年金基金托管和财务会计报告；定期向有关监管部门提交开展企业年金基金托管业务情况的报告。
- 按照国家规定保存企业年金基金托管业务活动记录、账册、报表和其他相关资料自合同终止之日起至少 15 年。
- 国家规定和合同约定的其他职责。

纵观以上职责不难发现，不同牌照托管人的职责实际上大同小异，主要包括安全保管、账户开立、清算交割、会计核算、投资监督、信息披露、资料保存等内容，此外会根据相关业务的特点，再进行特别的职责规定。

资产托管业务的法律性质与关系

资产托管业务的法律性质

我国的资产托管业务起源于牌照业务，并发展到满足牌照以外的各类具有资金托管需求的业务。从法律性质的角度来看，资产托管业务基本遵循了《中华人民共和国信托法》的主体架构，属于托管人基于委托人的信任，接受委托人的委托，按照相关法律法规和托管协议的约定履行托管业务职责。除了《中华人民共和国信托法》之外，资产托管业务的具体职责主要依据《中华人民共和国证券投资基金法》。此外,具体产品的相关规定都有监管机构发布的管理办法和实施细则,例如《证券公司客户资产管理业务管理办法》《企业年金试行办法》等,这些管理办法和实施细则也是资产托管业务开展的依据与基础。

如前文所述,无论是在英国、美国还是在我国,资产托管业务都是与投资基金相伴而生的。因此,在讨论资产托管业务的法律性质时,离不开投资基金。就公募证券投资基金(共同基金)而言,其基金合同中存在委托人(即出资人或投资者)、管理人和托管人3个当事人,而基金合同的签订,使基金资产的所有权、使用权和保管权发生了分离。

基金资产的所有权归委托人所有,同时包括受益权;使用权归管理人所有,管理人按照基金合同的约定进行投资,有权在合法范围内决定如何使用和处分基金资产;保管权归托管人所有,基金的现金与证券等资产由托管人开立专门的托管专用账户予以保管。

资产托管业务的法律关系

资产托管业务的法律关系如图2.2所示。

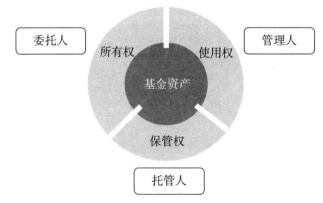

图2.2 资产托管业务的法律关系

基金资产的所有权、使用权和保管权分离,以及基金的投资者是信托当事人中的委托人,就这一点,大陆法系和英美法系的认识是一致的。但是，就托管人的委托人具体是谁的界定，以及托管人与委托人之间的关系，国际上存在着不同观点①。

在托管人的委托人是谁这一问题的界定上，存在两种观点：第一种观点是托管人的委托人是投资者，也就是基金份额的持有人，基金的管理人与托管人都是委托人选择的受托人，也是共同受托人；第二种观点是基金的投资者虽然是委托人，但只是名义上的委托人，实际上投资者并不直接参与选择托管人，托管人的选择权掌握在管理人手中，所以托管人的实际委托人是管理人。

之所以同时存在两种观点，是因为各自有各自的法律基础与判断依据。以证券投资基金为例，从基金合同上看，当事人分为委托人、管理人和托管人，从内容上看，管理人和托管人是委托人的共同受托人，委托人购买基金资产的同时签署基金合同，也同时选择了基金的管理人和托管人，形成了信托关系，这是第一种观点的依据。这一观点受到我国很多学者的支持。然而，在基金成立备案的法律文件中，还有一份托管协议，是管理人与托管人两方签署的，从这一份协议来看，管理人是协议的甲方，托管人是协议的乙方，托管人是由管理人选择的。而在绝大多数的业务实践中，托管人的选择的确是由管理人而非投资者决定的。部分管理人为选择托管人还会采用招标的形式，更加体现了其对托管人的绝对选择权。这是第二种观点的依据，这一观点在日本、韩国和我国台湾地区占据主流地位。

在托管人与委托人之间关系的界定上，英美法系与大陆法系持不同观点。英美法系将基金关系中的委托管理列为主动信托关系，而将委托托管列为被动信托关系，划分依据是受托人是否负有积极行为义务。管理人对资产的支配和运用体现为主动投资管理，可以直接影响基金的业绩，因此属于主动信托。而托管人对资产的处置

---

① 资料来源：《中国资产托管行业发展报告（2011）》和《致敬托管 18 年——摸底基金业规范发展基石》。

是根据管理人的指令进行的，所以是被动信托。大陆法系认为基金的管理人与托管人由于在职责上存在着本质的差异，因此两者并不处于同一层次。投资者与管理人建立的是第一层信托关系，即委托投资关系，投资者与托管人建立的是第二层信托关系，托管人要以保护投资者利益为目的对处于第一层信托关系的管理人进行监督。但无论是哪一种观点，都是基于管理人与托管人职责分工的不同，将两者予以区分的。

资产托管业务的制度与监管

资产托管业务的制度安排

资产托管业务在海外与我国都起源于一种制度安排，后来逐渐发展形成自身完善的业务市场。在我国，传统的资产托管业务都是牌照业务，托管的业务品种与具体职责都是由相关监管机构所发布的业务管理办法确定的。我国的资产托管业务牌照与效力如表2.1所示。

表2.1　我国的资产托管业务牌照与效力

托管牌照	引入牌照的文件（最早）	颁发机构	牌照效力
证券投资基金	《证券投资基金管理暂行办法》	证监会、银监会①	证券投资基金、证券公司资产管理计划、资金信托计划、银行个人理财产品、特定客户资产管理计划、私募投资基金等
全国社保基金	《全国社会保障基金投资管理暂行办法》	财政部、劳动和社会保障部②	全国社保基金

---

① 证券投资基金托管资格最早由证监会与中国人民银行审批核准，后转为商业银行由证监会与银监会共同审批核准，其他机构由证监会审批核准。

② 现由人力资源和社会保障部负责。

托管牌照	引入牌照的文件（最早）	颁发机构	牌照效力
QFII	《合格境外机构投资者境内证券投资管理暂行办法》	证监会、中国人民银行①	QFII、RQFII②
企业年金	《企业年金试行办法》	劳动和社会保障部	企业年金、职业年金
保险资金	《保险资金运用风险控制指引（试行）》《关于规范保险资产托管业务的通知》	保监会	保险资金、保险股权/债权/不动产投资计划

如表 2.1 所示，证券投资基金托管业务的职责最早是由《证券投资基金管理暂行办法》规定的，由具备证券投资基金托管业务牌照的机构开展证券投资基金托管业务，该牌照目前也是覆盖范围最广的一个资产托管业务牌照，很多资产管理业务均以该牌照为参考对象，因此该牌照也被视为我国资产托管业务的"第一牌照"。具备了该牌照，托管机构基本就可以正式开展资产托管业务了。目前该牌照可以覆盖的业务品种包括证券公司资产管理计划、资金信托计划、银行个人理财产品、特定客户资产管理计划及私募投资基金等。

除证券投资基金牌照之外，全国社保基金、QFII、企业年金和保险资金均有自身的业务牌照，由相应的监管机构颁发。

在这种制度安排之外，资产托管业务也逐渐形成自身的业务市

---

① 现由证监会与国家外汇管理局负责 QFII 资格审批。

② RQFII 指人民币合格境外机构投资者。

场。例如，某城市的保障性住房项目，需要购房人先行缴纳一部分房屋首付款，由开发商用于房屋建筑的成本支出，待住房完全建成后，购房人缴纳剩余的购房款项。但是，由于项目涉及人数众多，资金数量巨大，对于预付的房屋首付款如何使用，便成了购房者关注的问题。如果仅凭协议约定，则有可能出现资金被开发商挪为他用或肆意挥霍的情况，为购房者带来极大的损失，情节严重的还将造成恶劣的社会影响。基于此，当地政府主管部门发起招标，由一家托管银行担任房屋首付款的托管人，开立专用账户存放房屋首付款资金，并依据合理的划款指令进行资金的划转，监督开发商的资金使用情况。这种资金托管机制有效地解决了双方信息不对称的问题，在资产所有权和使用权分离的情况下，保护了资产所有者的权益。

托管资产的独立性

处于托管机制之下的基金资产具有独立性，具体体现在 4 个方面：基金资产独立于委托人的其他资产、基金资产独立于管理人的固有资产、基金资产独立于托管人的固有资产、基金资产独立于其他基金资产。

基金资产独立于委托人的其他资产

虽然托管资产的所有人是委托人，但基金资产独立于委托人的其他资产。在《中华人民共和国证券投资基金法》中，明确指出：

> 基金财产的债务由基金财产本身承担，基金份额持有人以其出资为限对基金财产的债务承担责任。但基金合同依照本法另有约定的，从其约定。

这说明了委托人对基金资产（也就是托管资产）的责任是有限责任，仅以委托人的出资本金为限，对于因基金产生的债务，与委托人自身的其他资产无关。

基金资产独立于管理人的固有资产

基金资产的使用权归管理人所有，在合同约定的投资范围内，由管理人负责使用基金资产进行投资运作。在托管制度建立之前，管理人集使用权与保管权于一身，管理人可以随意支配基金资产，虽然资产的所有权在法律上属于委托人，但没有任何约束力。很多管理人将委托资产与自身的固有资产混合管理，一并投资，严重损害了委托人的利益。

引入托管制度之后，基金资产的保管权被转移至托管人，管理人需要通过向托管人发送指令，由托管人完成投资划款，而且所有的投资行为和投资收益情况均受到托管人的复核与监督，因此只能严格按照合同约定进行投资运作，从根本上实现了托管资产与管理人固有资产的隔离。

基金资产独立于托管人的固有资产

与管理人的情况基本相同，由托管人托管的基金资产也独立于托管人的固有资产。托管人将为每一个独立的基金产品以产品名义开立托管专用账户，该账户中的资产与委托人、管理人和托管人的资产严格隔离。托管专用账户的操作权限属于托管人，委托人不能对托管专用账户进行任何操作，管理人的投资操作需要通过向托管人发送指令，由托管人予以执行。

《中华人民共和国证券投资基金法》第五条明确指出：

> 基金财产独立于基金管理人、基金托管人的固有财产。基金管理人、基金托管人不得将基金财产归入其固有财产。
>
> 基金管理人、基金托管人因基金财产的管理、运用或者其他情形而取得的财产和收益，归入基金财产。

> 基金管理人、基金托管人因依法解散、被依法撤销或者被依法宣告破产等原因进行清算的，基金财产不属于其清算财产。

其中特别明确了基金管理人、基金托管人因依法解散、被依法撤销或者被依法宣告破产等原因进行清算的，基金财产不属于其清算财产。尤其对于银行而言，当银行由于各种原因被清算时，托管资产是不在清算之列的，保证了托管资产的安全，同时也保护了投资者的利益在极端情况下不会受到侵害。

基金资产独立于其他基金资产

基金资产独立于其他基金资产，是指同一家基金管理公司旗下管理的不同基金的资产相互独立，以及同一家托管人托管的不同基金的资产相互独立。例如，某基金公司管理 A 基金和 B 基金两只基金产品，A 基金与 B 基金的管理运作必须严格分离，不能混同操作。实际上，托管机制的引入，完美地解决了管理人在同一资金池进行投资操作的问题。托管人需要针对不同的产品开立不同的专用账户，以隔离不同产品的资产。《中华人民共和国证券投资基金法》第六条有如下要求：

> 基金财产的债权，不得与基金管理人、基金托管人固有财产的债务相抵销；不同基金财产的债权债务，不得相互抵销。

实际上，证券投资基金在产品独立性上已经实现了不同产品之间的完全隔离。但是，就一些以非标准化资产为主要投资对象的产品，例如银行的理财产品，在早期广泛存在"资产池"的情况。"资产池"即通过同一个账户，将不同募集时间、不同期限的产品统一通过该账户进行非标准化资产的投资，所投资的非标准化资产可能是多个中长期债权资产，这样做的目的是实现债权资产的切分，即实现"长拆短"和"期限错配"，把不同期限的客户理财需求和相应的非标债权匹配起来。这种做法就违背了基金资产独立性的原则，一旦"资产池"中的任何一个债权标的出现无法兑付的情况，所有投资者的利益都可能受到损害，而且损失将很难划分清晰。为规范理财业务，银监会多次发布文件要求理财产品的发行银行进行整顿，停止"资产池"的运作模式，必须将每一笔理财资金与相应的债权一一匹配，不得交叉错配，这也是基金资产之间相互独立的一个具体表现。

资产托管业务的监管

如前文所述，资产托管业务的内涵其实是信用补充与专业服务，是银行信用对社会信用的一种补充。这也就意味着托管人会比管理人更受到委托人的信任，由于托管人所处的受托层次与管理人不同，所以其受信赖的程度可能会更高一些。事实也是如此，在公募证券投资基金或其他的委托资产管理业务中，受托资产的所有权、使用权、保管权分离，但实际上能够单方面动用受托资产的当事人只有一方——托管人。尽管名义上的投资操作权在管理人手中，但实际上的控制权在托管人手中。在实际操作中，托管人可能因为疏忽而将托管资产内的资金划拨到错误的账户或造成金额上的错误，这种操作风险时有发生，因此在理论上，存在托管人蓄意侵吞托管资产的可能性。既然存在理论上的可能性，在实际操作中，就涉及对资产托管业务的监管。

资产托管业务的监管分为内部监管与外部监管。内部监管即托管人的内部控制，通过规范的规章制度和操作流程，防范和控制操作风险。目前，我国很多的资产托管机构已经按照 ISAE 3402 内控标准来实施内部控制，并通过了相关审计机构的审计。

资产托管业务的外部控制来自两个层面：第一个层面是管理人，属于商业范畴监管；第二个层面是监管机构，属于行政范畴监管。

管理人对托管人的监管，体现在管理人与托管人的相互制约。以证券投资基金为例，一般来说，在托管协议中会有两个相邻的章节："基金托管人对基金管理人的业务监督和核查"与"基金管理人对基金托管人的业务核查"，后者表述如下：

基金管理人对基金托管人履行托管职责情况进行核查，核查事项包括但不限于：基金托管人安全保管基金财产，开设基金财产的资金账户、证券账户和期货账户等投资所需账户，复核基金管理人计算的基金资产净值和基金份额净值，根据基金管理人指令办理清算交收，相关信息披露和监督基金投资运作等行为。

基金管理人发现基金托管人擅自挪用基金财产，未对基金财产实行分账管理，未执行或无故延迟执行基金管理人资金划拨指令，泄露基金投资信息等违反《中华人民共和国证券投资基金法》、基金合同、托管协议及其他有关规定时，基金管理人应及时以书面形式通知基金托管人限期纠正，基金托管人收到通知后应及时核对确认并以书面形式向基金管理人发出回函。在限期内，基金管理人有权随时对通知事项进行复查，督促基金托管人改正，并予以协助配合。基金托管人对基金管理人通知的违规事项未能在限期内纠正或未在合理期限内确认的，基金管理人应报告证监会。基金管理人有义务要求基金托管人赔偿基金、基金管理人因此所遭受的损失。

基金管理人发现基金托管人有重大违规行为，应立即报告证监会和银监会，同时通知基金托管人限期纠正。

基金托管人应积极配合基金管理人的核查行为，包括但不限于：提交相关资料以供基金管理人核查托管财产的完整性和真实性，在规定时间内答复基金管理人并改正。

基金托管人无正当理由，拒绝、阻挠基金管理人根据本协议规定行使监督权或采取拖延、欺诈等手段妨碍基金管理人进行有效监督，情节严重或经基金管理人提出警告仍不改正的，基金管理人应报告证监会。

监管机构对托管人的监管，主要是证监会、银监会及其他托管业务牌照的主管机构对托管人业务开展情况的监督管理。除了核发托管业务牌照之外，监管机构也会对托管机构进行日常检查，在托管机构出现重大问题时，监管机构可能通过行政处罚的手段进行处理，极端情况可能暂停托管机构的业务开展权限，甚至吊销托管业务牌照。

托管、保管、监管与存管

在当今的资产托管业务市场中，业务范围扩大、产品种类日渐繁多，各类协议中对托管人的描述出现了托管、保管、监管、存管等不同的词语，即便是很多资产管理行业内的人士，也很难解释清楚其中的区别。实际上，这4个词语是在不同的业务品种中逐渐发展衍生出来的，仔细研究其区别，发现这主要与托管人在不同业务场景下的职责有关。

托管

"托管"是我国资产托管行业出现的第一个业务术语，是1998年随证券投资基金的出现而出现的。我国首次出现"托管"一词的官方文件是《证券投资基金管理暂行办法》，该办法于1997年11月由国务院证券委员会发布。

托管一词源于英文单词custody[①]，中文取了"受人之托，安全保管"之意。其中，受人之托的"托"，代表了其信托的法律关系，

---

① custody 被译为托管，美英等商业银行年报中的 Assets Under Custody（AUC），译为托管资产，custodian 被译为托管人，custodian service 被译为托管业务或托管服务。

而安全保管的"管",除了有保管的意思,还有监督的意思。可以说,托管一词对托管人在这项业务中所要履行的职责描述得非常准确。

从法律关系层面来看,资产托管业务一般存在于三方的法律关系之中,即资产托管业务一般涉及委托人、管理人和托管人3个角色。托管人与管理人是委托人的共同受托人,托管人最终是为委托人提供服务的,这一点也与托管人的第一要职——保护投资者权益相符,因为在如证券投资基金等业务中,委托人就是投资者。

从托管人的职责层面来看,在托管、保管、监管、存管这4项业务中,资产托管业务对托管人的职责要求是最高的。一般涉及资产托管业务的产品,大多是标准化程度比较高、投资二级市场、信息披露要求比较多的产品,例如公募证券投资基金、证券公司集合资产管理计划、QFII、基金公司特定客户资产管理计划等,这些产品大多是由证监会主要监管的机构的产品。这些产品往往要求托管人提供账户开立、清算划款、估值核算、投资监督、定期报告等标准的全套服务。在资产托管业务中,托管人的收费水平也是相对较高的。

保管

"保管"一词正式出现于2007年银监会发布的《信托公司集合资金信托计划管理办法》中,该办法的第三章即为"信托计划财产的保管",其中明确规定了:

> 信托计划的资金实行保管制。
> 信托计划存续期间,信托公司应当选择经营稳健的商业银行担任保管人。
> 信托财产的保管账户和信托财产专用账户应当为同一账户。

保管的概念随信托而生,信托公司与商业银行签署的协议也被称为"保管协议"。

从法律关系层面来看，保管业务一般存在于两方的法律关系之中，即保管业务仅涉及管理人和托管人，而管理人也是保管关系中的委托人。保管业务多见于信托业务之中，在信托业务中，信托合同已经确定了投资者与信托公司的信托关系，即视为投资者将受托资产保管人的选择权一并交给了受托人（信托公司），因此在信托保管协议中，保管人是为信托公司服务的。在这一点上，与托管形成了差异。

从保管人的职责层面来看，在保管业务中，对保管人的职责要求较托管业务中托管人的职责要求有所简化。早期的信托业务大多是信托贷款，属于非标准化投资，也不涉及二级市场交易，因此不需要每日对资产进行估值，也不需要频繁进行信息披露。除此以外的职责，与托管是基本相似的。实际上，随着信托业务的转型，越来越多主动管理和证券投资类的信托涌入市场，保管业务也逐渐需要保管人提供估值核算等服务，因此保管业务与托管业务的实质性差异是在逐渐缩小的。

监管

监管是从托管业务中衍生出来的一项业务，是基于托管人的信誉，由托管人作为独立第三方在达成执行条件后进行资金划拨，英文为 escrow。举个简单的例子，甲乙双方处于两个国家或地区，他们就一笔实物债券达成交易意向并签署了协议，但由于双方不便见面交易，因此不能实现券款对付。但无论是使用见券付款还是见款付券，都会有一方承担信用风险。在这种情况下，引入银行作为第三方，买券方将资金交由银行监管，待卖券方将实物债券转移到买券方手中后，买券方向银行发出确认收券的指令，银行再将资金转给卖券方，完成交易。通过监管业务，双方均能规避信用风险，从而保障了买卖双方的资金安全，维护了买卖双方的权益。简单地理解，这种模式类似于淘宝电商购物平台支付宝的付款模式。

从法律关系层面来看，监管业务一般存在于三方的法律关系之中，监管人作为第三方，独立于涉及交易的甲乙双方。监管人受到甲乙双方的共同委托，基于监管人的信誉，保障交易的安全进行。也有一些监管业务是对基于某种特殊目的的专项资金进行监管，例如企业 IPO（首次公开募股）或债券发行的募集资金等，其原理也是基于商业银行的银行信用，商业银行作为独立监管人保障专项业务的顺利执行。

从监管人的职责层面来看，监管业务比托管业务和保管业务要简单得多，监管人的职责主要是基于协议条件，执行相应的划款指令，确保划款的用途符合协议的要求。

存管

存管，始于第三方存管（全称是客户交易结算资金第三方存管，英文简称是 CTS）。在早期的证券交易活动中，由于客户（股票投资者）需要委托证券公司进行交易结算，因此投资者的交易结算资金是由证券公司统一存管的。但是，由于证券公司挪用客户资金的情况屡有发生，监管机构为确保投资者资金安全建立了第三方存管机制，将券款分离保管，投资者的交易结算资金统一划转至具备第三方存管资格的商业银行统一存管。第三方存管后来也被应用到期货交易活动中。第三方存管业务的实质是交易结算，与托管业务本身有一定的相似之处，但并非源于托管业务。因此，部分商业银行并未将第三方存管业务归于托管业务的范畴，也有部分银行将第三方存管业务归由资产托管业务部门经营管理。

2017 年，银监会颁布了《网络借贷资金存管业务指引》，将存管制度引入了互联网金融 P2P 的网络借贷业务。其中规定：

> 本指引所称网络借贷资金存管业务，是指商业银行作为存

管人接受委托人的委托，按照法律法规规定和合同约定，履行网络借贷资金存管专用账户的开立与销户、资金保管、资金清算、账务核对、提供信息报告等职责的业务。存管人开展网络借贷资金存管业务，不对网络借贷交易行为提供保证或担保，不承担借贷违约责任。

与第三方存管业务一样，网络借贷资金存管业务也并非源于托管业务，也不需要专门的牌照或资格。由于 P2P 业务在开展早期，跑路①现象严重，对社会危害极大，因此出于对声誉风险的考虑，主要的 5 家大型国有商业银行和多数全国股份制商业银行都未开展网络借贷资金存管业务，以免使自身的托管声誉和品牌受到影响和冲击。但是，也有部分全国股份制商业银行和不少地方性商业银行将网络借贷资金存管业务视为获取收入的来源之一，逐步开展了存管业务。目前，通过制度安排和市场机制，基本形成了较为完善的网络借贷信息中介机构的风险评估标准，初步形成"机构监管、行为监管＋行业自律＋第三方社会监督"的"三位一体"的外部监管体系和"机构自治"的行业治理机制。

从存管业务的本质来看，存管是一种制度安排，无论是证券、期货的第三方存管还是网络借贷资金的存管，都是为了防止证券公司、期货公司或 P2P 平台非法侵吞投资者的资金财产而让商业银行负责资金存管的安排。

从存管人的职责层面来看，存管业务是一种媒介业务，是基于系统判断提供相应的资金结算服务，而除了资金结算之外，存管人是不承担其他责任的。因此，存管业务比托管、保管和监管业务都要简单。

---

① 跑路泛指因躲债或躲避仇家而潜逃的行为。

第三章

引机构尽折腰的 "美味奶酪"

短短20年，各家商业银行、证券公司已经将资产托管业务这一新兴市场层层盘剥，竞争陷入白热化。即便如此，各家机构仍然在陆续筹建托管业务团队并申请资产托管业务资格。资产托管业务缘何引无数机构尽折腰？本章将介绍资产托管业务的收益与意义，揭开这一"美味奶酪"的神秘面纱。

资产托管业务的 "绿色" 属性

传统的商业银行以资产和负债业务为本，以存贷息差为主要收入来源。然而，在经济发展的过程中，越来越多的因素导致商业银行传统的业务模式难以抵御金融危机的冲击，加之金融脱媒的挑战，使得商业银行传统存贷模式的赢利能力不断下降。国际上一些老牌商业银行在20世纪已经开始转型，将经营重点转向发展中间业务，这不但能使银行的赢利手段多元化，而且能提升银行抵御风险的能力。我国经济在21世纪初经历了一轮高速发展之后，同样面对经济增速变缓、利率市场化改革等诸多问题，商业银行在传统的存贷业务模式下面临竞争加剧、息差利润收窄与不良贷款攀升的困境。各家商业银行都在积极寻找既能带来利润又可有效控制风险的新利润增长点，尝试向轻资本转型。

资产托管业务是托管机构作为独立的第三方机构，依据相关法律法规与托管合同的约定，安全保管受托资产，监督管理人的投资运作行为，按照约定提供受托资产的清算交割、会计核算、信息报告等服务，并保护投资者权益的一项业务。其完全是依赖从业人员的专业知识以及托管机构的业务系统，在金融市场中为委托人提供相应服务，并收取手续费用的一项业务。对于商业银行来说，资产托管业务是一项典型的中间业务。

资产托管业务具有轻资本、轻资产、轻成本的"三轻"属性，同时具有低风险的特点。

资产托管业务的轻资本属性

资产托管业务的轻资本属性，主要体现为资产托管业务的资本消耗极低。根据《巴塞尔协议Ⅲ》，商业银行的资本（capital）由核心资本和附属资本组成，核心资本包括永久性股东权益和公开储备，附属资本主要包括资产重估储备、非公开储备、普通准备金、混合资本债券和长期次级债务。商业银行必须满足最低资本要求，目的在于防范风险，保护存款人和一般债权人不受损失。按照《巴塞尔协议Ⅲ》对资本充足率的要求，商业银行如果要把负债业务做大，必须有足够的资本进行支撑。在我国，《商业银行资本充足率管理办法》也对商业银行的资本要求进行了相应规定。因此，商业银行要想扩张负债业务，获取更多的息差收入，就必须通过资本投入、上市、发行债券和次级债等多种方式来扩充自身的资本，尤其是核心资本。

但是，资产托管业务并不需要大量资本的支撑，如果不考虑监管机构对托管机构的牌照要求，理论上只要具备一批专业人士、相应的托管业务系统和一些硬件设备，就可以完全满足一家托管机构的运作要求，完全没有像传统银行业务一样的资本消耗。美国的布朗兄弟哈里曼银行是一家合伙人制的私人银行，拥有200年的历史（1818年成立）。由于它不是一家上市银行，因此其资本极轻，也不以资产和负债业务为主营业务，业务种类以全球资产托管业务为主，同时经营外汇及经纪、投资管理和私人银行等相关业务，全球资产托管业务的规模在2015年年末已达到4.22万亿美元，在全球托管机构中位于前列（2015年位列全球第11位），完全是一家典型的轻资本银行。

资产托管业务的轻资产属性

资产托管业务也具有轻资产的属性。资产（assets）是公司所控制的可以产生经济效益的资源，会计上等于负债与所有者权益相加，银行的资产主要有现金类资产（包括存款准备金）、贷款资产、证券资产和固定资产等。

资产托管业务是一项典型的轻资产业务，在国际上，专业托管银行的资产规模要远远低于传统商业银行。专业托管银行即以资产托管业务为核心经营业务的商业银行，例如纽约梅隆银行、道富银行、布朗兄弟哈里曼银行等。专业托管银行与传统商业银行最大的区别是，传统商业银行以信贷等传统银行业务为主要经营业务与收入来源，而专业托管银行则以资产托管业务及与之相关的资产管理业务等作为其主营业务。2016年年末，纽约梅隆银行和道富银行是全球资产托管规模最大的两家机构，这两家机构都是专业托管银行，总资产规模分别只有3 335亿美元和2 427亿美元，但受托资产规模分别达到了29.90万亿美元和28.77万亿美元[①]，受托资产规模与总资产规模之比分别达到89.66和118.54。相比之下，作为综合型银

---

① 资料来源：纽约梅隆银行2016年年报和道富银行2016年年报。

行的摩根大通和花旗银行的总资产规模分别为 24 910 亿美元和 18 087亿美元，受托资产规模分别为20.52 万亿美元和15.20 万亿美元[1]，受托资产规模与总资产规模之比分别为8.24 和8.40。这充分说明了资产托管业务是一项轻资产中间业务。值得关注的是，中国工商银行以 34 780 亿美元的总资产规模成为全球资产规模最大的银行[2]，其受托资产规模在我国排名第一，但与国际银行相比，其受托资产规模与总资产规模之比仅为0.58，因此我国的托管银行在轻资本的道路上还有很长的路要走，当然也反映出我国商业银行在轻资本的中间业务上还有相当巨大的潜力可以挖掘，尤其是资产托管业务。具体如表3.1 所示。

表3.1　部分银行总资产规模与受托资产规模对比情况

托管机构	总资产规模 （亿美元）	受托资产规模 （万亿美元）	受托资产规模/ 总资产规模
纽约梅隆银行	3 335	29.90	89.66
道富银行	2 427	28.77	118.54
摩根大通	24 910	20.52	8.24
花旗银行	18 087	15.20	8.40
中国工商银行	34 780	2.03	0.58

资产托管业务的轻成本属性

资产托管业务还具有轻成本的属性。商业银行以及其他托管机构的成本主要包括产品成本（包括利率、费用、资本与风险等成本）、客户成本、机构网点成本、项目成本与人力资源成本等。

在产品方面，资产托管业务并不过多涉及利率、资本与风险等

---

[1] 资料来源：摩根银行 2016 年年报和花旗银行 2016 年年报。

[2] 资料来源：中国工商银行 2016 年年报。

成本，主要涉及业务系统与业务流程的研发可能产生的相应成本，但由于资产托管领域专注的核心范围相对集中，因此研发成本也可集中投入。

在客户成本和网点成本方面，资产托管业务的客户相对比较集中，主要是金融机构或资产管理机构，基本没有个人，不像批发和零售业务一样需要通过数量众多的机构网点拓展业务规模，因此资产托管业务在客户成本尤其是机构网点成本方面远低于传统银行的批发和零售业务。

在项目成本和人力资源成本方面，资产托管业务可通过规模效应予以摊薄。例如，同一个营运核算人员，可以同时负责处理4个公募证券投资基金套账和10个其他类型产品的套账，这些产品合计规模可能是10亿元，但如果某一两个套账（产品）单体规模巨大，这些产品的合计规模可能是1 000亿元。资产托管业务的收费大多是按照资产托管规模的一定比例提取的，如0.15%，所以从项目和人力资源成本的角度来看，每个托管套账的成本是相对固定的，但产品单体规模越大，产品的相对成本就会越低。为了进一步降低资产托管业务的人力资源成本，我国一些托管机构选择在北京、上海、广州、深圳之外的城市建立托管营运中心，例如中国建设银行和上海浦东发展银行就都选择在合肥市建立其总行级的资产托管业务营运中心。

综上所述，与传统业务相比，资产托管业务在除人力资源之外的各项成本上均有显著优势，尤其是资产托管业务不占用风险资本，是一项轻成本和人均创利极高的中间业务。这是资产托管业务的轻成本属性。

资产托管业务的低风险属性

巴塞尔委员会按照商业银行的业务特征及诱发风险的原因，将商业银行面临的业务风险分为八类，包括信用风险、市场风险、操作风险、法律风险、国家风险、流动性风险、声誉风险和战略风险。其中，商业银行面临的主要业务风险是信用风险、市场风险、流动性风险和操作风险。

资产托管业务是一项中间业务，其所有操作都是依据管理人的指令或合同的约定进行运作和处理的，基本没有类似投资的主观作为，同时也不需要占用银行的风险资本，因此在开展资产托管业务时，不会面临信用风险、市场风险和流动性风险等主要的业务风险。从境内外资产托管业务的开展情况来看，资产托管业务所面临的业务风险主要有两类：一是在营运过程中可能面临操作风险；二是由于资产托管业务具有信用补充的作用，因此在一些特定业务中，可能会面临声誉风险。

操作风险和声誉风险都可以通过相应的措施进行控制和预防，其危害程度也远远达不到信用风险和流动性风险的等级，信用风险和流动性风险可能直接导致商业银行破产。因此，综合评价，资产托管业务与商业银行其他的业务相比，是一项低风险的中间业务。

美联储在 2008 年的金融危机之后，推出了银行业压力测试（CCAR），旨在检验银行业抵御金融危机的能力。在 2015 年对31 家美国大型银行的压力测试中，纽约梅隆银行和道富银行的资本比率均位居参评银行的前列，而这两家银行都是以资产托管为核心业务的专业化托管银行。这充分说明了资产托管业务不但具备低风险的属性，而且在战略上具备抵御系统性金融风险的能力。

正是因为资产托管业务具备轻资本、轻资产、轻成本的属性，同时是一项低风险的中间业务，因此受到众多机构的重视和青睐，资产托管业务也被商业银行视为一项 "绿色" 的中间业务。

资产托管业务的收益

中间业务收入

资产托管业务能够为商业银行直接贡献丰厚的中间业务收入。从绝对收入上看，2017 年国内 26 家商业银行资产托管业务合计创造了 545.13 亿元的中间业务收入，详见表 3.2①。18 家商业银行 2017 年的托管费收入超过 10 亿元，10 家商业银行 2017 年的托管费收入超过 30 亿元。各家商业银行资产托管业务在银行年度中间业务收入中的占比也不断提高，招商银行、中信银行等商业银行的托管费收入在银行年度中间业务收入中的占比超过了 6%，兴业银行更是超过了 10%。

表 3.2 我国商业银行托管费收入情况

单位名称	2015 年托管费收入（亿元）	2016 年托管费收入（亿元）	2017 年托管费收入（亿元）
中国工商银行	53.54	66.15	64.34
中国农业银行	28.55	31.16	33.59
中国银行	32.20	31.70	32.43
中国建设银行	35.51	42.60	44.65
交通银行	24.14	29.61	36.02
中信银行	22.27	26.20	33.02
招商银行	35.66	42.76	48.50
中国光大银行	16.49	15.12	15.66
华夏银行	10.35	8.88	9.68
中国民生银行	33.21	34.17	28.32

---

① 资料来源：中国银行业协会官方网站。

续表

单位名称	2015 年托管费收入（亿元）	2016 年托管费收入（亿元）	2017 年托管费收入（亿元）
上海浦发银行	31.23	35.38	37.13
兴业银行	43.19	43.51	40.70
北京银行	4.83	7.35	10.76
平安银行	29.39	27.45	30.48
上海银行	6.38	11.73	10.16
中国邮政储蓄银行	10.30	8.84	10.20
广发银行	N. A. ①	11.86	11.92
渤海银行	7.94	7.95	12.78
宁波银行	3.41	4.51	5.49
恒丰银行	9.18	12.06	10.27
浙商银行	0.97	1.92	5.03
南京银行	N. A.	2.14	3.49
杭州银行	0.63	1.36	1.98
广州农商银行	0.41	0.72	1.47
包商银行	1.00	2.22	2.64
江苏银行	1.05	3.28	4.29
合计	441.83	510.63	545.00

从费率上看，2017 年我国资产托管业务的平均费率为 0.038 5%。根据近几年的情况分析，托管费率呈现逐年下降的趋势，而且下降幅度较为显著，详见表 3.3②。这与资产托管业务的竞争日趋激烈和服务的同质化有关。虽然平均费率有所下降，但各家托管机构的托管费收入总量在不断增加。

①　N. A. 即 not available，代表没有可查数据。
②　资料来源：中国银行业协会官方网站。

表 3.3　我国商业银行托管业务费率情况

年度	平均费率（%）
2014	0.068 7
2015	0.051 8
2016	0.041 9
2017	0.038 5

从具体产品来看，以证券投资基金为代表的传统主流产品的托管费率依然保持相对较高的水平。截至 2017 年年末，我国公募证券投资基金规模合计 11.27 万亿元，共计 4 561 只产品，平均托管费率为 0.100 3%，显著高于其他类型的产品。其中，股票型基金（含指数基金）的平均费率为 0.185 0%，混合型基金的平均费率为 0.210 9%，债券型基金的平均费率为 0.164 7%，货币市场基金的平均费率为 0.080 7%。①

随着对商业银行直接利润贡献的不断提升，资产托管业务已经逐渐成为各家商业银行的主要业务之一。

直接拉动负债业务

资产托管业务的性质决定了这项业务对商业银行的负债业务具有天然的拉动作用。由于资产托管业务有独立监督的需要，商业银行会为受托资产开立专门的托管账户，并将受托资产（大多是以现金的形式）划转至托管专用账户内，再依据投资管理人的指令进行资金划拨与投资运作。一方面，很多产品在投资运作的过程中，都会有一部分未使用的资金留存在托管账户内，形成存款沉淀（例如股权投资基金，在找到拟投资的项目之前，资金会被留在托管专用账户内等待投资机会）；另一方面，对于开放式基金、理财、资产管

----

① 资料来源：中国银行业协会官方网站。

理计划等产品而言，需要留存一定比例的现金以应对投资者的赎回。例如，对于开放式证券投资基金，《公开募集证券投资基金运作管理办法》第二十八条规定：

> 开放式基金应当保持不低于基金资产净值百分之五的现金或者到期日在一年以内的政府债券，以备支付基金份额持有人的赎回款项，但证监会规定的特殊基金品种除外。

因此，资产托管业务对于商业银行而言，发挥了存款载体的作用。在商业银行负债业务成本日渐增加的背景下，资产托管业务对负债的拉动作用也使商业银行的分支经营机构愈发重视这项新兴的业务。

资产托管业务衍生出的存款，具有稳定性高、成本低、规模大3个突出特点。

稳定性高主要是因为多数托管产品的存续期限较长，例如公募证券投资基金，大多数是永久存续的，在存续期内，可以持续地为托管机构贡献存款。对于多数股权投资类的私募投资基金，其存续期也多在5~7年，也能够为托管机构贡献稳定的存款。

成本低主要是因为托管账户内的存款大多是随时要用于投资或赎回的资金，为便于实时划转，存在形式多为活期存款。对于银行而言，活期存款是成本最低的一类存款，能够有效地增加息差收入。

规模大主要是因为托管业务涉及的产品大多具有集合资金的性质，例如证券投资基金、银行理财产品等，都是汇集了大量投资者的资金再集中划入托管专用账户进行运作的。与商业银行为中小企业和个人开立的小额分散的账户相比，托管业务专用账户形成的存款多具有规模大的特点。

带动其他业务

资产托管业务除了对负债业务具有天然的拉动作用外，还可以直接或间接带动其他各类业务，实现收入。最常见的就是带来结算手续费收入。在托管产品的日常运作中，资金的划转都需要托管机构来执行，相应地会产生手续费收入，这部分费用会由托管产品本身承担，因此资产托管业务可以带来结算手续费的收入。对于跨境资产托管业务，例如 QDII 和 QFII，还将直接带来国际汇划手续费的收入。除此之外，QDII、QFII 等跨境产品在跨境划转资金时，会有换汇需求，多数情况下产品的结售汇也是由托管机构完成的，因此资产托管业务还可以带来结售汇的相应收入。

除了商业银行之外，我国还有大量的证券公司也在开展资产托管业务。证券公司开展资产托管业务，除了资产托管业务本身的收入之外，也能够带来其他业务的收入，例如在某家证券公司托管的基金产品，通常也会在同一家证券公司租用交易席位，带来交易席位租赁费用收入。

托管机构获取客户的入口

资产托管业务可以成为托管机构获取客户的入口。托管机构通过为客户开立托管账户进而获取向客户提供其他业务的机会，甚至能够使该客户产业链上下游的机构成为银行的客户。例如，具备企业年金托管资格的托管机构，在为企业办理年金托管业务时，自然就与该企业形成了对公业务合作关系，同时能够使该企业所有参与企业年金计划的员工成为优质的零售客户，以便日后与企业开展其他对公和零售业务（如对公的存贷款业务和对私的金融产品销售业务）。再如，托管机构开展商业银行理财产品的托管业务，除了托管其本身的理财产品之外，还可以对证券公司的资产管理计划、基金公司的专用账户资产管理计划及信托计划等进行一揽子托管，通过渗透营销，托管机构也可以将这些资产管理计划的管理人——证券公司、基金公司和信托公司发展成为自身的客户。

资产托管业务的战略价值

商业银行 "轻资本" 转型的方向之一

从 2000 年到 2011 年，我国 GDP 增速均超过 8%，自 2012 年以来，GDP 增速逐年变缓，同时利率市场化不断被推进，商业银行依靠息差获取高额利润的年代已经一去不复返。在经济 "新常态" 下，商业银行面临竞争加剧、息差利润收窄与不良贷款攀升的局面。为了在新的市场环境下获得生存与发展，商业银行都在积极寻找既能带来利润又能有效控制风险的业务增长点，尝试向轻资本转型。

资产托管业务具有轻资本、轻资产、轻成本和低风险的属性，能够有效提升商业银行非息收入和综合赢利水平，是经济 "新常态" 下商业银行理想的低风险利润增长点。资产托管业务的核心竞争力在于托管营运服务和产品增值服务，完全不占用且不受限于银行风险资本，发展空间非常广阔，是极具价值的 "绿色" 中间业务。

资产托管业务在我国发展至今发生了以下变化：在产品范畴上，已经从最初以公募证券投资基金为主的单一范畴发展为涵盖各类资产管理产品和各类资金监管的综合范畴；在驱动方式上，从一项以托管牌照驱动的业务发展为一项以社会需求驱动的业务；在业务来源上，从主要以银行自身资源为来源发展为以各类同业和社会资源为来源。资产托管业务作为商业银行为客户提供资产管理、产品销售等多种综合服务的最终落地环节，能够完善银行的服务产品线，巩固客户关系，提升银行整体服务水平，进而提升银行的整体品牌价值，是商业银行未来发展的重要方向之一。

有效提升商业银行的资产收益率

资产收益率（Return On Assets，简称 ROA）被用来衡量单位资产创造净利润的能力，它越来越受到商业银行的重视。资产托管业务是依靠提供服务获取收入的中间业务，不占用商业银行的风险资产和资本金。由于托管资产完全是表外资产，故所有的托管资产均不计入商业银行资产收益率的分母项，但是托管业务的收入却计入资产收益率的分子项。资产托管业务能够单边扩大资产收益率的分子而使分母保持不变，因此资产托管业务能够显著提升商业银行的资产收益率。

为客户提供综合服务的切入点

托管营运是资产托管业务的核心服务。但是，在托管营运服务同质化竞争不断白热化的背景下，仅仅依靠营运服务已经很难在市场上获得业务机会。资产托管业务的落地，往往需要为客户提供更多的综合服务，包括产品销售、融资方案、投资顾问、资产对接、交易撮合等，涉及的业务也包含了商业银行的公司银行、个人银行、资产管理、投资银行、金融同业等及证券公司的经纪业务、资产管理、销售交易等。从广义的角度来看，资产托管业务实际上涵盖了托管机构服务的各个方面，成为综合服务的切入点。

商业银行资金监控的新型手段

随着金融创新的不断深化，金融的业务模式早已脱离直存直贷的简单逻辑，而是向影子银行层层嵌套的复杂逻辑发展。虽然监管机构于2017年对资产管理业务采取了一系列的措施（去通道、去杠杆），禁止通过通道业务进行监管套利，但是合规的通道业务仍然可以开展。同时，资产证券化等模式也逐渐成为新的融资方式。无论采取何种逻辑与模式，资金都是在各家银行体系内流动。资产托管业务由于其独特的制度安排，能够清晰地监控资金的流向，真正实现对资金的闭环监管，为各类金融创新产品提供安全保障。

资产托管业务的社会价值

保护投资者权益的制度保障

保护投资者权益是托管人的第一要职，托管机制也是因此而生。资产托管业务的制度设计直接隔离了产品的使用权和保管权，使管理人能够管理和运作产品，但不能直接控制产品的资金与证券。而托管人虽然能够保管资金与证券，对管理人有监督义务，但同时受到管理人的反向监督。托管人和管理人之间形成了权利分离、相互制衡的机制。这一机制极大地保护了投资者的权益，避免因管理人或托管人的道德风险导致投资者权益受到侵害。

此外，托管人作为专业的第三方，通过对管理人的估值复核与投资监督，在很大程度上消除了因投资者不专业造成的信息不对称。

金融基础设施建设的重要组成

金融安全是国家安全体系的核心组成部分，金融的两大本质是配置资源和控制风险，然而这二者本身存在矛盾：资本的本性是趋利，而收益和风险又相伴而生，因此金融机构的经营须在二者之间寻求平衡。在资产管理行业井喷式发展的背景下，各类机构都打着"理财"的名义从事资金募集的活动，金融机构的资产管理产品大多在监管机构的监管之下，但仍有不少产品处于监管缺失的灰色地带。在社会信用缺失的情况下，对合规金融产品进行托管，是通过银行信用对社会信用进行的一种补充。托管营运的投资监督与估值复核，能够对金融产品的资金划付和收益计算起到监管作用，保障社会资金安全。同时，拒绝向不合规或非法产品提供托管服务，有助于投资者甄别投资风险，为社会筑起一道风险防线。

践行金融改革创新的配套措施

在我国经济进入"新常态"以来，经济增长由要素和投资驱动转向创新驱动。首先，资本市场的全面改革吸引了大量资金流入，为资产托管行业提供了发展的内在动力，例如新三板市场和资产证券化业务发展提速，其中的资金安全问题备受关注。其次，我国的社会保障制度不断完善，包含国家医疗基金、养老基金、企业年金等的社会保障基金、政府管理资金、社会资本呈井喷式发展，随着市场化运作程度的不断加深，资产托管机制在资金市场化投资管理中的作用逐渐凸显。最后，互联网金融在爆发式增长过程中暴露出来的一些风险，如泛亚、e租宝等金融风险事件，也需要完善的资产托管机制作为解决方案。

契合资金安全和社会稳定的内在逻辑

托管机构作为独立的第三方，能够对投资管理人形成外部制约机制，由此可有效防范投资管理人的道德风险，提高受托资产的公信力和安全性，在解决交易各方信息不对称、降低交易成本、撮合交易方面发挥了积极作用，在社会经济健康发展中扮演了保卫者、监督者和协调者的重要角色。资产管理行业规模不断增长、受众面不断拓宽、业务范围交叉融合，急需资产托管机制作为资金安全保障。

资产托管业务的立法探讨

虽然资产托管业务已经在当前我国快速创新发展的金融市场中肩负了重要使命，为维护金融安全乃至社会安定发挥了重要作用，但是对于不同类型的产品，托管业务的介入程度和标准有较大差别，所发挥的作用也有强弱之分。对于证券投资基金等规范化程度较高的标准化产品，通过资产托管机制已经能够完全对资金形成闭环监管，实现对投资者利益的最大化保护。但是，对于多数非标准化产品，尤其是资金投向为债权形式的项目，托管业务发挥的作用非常有限，托管人并不能有效控制资金脱离托管账户后的去向，不能形成闭环托管，一旦发生风险，还可能对托管人形成声誉风险。

不同产品间资产托管业务的执行尺度之所以不同，是因为针对一些业务，有明确的立法对产品的托管提出具体要求，例如《中华人民共和国证券投资基金法》，而另一些业务则没有。即便针对一些业务有立法，但对资产托管业务的要求也不尽相同。总而言之，资产托管业务目前缺乏一个有效的上位法律对整个资产托管行业及其权利义务进行完整的定位，因此各类资产托管业务缺乏全面、统一、明确的法律规范，不同资产托管业务只能根据不同监管部门颁布的行政规章或管理办法分别执行。

十九大之后，我国供给侧结构性改革深入推进，资产托管业务也进入大有可为的战略机遇期，承担更多的社会责任。笔者在此呼吁有关部门加快资产托管统一立法，以更好地发挥资产托管业务为金融与社会稳定保驾护航的重要作用。

第四章

资产托管业务的经营魔方

资产托管业务吸引了众多机构争抢市场，但各家机构的经营和管理模式不尽相同：有综合化经营的模式，也有专业化托管的模式；有集中营运的模式，也有分散营运的模式；有通过销售业务拉动的模式，也有通过资产管理业务拉动的模式；有布局全球市场的全球托管银行，也有专注本地化耕植的本地托管银行……本章将深入分析这些市场上的主流业务模式，并介绍国际领先的托管机构的经营模式。

资产托管业务的经营管理模式

资产托管业务的经营管理模式可以分为多个维度。本节将对每一个维度的经营管理模式进行介绍，并分析各自的优缺点。

综合化经营与专业化托管的模式对比

综合化经营的业务模式

综合化经营的业务模式是综合化经营的商业银行在其经营的业

务中，设立资产托管业务这一业务类型，将资产托管业务作为商业银行的众多经营业务之一进行经营管理。目前，我国大多数的商业银行所采用的资产托管业务模式都是综合化经营模式，境外的花旗银行、汇丰银行等也都采用综合化经营模式。

综合化经营模式的优势是，资产托管业务能够与其他业务互动、互促和互补，并且能够为客户提供一体化、全流程的服务方案。例如，公募证券投资基金的托管业务往往与销售业务相伴而生，在我国的公募证券投资基金市场上也一直存在"保销量、拿托管"的规则。综合化经营的业务模式能够通过个人金融业务销售基金产品，进而获得更多的资产托管业务资源，为基金管理公司提供"销售 + 托管"的综合服务。

综合化经营模式的劣势主要是，资产托管业务的发展会受到商业银行整体战略的影响，自主权与主导权相对较弱，对资产托管业务而言，最重要的系统研发投入和人力资源投入可能会受到一定的限制。如果商业银行在战略上不重视资产托管业务，则其所获得的资源配置和考核力度都会受到制约。

专业化托管的业务模式

专业化托管的业务模式是托管机构将资产托管业务作为其主营业务，资产托管业务在其整体业务中占据主导地位的经营模式。目前，全球资产托管规模最大的两家机构——纽约梅隆银行和道富银行均采用专业化托管的业务模式，以合伙人体制经营的布朗兄弟哈里曼银行采用的也是专业化托管的业务模式。

专业化托管模式的优势是，托管机构在资产托管业务的发展战略与经营管理上具备绝对的自主决定权，能够及时、精确地根据资产托管业务市场的变化决定自身业务的发展方向，能够相对自由地决定其在系统研发和人力资源等方面的投入。同时，由于资产托管业务具有轻资本、轻资产、轻成本和低风险的属性，专业化的托管机构往往具有极高的估值水平，抵御金融危机和风险的能力也明显高于其他金融机构。此外，由于资产托管业务不受银行资本充足率和存款等条件的约束，理论上可以无限量地扩大业务规模。

将采用专业化托管模式的纽约梅隆银行、道富银行与采用综合化经营模式的摩根大通、花旗银行对比：2016 年年末，纽约梅隆银行和道富银行的资产分别为 3 335 亿美元和 2 427 亿美元，属于典型的轻资产银行，但受托资产分别高达 29.90 万亿美元和 28.77 万亿美元；摩根大通和花旗银行的总资产分别为 24 910 亿美元和 18 087 亿美元，资产体量在全球范围内都属于"巨无霸"型，其受托资产也十分可观，分别为 20.52 万亿美元和 15.20 万亿美元。但是从资产收益率来看，专业化托管的业务模式具有压倒性的优势。受托资产规模与总资产规模之比亦能反映出两类模式下机构资产托管业务扩张能力的显著差异：纽约梅隆银行和道富银行的受托资产规模与总资产规模之比分别为 89.66 和 118.54，而摩根大通和花旗银行分别为 8.24 和 8.40。

专业化托管模式主要的劣势是业务相对单一。为了弥补这一缺陷，很多专业化的托管机构会在经营资产托管业务的同时，发展与资产托管业务相关性较高的其他业务。例如，纽约梅隆银行在经历了长期的传统业务出售及并购之后，发展成为一家以资产托管业务为核心的银行，在主营资产托管业务的同时，提供以资产托管业务为中心的一体化服务，包括证券清算、基金服务、证券借贷、资产管理委外、业绩评估、抵押管理、公司信托、流动性服务等业务。再如，道富银行当前在主营资产托管业务的同时重点布局资产管理业务，使两者相互促进，共同发展。

总分经营体制与独立经营体制的对比

总分经营体制下的业务模式

总分经营体制指的是在机构设置与管理上采用总分运作模式，

总行负责集中管理,属于管理机关,分支机构负责营销,属于经营单位。我国大部分商业银行采用的是总分运作模式。如果商业银行在总行设立管理部门,赋予分支机构资产托管业务的营销职能,总行通过指标考核等手段对分支机构进行指引和管理,则可以将其视为标准的总分经营体制下的资产托管业务模式,如图4.1所示。

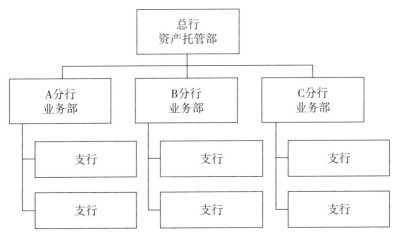

图4.1　总分经营体制下的资产托管业务模式

资产托管业务在总分经营体制下的优势主要有:一是能够充分发挥分支机构的营销网络优势,获取客户与业务机会,大幅拓展资产托管业务的广度,同时,尤其是在我国,有利于对各省市当地资产托管业务客户的营销和维护,实现地毯式、无死角的营销覆盖;二是总行能通过指标考核,引导和激励分支机构开展资产托管业务,而且在利润上并不形成冲突。

资产托管业务在总分经营体制下也存在一些问题:一是分支机构托管业务人员的专业化程度不足,从总行到分行再到支行,人员的专业能力可能会逐级递减,分支机构更关注客户的营销与维护,但对专业细节的把握能力相对不足;二是分支机构自身的业务经营范畴较宽泛，并具备自主选择权，分支机构可能会侧重发展与考核激励相关或者与自身利益相关的业务，资产托管业务作为商业银行的一项新兴中间业务，如果考核激励不到位，未必能够得到分支机构的重视。

独立经营体制下的业务模式

独立经营体制指的是商业银行设立资产托管业务的专门经营单位，其具备相对独立的业务自主权限，并采取独立核算的模式，典型代表是事业部制度。事业部也被称为利润中心，是一种独立核算、自负盈亏、自担风险的集约型组织机构。与传统的企业部门相比，事业部在资源配置、内部运作、政策制定等方面具有更大的自主权，一般与分行属于平行关系。具体如图4.2所示。

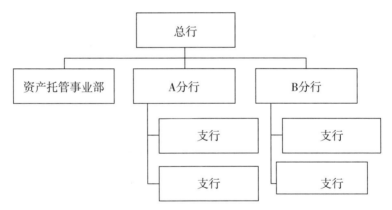

图4.2 独立经营体制下的资产托管业务模式

资产托管业务在独立经营体制下的优势主要有：一是以责任利润为核心且一般以匹配业绩为导向的考核制度，能够更好地调动员工的积极性；二是有利于托管部门灵活自主地对市场的变化做出快速反应，并进行快速决策；三是有利于托管部门的高层领导摆脱日常行政事务，能够将更多的精力放在专业发展上；四是团队的人员会更加贴近市场，或者更多地直接参与营销的过程，更好地把握业务细节并识别其中的风险。

资产托管业务在独立经营体制下也存在一些问题：一是因托管部门独立核算，如果没有制定好利益分配机制，它们可能会与其他部门或分支机构发生利益冲突，导致内部合作不畅或产生其他内部问题；二是托管部门的独立性可能导致其与其他部门或分支机构在资源共享或协同工作上不够默契；三是基于以上两点，如果不能有效地考核分支机构并发动分支机构的营销力量，仅凭托管部门很难对全球或全国各地区、各类型的客户形成全面覆盖。

"销售＋托管"与"资管＋托管"的模式对比

"销售＋托管"的业务模式

无论是从全球范围，还是从我国的实际情况来看，资产托管业务都起源于公募证券投资基金或共同基金。公募证券投资基金和共同基金的最大特点是公开募集，对基金管理人来说，基金的募集规模直接关系到管理人的资产管理规模与管理费收入，因此募集规模必然是基金管理人关注的核心问题。作为托管机构，无论是商业银行还是证券公司，都有能够销售公募证券投资基金的分支网点或营业部，自然地，基金销售募集和托管就成了捆绑业务，"销售＋托管"打包服务也成为资产托管行业的规则。

2008年以前，由于监管机构对公募证券投资基金的审批相对严格，每年每家基金管理公司能够申报的产品数量非常有限，因此基金管理公司会将资金集中交由大型国有商业银行托管，期望以此交换大型国有商业银行丰富的销售资源。除了公募证券投资基金之外，保险也是一类非常依赖销售资源的金融产品，各家保险公司为了换取大型国有商业银行的销售资源，也将自身的保险资金交由大型国有商业银行托管。这种情况持续到今日，就形成了大型国有商业银行偏重通过销售拉动资产托管业务发展的模式,即"销售 + 托管"的业务模式。

"资管 + 托管" 的业务模式

全国股份制商业银行和地方性商业银行的营业网点数量无法与大型国有商业银行相比,总体销售实力自然也相差甚远。因此,在我国资产托管业务开展早期,全国股份制商业银行的托管规模与大型国有商业银行存在较大的差距。2011 年年末,5 家大型国有商业银行托管规模占全银行市场托管总规模的 77%[①],几乎可以用垄断来形容,如图 4.3 所示。

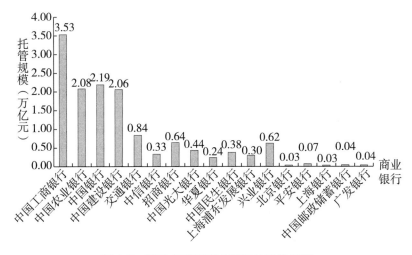

图 4.3 2011 年我国商业银行的托管规模

不过,这种差距在 2011 年之后逐渐缩小,出现了全国股份制商业银行的托管规模超过大型国有商业银行的情况。这是由于全国股份制商业银行抓住了 2011—2016 年"大资管"时代资产管理业务迅

---

① 资料来源:中国银行业协会官方网站。

速发展的机会，注重对证券公司、信托公司、基金公司和基金子公司等资产管理机构的营销，拓展各类资产管理计划的托管业务，形成"资管＋托管"的业务模式。在"资管＋托管"的业务模式下，全国股份制商业银行走出了一条成功的发展之路。截至2017年年末，5家大型国有商业银行垄断资产托管业务的局面已经完全改变，5家大型国有商业银行托管规模占全银行市场托管总规模的比例下降至38%①。而且，招商银行以11.97万亿元的托管规模超越了除中国工商银行之外的所有大型国有商业银行，兴业银行、上海浦东发展银行和中信银行的托管规模也超越了部分大型国有商业银行。自此，在资产托管业务上，全国股份制商业银行与大型国有商业银行开始并驾齐驱、平分秋色。2017年我国商业银行的托管规模如图4.4所示。

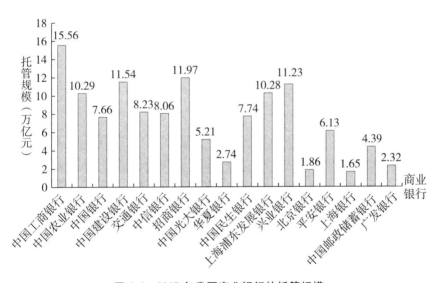

图4.4　2017年我国商业银行的托管规模

①　资料来源：中国银行业协会官方网站。

"销售＋托管"与"资管＋托管"两种业务模式在开展方式上有着明显的差别，从数据上也非常容易区分。以2015—2017年连续3年的资产托管市场数据①为例，具体数据如表4.1、表4.2、表4.3所示。

在"销售＋托管"业务模式下，将公募证券投资基金、保险和理财3项最依赖托管机构销售能力的产品列为"销售＋托管"的典型产品，通过将各机构这3项产品的托管规模与其托管总规模相比，可以看出各机构是否采取了"销售＋托管"的业务模式。从2015年的数据来看，中国工商银行、中国建设银行、中国银行和中国农业银行4家大型国有商业银行"销售＋托管"业务模式下的托管规模占托管总规模的比例都超过了55%，交通银行的业务占比也接近50%，这5家大型国有商业银行的业务平均占比为61.93%，而全国股份制商业银行和地方性商业银行的业务占比均未超过50%，业务平均占比仅为31.92%。

在"资管＋托管"业务模式下，将基金专户资产管理、证券公司资产管理、信托资产管理及银行理财资产管理4项主流的资产管理产品列为"资管＋托管"的典型产品，通过将各机构这4项产品的托管规模与其托管总规模相比，可以看出各机构是否采取了"资管＋托管"的发展模式。从2015年的数据来看，5家大型国有商业银行的"资管＋托管"业务模式下的托管规模占托管总规模的比例大多低于50%，只有中国工商银行的业务占比稍高于50%，业务平均占比为45.17%，而全国股份制商业银行和地方性商业银行在"资管＋托管"模式下，有16家托管银行的业务占比超过了60%，其中有10家超过了80%，平均业务占比高达77.32%。具体如表4.1所示。

---

① 资料来源：中国银行业协会官方网站。

表 4.1 2015 年"销售 + 托管"与"资管 + 托管"业务模式对比

托管机构	托管总规模（万亿元）	"销售 + 托管"模式下的托管规模（万亿元）	"销售 + 托管"模式下的托管规模占比（%）	"资管 + 托管"模式下的托管规模（万亿元）	"资管 + 托管"模式下的托管规模占比（%）
中国工商银行	11.507	7.721	67.10	5.966	51.85
中国农业银行	7.145	4.830	67.60	2.356	32.97
中国银行	5.678	3.220	56.71	2.824	49.74
中国建设银行	7.171	5.094	71.03	3.283	45.79
交通银行	5.578	2.634	47.22	2.540	45.52
中信银行	4.855	1.689	34.79	3.030	62.40
招商银行	7.156	2.790	39.00	5.760	80.49
中国光大银行	3.372	1.509	44.74	2.613	77.47
华夏银行	1.307	0.616	47.12	1.154	88.31
中国民生银行	4.669	1.538	32.94	3.504	75.06
浦发银行	4.982	1.382	27.75	3.683	73.93
兴业银行	7.214	2.256	31.27	5.604	77.68
北京银行	0.884	0.370	41.80	0.762	86.16
平安银行	3.693	0.809	21.90	2.797	75.74
上海银行	1.001	0.330	32.98	0.808	80.71
中国邮政储蓄银行	2.251	0.981	43.57	1.253	55.67
广发银行	N.A.	N.A.	N.A.	N.A.	N.A.
渤海银行	1.509	0.271	17.99	1.408	93.32
宁波银行	1.977	0.224	11.31	1.873	94.71
恒丰银行	0.938	0.249	26.51	0.832	88.72
浙商银行	0.309	0.023	7.59	0.252	81.53
南京银行	N.A.	N.A.	N.A.	N.A.	N.A.

托管机构	托管 总规模 （万亿元）	"销售＋托管" 模式下的 托管规模 （万亿元）	"销售＋托管" 模式下的 托管规模 占比（%）	"资管＋托管" 模式下的 托管规模 （万亿元）	"资管＋托管" 模式下的 托管规模 占比（%）
杭州银行	0.454	0.198	43.60	0.427	94.13
广州农商银行	0.296	0.100	33.68	0.175	59.03
包商银行	0.209	0.085	40.71	0.173	82.55
江苏银行	1.063	0.289	27.21	0.441	41.46

对 2016 年的数据（见表 4.2）进行分析，可以得出与 2015 年类似的结论。在"销售＋托管"业务模式下，5 家大型国有商业银行的业务平均占比为 60.46%，而全国股份制商业银行和地方性商业银行的业务平均占比为 31.18%；在"资管＋托管"业务模式下，5 家大型国有商业银行的业务平均占比为 44.86%，全国股份制商业银行和地方性商业银行的业务平均占比为 77.80%。

表 4.2　2016 年"销售＋托管"与"资管＋托管"业务模式对比

托管机构	托管 总规模 （万亿元）	"销售＋托管" 模式下的 托管规模 （万亿元）	"销售＋托管" 模式下的 托管规模 占比（%）	"资管＋托管" 模式下的 托管规模 （万亿元）	"资管＋托管" 模式下的 托管规模 占比（%）
中国工商银行	14.062	8.494	60.41	7.368	52.40
中国农业银行	9.004	6.177	68.60	3.557	39.50
中国银行	6.906	4.139	59.93	3.001	43.46
中国建设银行	9.252	6.300	68.09	4.207	45.47
交通银行	7.010	3.173	45.26	3.047	43.46
中信银行	6.570	2.572	39.16	3.790	57.68
招商银行	10.168	3.579	35.19	7.968	78.36

托管机构	托管总规模（万亿元）	"销售＋托管"模式下的托管规模（万亿元）	"销售＋托管"模式下的托管规模占比（％）	"资管＋托管"模式下的托管规模（万亿元）	"资管＋托管"模式下的托管规模占比（％）
中国光大银行	4.433	1.611	36.35	2.976	67.14
华夏银行	2.173	0.933	42.95	1.958	90.10
中国民生银行	7.071	2.056	29.08	5.393	76.26
浦发银行	7.564	1.847	24.42	5.304	70.12
兴业银行	9.442	3.117	33.01	7.075	74.93
北京银行	1.447	0.573	39.62	1.228	84.91
平安银行	5.462	1.282	23.46	4.008	73.38
上海银行	1.430	0.387	27.03	1.036	72.43
中国邮政储蓄银行	4.172	1.444	34.62	1.887	45.23
广发银行	2.043	0.771	37.75	1.692	82.80
渤海银行	2.561	0.433	16.93	2.367	92.42
宁波银行	2.775	0.342	12.33	2.564	92.38
恒丰银行	1.814	0.701	38.63	1.487	81.93
浙商银行	1.424	0.441	30.97	1.222	85.82
南京银行	1.524	0.430	28.21	1.433	94.06
杭州银行	0.945	0.350	37.03	0.863	91.35
广州农商银行	0.710	0.209	29.43	0.645	90.80
包商银行	0.400	0.121	30.23	0.335	83.62
江苏银行	1.562	0.445	28.49	0.751	48.09

对2017年的数据（见表4.3）进行分析，结论依然类似。在"销售＋托管"业务模式下，5家大型国有商业银行的业务平均占比为61.05％，而全国股份制商业银行和地方性商业银行的业务平均占

比为 28.10%；在"资管 + 托管"业务模式下，5 家大型国有商业银行的业务平均占比为 42.62%，全国股份制商业银行和地方性商业银行的业务平均占比为 71.36%。

表 4.3　2017 年"销售 + 托管"与"资管 + 托管"业务模式对比

托管机构	托管总规模（万亿元）	"销售 + 托管"模式下的托管规模（万亿元）	"销售 + 托管"模式下的托管规模占比（%）	"资管 + 托管"模式下的托管规模（万亿元）	"资管 + 托管"模式下的托管规模占比（%）
中国工商银行	15.557	9.742	62.62	7.879	50.64
中国农业银行	10.293	7.006	68.06	3.906	37.95
中国银行	7.659	4.508	58.86	3.198	41.76
中国建设银行	11.536	7.398	64.13	4.803	41.63
交通银行	8.228	4.245	51.59	3.381	41.10
中信银行	8.056	3.641	45.19	3.699	45.92
招商银行	11.971	3.685	30.78	8.803	73.54
中国光大银行	5.208	2.223	42.69	3.779	72.56
华夏银行	2.736	0.843	30.81	2.248	82.18
中国民生银行	7.740	2.105	27.20	4.753	61.40
浦发银行	10.283	1.901	18.49	5.972	58.08
兴业银行	11.233	3.652	32.51	7.749	68.99
北京银行	1.865	0.624	33.49	1.479	79.35
平安银行	6.131	1.238	20.20	3.270	53.34
上海银行	1.651	0.367	22.25	0.984	59.61
中国邮政储蓄银行	4.386	1.565	35.69	1.782	40.62
广发银行	2.319	0.718	30.98	1.532	66.05

托管机构	托管总规模（万亿元）	"销售＋托管"模式下的托管规模（万亿元）	"销售＋托管"模式下的托管规模占比（%）	"资管＋托管"模式下的托管规模（万亿元）	"资管＋托管"模式下的托管规模占比（%）
渤海银行	3.292	0.595	18.06	2.877	87.39
宁波银行	2.661	0.484	18.18	2.472	92.87
恒丰银行	1.252	0.237	18.90	0.911	72.74
浙商银行	1.770	0.314	17.76	1.304	73.67
南京银行	1.672	0.461	27.60	1.515	90.64
杭州银行	1.102	0.355	32.21	0.959	86.99
广州农商银行	0.666	0.234	35.14	0.627	94.11
包商银行	0.364	0.100	27.55	0.298	81.97
江苏银行	1.874	0.456	24.35	1.062	56.66

对2015—2017年的数据做进一步分析，不难发现地方性商业银行在"资管＋托管"业务模式下的业务占比较全国股份制商业银行更高，渤海银行、宁波银行、南京银行、杭州银行和广州农商行的业务占比都超过了90%。这是由于地方性商业银行在资产托管业务起步初期，主要以自身的理财产品和衍生的通道业务为业务重点，其他业务占比较小。

通过对2015—2017年连续3年的数据进行分析，可以看出5家大型国有商业银行采用的是"销售＋托管"业务模式，而全国股份制商业银行和地方性商业银行采用的是"资管＋托管"业务模式。具体如表4.4所示。

表 4.4　2015—2017 年"销售＋托管"与"资管＋托管"业务模式对比

年度	"销售＋托管"业务模式下的托管规模平均占比		"资管＋托管"业务模式下的托管规模平均占比	
	5 家大型国有商业银行	其他银行	5 家大型国有商业银行	其他银行
2015	61.93%	31.92%	45.17%	77.32%
2016	60.46%	31.18%	44.86%	77.80%
2017	61.05%	28.10%	42.62%	71.36%

全球托管牌照与全球次托管合作的模式对比

资产托管业务在我国于 1998 年起步，尚属一项新兴业务，但是其在全球已有约 150 年的历史，是一项十分成熟的业务。在资本跨境投资时，资产托管业务随之向全球延展。

以我国为例，当我国的资产管理机构要向境外市场投资时，一方面要向监管机构申请成为 QDII 并具备相应的投资额度，另一方面要设计好产品从我国到拟投资国家或地区的资金通路。资金通路一般由管理人委托给托管人全权办理。假设产品是投资美国市场的，而托管人在美国当地没有设立相应的机构或者并不具备美国市场的资产托管业务牌照，就需要委托另一家具备美国市场资产托管业务牌照的托管机构办理美国当地的资产托管业务，这一模式被称为次托管业务（sub-custody），美国当地的托管人被称为次托管人（sub-custodian）。管理人仅与第一托管人（主托管人）签署次托管协议，达成次托管业务。主托管人委托次托管人办理美国当地的资产托管业务属于主托管人的业务分包行为，对客户而言，主托管人的责任并不随之转移，主托管人需要对次托管人的行为负责，跨境资产托管业务的次托管业务模式如图 4.5 所示。

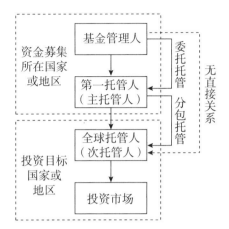

图 4.5　跨境资产托管业务的次托管业务模式

全球资产配置早已在很多发达国家普及，我国的资产管理机构近几年也有越来越多的产品投向全球各个金融市场，包括欧美等成熟的金融市场，也包括印度、巴西等新兴的金融市场。我国跨境投资的产品不仅包括股票、债券，还包括黄金、原油和房地产投资信托基金（REITs）等多元化的投资品种。为了抢占全球资产托管业务市场、扩大托管规模，很多国际知名的托管机构建立了全球托管体系，它们能够承接投向各个国家和地区的资产托管业务。

全球托管体系又分为两种模式，一种是全球托管牌照模式，另一种是全球次托管合作模式。两者的主要区别在于，前者是"一家通吃"，后者依赖相互服务。

全球托管牌照模式

在全球托管牌照模式下，托管机构会尽可能在全球各个国家和地区获得当地的托管业务牌照，这样就能够为客户提供全球托管一站式、一体化的服务。例如，一家美国的共同基金，投资范围包括美国本土股票市场、英国股票市场和中国人民币普通股票（A 股）市场，那么这只共同基金的管理人只要委托一家同时具备美国、英国和中国三地托管业务牌照的全球托管机构，就能使资金完全在一家托管人的体系内进行投资运作，而不需要再委托给其他次托管人进行分包托管。全球托管牌照模式如图4.6所示。

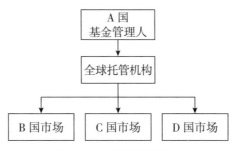

图4.6　全球托管牌照模式

采用全球托管牌照模式的全球托管机构包括花旗银行和汇丰银行等机构。以我国为例，境外投资机构在我国境内进行资本投资，需要具备QFII业务牌照，而托管机构需要具备QFII托管业务牌照。截至2017年12月，具备中国QFII托管业务牌照的托管机构共有19家，花旗银行和汇丰银行等采用全球托管牌照模式的全球托管机构都在名单之列。如此一来，如果一家美国的共同基金要投资我国A股市场，即可委托花旗银行作为唯一托管人，帮助其完成在我国的投资。

全球托管牌照模式的优势在于，托管机构能够为客户提供全球各地的托管服务而不用进行次托管，成本低廉，流程也会更加顺畅。但也存在两个主要劣势：一是它会与很多当地托管机构形成直接的竞争关系，例如花旗银行和汇丰银行在QFII托管业务上就需要面对强有力的竞争对手——当地托管机构，而在很多国家和地区，当地托管机构既有先天的东道主优势，又对当地的法律和业务更加了解，同时还有可能或多或少地受到当地监管机构的优待；二是全球托管牌照模式需要托管机构在各个国家和地区申请托管业务牌照并组建相应的托管营运团队，需要较高的营运与人力资源成本。

全球次托管合作模式

全球托管牌照模式下的托管机构需要在各个国家和地区申请当地托管业务牌照，而全球次托管合作模式下的托管机构则选择了另一条道路，即仅在全球主流市场申请托管业务牌照，对于其他国家和地区，其选择与具备当地托管业务牌照的次托管人进行次托管合作。

布朗兄弟哈里曼银行是典型的采用全球次托管合作模式的托管机构。例如，一家韩国的投资机构拟投资美国股票市场以及我国A股市场，该投资机构委托韩国当地的一家托管机构托管资产，该机构与布朗兄弟哈里曼银行签署了全球次托管协议，选择布朗兄弟哈里曼银行作为全球次托管机构。对于美国股票市场，布朗兄弟哈里曼银行的注册地在美国波士顿，其具备美国当地的托管牌照，可以直接落地托管；对于我国A股市场，布朗兄弟哈里曼银行将与我国一家具备QFII托管资格的机构合作，由这家机构担任次托管机构来负责我国当地市场的托管业务，其合作模式见图4.7。

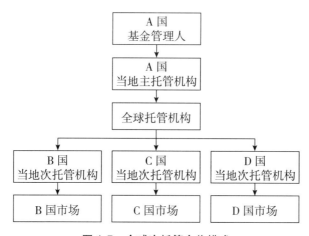

图4.7　全球次托管合作模式

全球次托管合作模式的优势如下：一是能够将业务分包给次托

管机构以节省在各个国家或地区设立机构的成本。二是该模式下的托管机构能够与各个国家或地区的本土托管机构达成合作，本土托管机构在自身注册地必然有丰富的客户资源，一旦达成合作，这些本土托管机构就成了全球托管机构的供应商，为他们提供源源不断的托管业务资源。例如，在全球托管牌照模式下，本土银行和全球托管银行是竞争关系，因为全球托管银行在当地也具有托管业务牌照；在全球次托管合作模式下，本土银行和全球托管银行则是合作关系，因为本土银行可以将 QDII 产品委托给全球托管银行进行次托管，全球托管银行也可以将 QFII 产品委托给本土托管银行进行次托管。全球次托管合作模式的劣势主要是不能提供完全一体化的服务，托管机构需要与各个国家或地区的当地托管机构签署次托管协议，实际充当的是一个全球托管中介人的角色。当然，托管机构可以采取各种措施尽可能不影响客户体验，同时通过做大规模、降低成本摊薄收费水平。

商业银行托管与证券公司托管的模式对比

2014 年，证监会核准了 9 家证券公司的资产托管业务资格，打破了商业银行作为我国托管机构的唯一性。由于商业银行已经在我国资产托管业务市场上建立了比较牢固的业务基础，因此证券公司在开展资产托管业务时大多采取了差异化的模式。

在客户群体上，商业银行的资产托管业务客户主要是公募证券投资基金管理公司、证券公司、商业银行、信托公司、保险公司等，而证券公司的资产托管业务客户则以私募投资基金和期货公司为主。由于私募投资基金的组织形式包括公司制、合伙制及契约制，并不属于金融机构的监管范畴，在业务开展早期，出现过一些风险事件，因此很多商业银行出于防范声誉风险的考虑并没有大力开展私募投资基金托管业务。证券公司抓住这一业务机会，大力发展私募投资基金托管业务，将其发展成主流托管业务。此外，期货资产管理计划近几年获得了较快的发展，证券公司也抓住了这一机遇，迅速扑向期货资产管理市场，在短时间内获得了较大的托管市场份额。

在配套业务上，商业银行拥有强大的分支机构网点，这些分支机构网点为其提供了零售业务基础，因此需要销售的资产管理产品更倾向与商业银行进行以托管为核心的一揽子业务合作。而证券公司则拥有交易席位和强大的二级市场研究实力，因此场内交易的证券投资类产品则更有可能选择证券公司的打包服务。

在产品类别上，商业银行由于进入市场较早，基本覆盖了全部的托管业务品类。而证券公司除了以私募投资基金和期货资产管理计划作为主要产品，在公募证券投资基金等产品上，也找到一些突破口，例如证券公司凭借其在证券市场中的交易业务优势，重点托管场内交易的公募证券投资基金。

在系统与营运上，商业银行在资金的清算交收环节具有证券公司无法比拟的优势，证券公司的托管资金账户也需要在商业银行开立，但是证券公司在证券交易上具备更强的先天优势，同时具备更便捷的证券交易系统。

除此之外，证券公司资产托管业务的差异化还体现在，证券公司大力开展私募基金专业服务业务，即承接私募基金的份额登记、估值核算与系统开发的外包。在该项业务上，证券公司目前占据了主流。

资产托管业务的组织机构设置

资产托管业务的定位

资产托管业务是一项受托业务，以向客户提供资产保管、清算交割、会计核算、信息报告等服务为核心业务，因此从本质上看，资产托管业务属于一项后台业务。但是，资产托管业务本身需要先由营销部门获取客户，才能向客户提供相应的托管服务。一旦签订协议、合约成立，托管机构即可通过提供服务获取托管业务收入。由于资产托管业务本身具有较高的专业性，其营销团队一般设立在本部门，因此在资产托管部门形成了从前台营销到后台服务的完整体系。对于金融机构而言，能够独立开展业务并获取利润的部门，可将其定位为前台部门，并按照前台部门进行考核。所以，在绝大多数的商业银行和证券公司中，资产托管业务被定位为前台业务，资产托管部门被定位为前台部门。

随着商业银行业务的不断细分，很多商业银行对业务进行板块化管理，设有公司金融板块、个人金融板块、金融市场板块等。资产托管业务是一项相对特殊的业务，与商业银行传统的业务相比相对独立，因此其板块的归属也比较多样化。从客户角度来看，资产托管业务的客户大多是同业客户，因此多数商业银行将资产托管业务归入金融市场板块或金融同业板块。从业务属性来看，资产托管业务属于批发业务，客户大多为机构而不是个人，因此也有部分银行将资产托管业务归入公司金融板块。从业务协同角度来看，资产托管业务常常与个人金融的销售业务捆绑，因此也有少数银行将托管业务归入个人金融板块。考虑到托管业务的独立性，也有部分银行并未将资产托管业务归入任何板块，而是采取独立经营的模式。

资产托管业务的组织架构设置

资产托管业务作为一项相对独立的业务，以向客户提供托管营运服务为核心职能，并需要业务团队开展市场营销工作，同时按照监管要求设立内控与监督岗位。资产托管业务分为了前台、中台和后台。

在我国，一些托管银行，尤其是大型国有商业银行，对资产托管业务的职能有明确的划分，相关组织架构如图4.8所示。

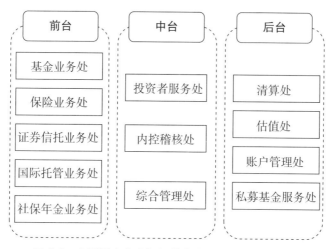

图4.8　大型国有商业银行的资产托管业务组织架构

在这种架构下，前台按照产品进行分类，设有基金、保险、证券信托、国际业务、社保年金等业务处，主要负责资产托管业务的市场拓展与客户营销。中台则涵盖了投资者服务、内控稽核与综合管理等业务处，投资者服务处主要负责协议签署、品牌推广与信息发布等工作，内控稽核处按照监管要求和协议内容对管理人的投资行为进行监督，同时对托管人自身的营运情况进行内部控制，综合管理处主要负责考核、统计及部门事务性工作。后台则是按照清算、估值、账户三个职能分别设业务处，同时独立设置私募基金服务处，单独承接私募基金外包业务。

对于全国股份制商业银行和地方性商业银行，资产托管部门的组织架构会相对精简，通常难以做到像大型国有商业银行一样的精确划分，但也会有明确的前、中、后台职能划分，相关组织架构如图4.9所示。

在这种架构下，前台可能按照不同的产品分设2~3个业务处，负责资产托管业务的市场营销工作。各个机构的划分方式可能不同，可能为传统与创新、标准化资产与非标准化资产、证券类与融资类等，具备企业年金托管牌照的机构，也会单独设置年金（或养老金）

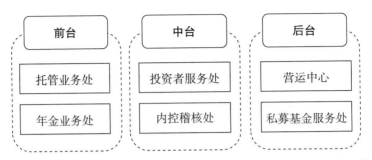

图4.9 全国股份制商业银行和地方性商业银行的资产托管业务组织架构

业务处，也有部分机构直接选择成立年金（或养老金）独立业务部门，甚至成立养老金子公司。中台主要包括投资者服务处与内控稽核处，投资者服务处主要处理合同协议的签署与信息维护、考核、统计等工作，内控稽核处负责投资监督。后台设营运中心，职能为账户管理、清算划款、核算估值等，同时按照监管机构对托管与私募基金服务的业务独立性要求，单独设有私募基金外包业务服务处。也有部分托管机构将协议签署的职能放在前台，将投资监督稽核的职能放在后台。

总体上看，组织架构越细化，业务人员的专业化程度可能越高，也更易于分工管理，但是综合作战能力会相对减弱。具体的分工还需要根据机构的具体情况而定。2017年一季度托管银行的机构设置[①]如表4.6所示。

表4.6 2017年一季度托管银行的机构设置

机构	托管业务部门	下设处室数量
中国工商银行	资产托管部	12
中国农业银行	托管业务部	11

---

① 资料来源：中国银行业协会官方网站。

续表

机构	托管业务部门	下设处室数量
中国银行	托管及投资者服务部	8
中国建设银行	投资托管服务部	10
交通银行	资产托管部	11
中信银行	资产托管部	4
招商银行	资产托管部	5
光大银行	投资与托管业务部	5
华夏银行	资产托管部	4
民生银行	资产托管部	6
浦发银行	资产托管部	5
兴业银行	资产托管部	6
平安银行	资产托管部	7
上海银行	资产托管部	3
中国邮政储蓄银行	托管业务部	3
广发银行	资产托管部	4
渤海银行	托管业务部	6
宁波银行	资产托管部	7

资产托管业务的营运模式

资产托管业务的核心职能是托管资产的营运工作。总体来说，营运模式可以分为总部集中营运和分散下放营运。

总部集中营运

总部集中营运是指由托管机构的总部（总行）或指定的营运机构集中统一负责资产托管业务的营运工作。

总部集中营运模式主要有以下几点优势：一是便于营运工作的

管理与内控，使营运流程更为规范；二是专业化水平相对较高；三是对于较复杂的营运产品处理效率更高；四是有利于集中防控操作风险。

总部集中营运模式也存在一些问题：一是随着我国资产托管业务的快速发展，托管业务量高速增长，如果营运能力的增长速度跟不上业务的增长速度，则该模式会面临非常大的营运压力，难免会增加操作风险；二是在该模式下，营运机构将直接服务所有的客户，可能导致其无法在第一时间处理部分客户的业务，影响服务品质与客户体验；三是集中营运的机构大多被设置在位于北京、上海、深圳等城市的金融机构总部，人力资源成本较高。

部分国际托管银行采用了总部集中营运的模式。例如，布朗兄弟哈里曼银行分别在美国的波士顿和欧洲波兰的克拉科夫设立了两个集中营运中心。之所以设置两个集中营运中心，是为了解决全球托管的时差问题，实现 7×24 小时①的托管服务。除了这两个集中营运中心，布朗兄弟哈里曼银行在日本东京也设立了一个营运分中心，主要服务日本当地和部分亚洲的客户。

在我国，目前证券公司开展资产托管业务基本采用总部集中营运的模式，各分公司和营业机构主要负责获取客户。而银行的托管营运模式比较多样化。从实际操作的角度来看，很多托管银行在资产托管业务开展之初会选择总部集中营运模式，但随着资产托管业务不断做大，集中营运的压力与问题也逐渐凸显出来。为解决问题，部分托管机构选择将一些简单的托管产品交给分支机构营运，也有部分托管机构选择在其他地区开设营运中心以规避和缓解总部集中营运的压力。例如，中国建设银行和上海浦东发展银行均在 2016 年将营运中心由总部（北京和上海）迁往合肥，在合肥设立总部直属的营运中心，处理全行的托管业务营运工作。中国建设银行营运中

---

① 7×24 小时，指每周 7 天，每天 24 小时，即每时每刻。

心的职能描述[①]如下：

> 总行托管运营中心驻地在合肥，上海为分中心。主要负责为建设银行客户提供资产托管服务，并承担相关操作运营工作。中心在总行托管业务部门的授权范围内，为基金、养老金、保险、证券公司和 QFII 等托管客户，提供资产保管、账户管理、证券交易交割、资金清算、资产账务处理与估值、投资监督、风险绩效评价、信息披露与报告等托管服务，以及系统数据和部分生产功能的异地备份与恢复。

分散下放营运

分散下放营运是为了缓解托管业务总部的压力，将托管产品下放给分支机构（多为托管银行的分行）进行分散营运。

分散下放营运的优点如下：一是能够直接有效地缓解总部的营运压力，提升托管机构营运的整体承载能力，为做大资产托管业务提供足够的后台业务空间；二是能够为客户提供本地化的营运服务，使营销和营运一体化，提高服务效率、问题解决能力，提升客户体验；三是在我国的大部分地区，人力资源成本要小于北京、上海、深圳等城市。

分散下放营运虽然能够在一定程度上解决总部集中营运的部分问题，但随着业务开展，该模式也暴露出一些问题，主要体现在两个方面：一是管理难度加大，托管内控范围由总部扩大到所有承接营运工作的分支机构；二是分支机构的业务人员专业性难以达到统一的标准，难以承接复杂产品的营运工作。

由于分散下放营运存在以上两个方面的问题，托管银行一般会选择将较简单的产品下放给分支机构进行营运，而将重要的、复杂

---

① 资料来源：中国建设银行官方网站。

的产品留在总部进行集中营运。例如中国工商银行，就是将公募证券投资基金、QDII 和 QFII 等跨境产品及部分规模或影响较大的产品留在总行统一营运，而将其他类型的产品下放到分行进行营运。

为了解决分散下放营运专业性不足的问题，同时缓解总部集中营运的压力，也有部分银行采用创新的营运模式。例如，中信银行采取了"总行—分部—分行"三级营运体系，总行负责公募证券投资基金和跨境资产的托管，并选择几家资产托管业务开展情况较好的分行作为营运分部，承接其他估值核算类产品的托管营运工作，非估值类的简单托管产品由各营销分行直接托管营运。

资产托管业务的金字塔模型

托管营运服务是资产托管业务核心价值的体现。但是，在资产托管市场竞争不断白热化的背景下，资产托管业务的服务链条呈现金字塔的形态，如图 4.10 所示，底层同质化的基础资产保管服务已经难以在市场上获得利润。只有通过营运增值服务或综合增值服务，才能够获取超额收益。

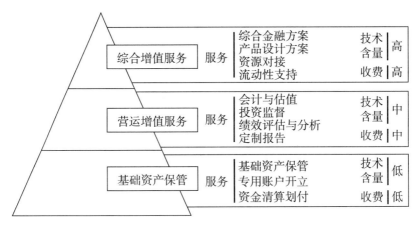

图 4.10　资产托管业务的金字塔模型

基础资产保管

基础资产保管是资产托管业务的基础服务，即基于监管要求对托管资产开立专用账户并提供资金清算服务，保障托管资产的安全性与独立性。该模式提供的服务比较简单，技术门槛较低，同质化严重，在我国托管牌照不断增加的市场环境下，采用该模式的托管机构之间的竞争已经进入白热化阶段，甚至有部分托管机构对基础资产保管服务免收托管费，因此基础资产保管服务的收益不断收窄，甚至难以覆盖营运成本。

对商业银行而言，在以存贷利差为主要收入的经营模式下，大多数经营机构注重存款营销，对中间业务收入的重视度不高。经营机构为了派生存款开展资产托管业务，为了获取业务降低甚至免除托管费的情况比比皆是。面对托管费不断被挤压的情况，经营机构通过推出营运增值服务和综合增值服务，才能摆脱价格竞争，形成自身的核心竞争力。

营运增值服务

目前，全球托管银行普遍将营运服务分为现金与证券保管服务和增值服务，大部分国家和地区对现金与证券保管服务的收费仅为 0.05% 左右，而会计核算、证券借贷、绩效评估等服务均被归为增值服务，每增加一项服务即收取相应的费用，增值服务已经成为全球托管银行的重要利润来源。就我国目前的情况来看，在资产托管业务竞争日趋激烈的情况下，只有优化增值服务才能为银行带来更高的中间业务收入。增值服务具体又分为共性化营运增值服务和个性化营运增值服务。

共性化营运增值服务

共性化营运增值服务主要包括会计与估值服务、投资监督服务，由于这两类服务是公募证券投资基金的标准化服务内容，而公募证券投资基金托管牌照又是我国托管机构需要具备的托管业务基本牌照，因此各家托管机构都会提供这两类服务，且标准与水平相对比较统一。

个性化营运增值服务

个性化营运增值服务包括绩效评估、定制报告、会计代理、母子账户等，由于这些服务均需要进行系统开发并配以专业人员进行操作，进入门槛较高，因此目前能够提供个性化营运增值服务的托管机构并不是很多。也正因如此，个性化营运增值服务是资产托管业务营运服务的"蓝海"，也是高额中间业务收入的贡献点。

例如，随着私募投资基金的快速发展，私募基金的外包服务成为一些托管机构争抢的对象。私募基金的机构与人员大多极为精简，他们普遍希望将会计工作进行外包以节省会计人员与系统的开销，因此私募基金的外包服务成为托管机构新的创收业务。不少托管机构（以证券公司为主）已通过增设专门的部门或成立专业子公司为私募基金提供外包服务。

综合增值服务

托管营运服务解决的是客户项目运作落地端的需求，而在整个项目链条中，客户往往将目光聚焦在项目前端的资源对接及产品设计方案上。凭借托管机构的综合资源优势，参与到项目前期的产品设计过程中，为客户提供资源对接、产品设计、现金管理、投资顾问、年金方案、流动性支持等综合解决方案，是完全个性化的服务，这种服务模式难以被复制，能够强有力地锁定客户。

资产托管业务的综合增值服务处于整个托管服务价值链条的上游，是资产托管业务金字塔模型中的顶端服务，可以使托管机构摆脱同质化的低价竞争的"泥沼"。综合增值服务能够体现托管机构的综合服务能力和差异化竞争能力，是未来资产托管业务发展的主流方向。托管机构如果发展"人无我有"的综合增值服务，将获得更大的市场份额，走得更远；如果仍以底层基础资产保管服务为主并依靠打价格战维持市场份额，将逐渐被市场淘汰，或被其他机构兼并重组。

国际托管银行的发展路径也验证了金字塔模型的有效性。道富银行至今已拥有 200 多年的历史，长期以来，道富银行一直在探索客户有实际需求并愿意为之付费的托管增值服务。道富银行开发的投资绩效分析服务就是一个很好的例子。在中国银行业协会的国际托管业务交流会议上，道富银行介绍了其投资绩效分析服务已经经历的三代研发：第一代是将目标组合的夏普比率等指数数据做成报告发送给客户；第二代加强了可视化的研发，同时，客户可以定制自己的报告并进行业绩的计算；第三代则基于其智能分析平台自动进行业绩归因分析，如分析找出某只基金在某一时间背离大盘的原因，可能是该基金超配了某只在这一时段突然下跌的个股。该功能已经被部分年金受托机构和 FOF（基金中基金）投资管理人所采购。道富银行的投资绩效分析服务就属于位于资产托管业务金字塔模型顶端的综合增值服务，它能够为托管人创造额外的价值。

各托管银行的个性化服务

金字塔模型已经在资产托管业务市场中得到广泛应用，各家托管机构都在探索和开发除基础资产保管之外的各类个性化增值服务。通过各家托管银行官方网站公布的资产托管业务收费价目表，可知各家机构围绕资产托管业务的外延开展的个性化增值服务。表 4.7 列举了截至 2016 年年末 5 家大型国有商业银行和部分全国股份制商业银行资产托管业务的个性化增值服务①。

---

① 本表的依据为各银行官方网站公布的托管业务收费价目表，因此表内的业务只限于该银行列入托管业务范畴的服务。部分业务未在此表内，仅代表该银行的托管业务条线不提供该项业务，不代表该银行不提供该业务。例如，第三方存管业务（CTS）是很多银行都会开展的一项业务，但只有中国建设银行将其列为托管业务收费项目，其他银行多将其归为金融同业业务。

表 4.7　部分托管银行的个性化托管服务

服务项目	中国工商银行	中国建设银行	中国农业银行	交通银行	招商银行	中信银行	兴业银行	浦发银行	民生银行	光大银行	华夏银行	平安银行
交易资金监管	√	√	√			√	√	√	√	√		√
专项资金监管	√	√	√			√	√	√	√	√	√	
保证金/担保金监管	√					√	√	√	√			
融入资金托管	√					√	√	√	√			
基金销售监督	√			√	√		√	√				√
保险资金独立监督	√					√	√		√			
实物及权益保管	√	√							√			
投融资服务	√					√			√	√	√	
托管增值服务	√	√					√			√	√	
对公保险代理						√						
支付汇划服务					√							
基金行政服务	√	√	√							√		√
现金管理服务											√	
股权托管服务										√		
第三方存管（CTS）	√	√										

全球顶级托管银行的经营模式

截至 2016 年年末，全球资产托管规模最大的两家银行是纽约梅隆银行和道富银行，分别以 29.90 万亿美元和 28.77 万亿美元的资产托管规模雄踞全球托管行业的前两位。这两家顶级托管银行有诸多相似之处：都是以资产托管业务为主营业务的专业性托管银行，都是典型的"轻资产"银行，托管规模都远远超过自身的总资产规模。本部分内容将分析两家全球顶级托管银行的经营模式和演变经验①。截至 2016 年 12 月 31 日，两家银行的资产管理规模与托管规模②如表 4.8 所示。

表 4.8　纽约梅隆银行与道富银行的资产管理与托管规模

托管机构	总资产规模 （亿美元）	资产管理规模 （亿美元）	托管规模 （万亿美元）
纽约梅隆银行	3 335	16 480	29.90
道富银行	2 427	24 680	28.77

纽约梅隆银行的并购转型之路

2007 年 7 月，美国纽约银行（Bank of New York）和梅隆金融公司（Mellon Financial Corporation）这两家在纽约证券交易所上市的公司宣布双方完成合并，形成纽约梅隆银行。在逐步出售传统信贷、信用卡、投资银行、零售银行等一系列商业银行业务之后，现在的纽约梅隆银行专注资产托管和资产管理等业务。

纽约银行由亚历山大·汉密尔顿（Alexander Hamilton）于 1784

---

① 资料来源：民生证券银行业研究报告《银行轻资产转型：竞逐 1 000 亿托管市场》。

② 资料来源：纽约梅隆银行官方网站和道富银行官方网站。

年创立，是美国历史最悠久的银行。纽约银行的总部位于纽约华尔街 1 号，分行和分支机构遍布 33 个国家。纽约银行的业务覆盖公司银行、零售银行、金融市场、证券服务、全球支付、资产管理和私人银行在内的各项金融业务。20 世纪 90 年代后期，受新兴金融的冲击，纽约银行的战略发生了重大转变，逐步退出传统存贷业务领域，转而拓展资产服务和投资管理业务。1988 年，纽约银行与纽约人寿保险公司合并，开始进入信托及资产托管业务领域。在这期间，纽约银行不断剥离自身的传统银行业务。2006 年，纽约银行以自身的零售银行业务换取摩根大通的公司信托业务后，其传统银行业务被彻底剥离。纽约银行逐步成为一家专业服务于资本市场结算、托管和投资绩效评估的银行。

梅隆金融公司创立于 1869 年，1902 年加入美国国民银行体系后更名为梅隆国民银行。1946 年，梅隆国民银行合并了包括联合信托在内的多家机构以开展信托业务。1971 年，为了满足梅隆家族的需求，梅隆国民银行开展家族办公室（Family Office）业务，成为首家进入该领域的美国银行。1988 年，该公司合并欧文信托公司（Irving Trust Company），扩张其证券服务业务并在市场中占据领先地位。1999 年，传统业务占用 80% 左右的风险资本，贡献了梅隆国民银行 2/3 的利润，占总资产的 90% 以上，同期，资产管理和投资者服务业务仅占 4% 的资产和 7% 的风险资本。为了向资产管理和投资者服务的轻资本方向转型，梅隆国民银行于 20 世纪 90 年代末放弃了沿用了 100 多年的名称，改名为梅隆金融公司。

2007 年，纽约银行与梅隆金融公司合并，合并后的纽约梅隆银行成为全球实力强大的托管银行和资产管理公司之一。合并完成后不久，纽约梅隆银行遭受了 2008 年国际金融危机的冲击，接受了美国政府的救助资金。此后，纽约梅隆银行率先偿还了问题资产救助计划（Troubled Asset Relief Program）提供的 30 亿美元救助资金，从而获准进行新的并购交易。金融危机使纽约梅隆银行更加坚定不移地确立了其以资产托管业务为核心业务的发展方向，资产托管业务所具有的轻资产和低风险的"绿色"属性能够帮助金融机构更好地抵御金融危机的冲击。合并后的纽约梅隆银行进一步剥离传统业务，向轻资产方向转型。在不断出售传统业务及并购服务业务的过程中，纽约梅隆银行也不断地整合业务部门。

目前，纽约梅隆银行的核心业务是为客户提供以托管服务为中心的一体化解决方案，涵盖了托管、基金服务、证券借贷、投资管理外包、业绩评估、另类投资服务、证券清算、抵押管理、公司信托、支付服务、流动性服务等。服务对象主要包括机构客户、公募证券投资基金、政府部门、公益基金会及全球的金融机构，通过覆盖全球的机构网络为客户服务。

随着纽约梅隆银行向轻资产模式的成功转型，其非息收入占比不断提升，从 1987 的约 40% 上升至 2016 年的 79.23%[①]。2016 年年末，纽约梅隆银行资产托管规模达到 29.90 万亿美元，是全球第一大托管银行和美国最大的养老金托管机构，也是美国乃至全球证券清算的领导者，参与超过 100 个交易市场，是 18 家一级交易商的清算代理人。2016 年实现归属股东净利润 35.48 亿美元，显性净资产回报率达到 21%，远超美国的传统商业银行。

道富银行的托管专业化发展之路

美国道富银行成立于 1792 年，总部位于美国马萨诸塞州的首府波士顿。道富银行是目前全球实力强大的托管银行和资产管理公司之一。如前文所述，全球第一只公司型开放式共同基金——马萨诸塞投资者信托基金就是由道富银行托管的，道富银行也是美国第一家托管银行。与纽约梅隆银行相似，道富银行也是由一家传统银行逐渐转型为以托管和资产管理业务为主的轻资产银行的。

---

① 资料来源：纽约梅隆银行 2016 年年度报告。

崛起的资产托管业务

20 世纪 70 年代，美国存贷款利率放开，传统银行业务的利差收窄。为了减轻对存贷利差盈利模式的依赖，1975 年，执掌道富银行的威廉·埃杰利（William Edgerly）毅然选择带领道富银行从全能型银行向专业化服务银行转型。

1980 年以后，道富银行逐渐收缩传统商业银行业务，增加对科技研发领域的投入。道富银行先后从美国国际商用机器公司（IBM）挖走了大量中高层管理人员，极大地提升了其技术研发能力，从而提升了其证券和托管业务的处理与服务能力，并逐渐拓展了其在基金托管领域的市场份额。1999 年，道富银行将零售银行业务出售给公民金融集团（Citizens Financial Group），彻底地向专业化托管银行转型，提升其在托管行业的专业水平。2002 年，道富银行通过收购德意志银行（Deutsche Bank）的全球证券服务业务，进一步加强了其在托管领域的优势地位。同时，道富银行通过收购加强其在资产管理业务领域的布局。2009 年，道富银行瞄准欧洲市场，用现金收购了欧洲投资服务公司，以扩张其国际基金业务。2012 年，道富银行又收购了高盛集团（Goldman Sachs）的对冲基金管理业务。在一系列的并购与整合后，道富银行逐步形成了当前以资产托管业务和资产管理业务并重的战略布局。

2017 年 8 月，在中国银行业协会举办的国际托管业务交流会上，道富银行北京分行的员工分享了道富银行在托管业务上的经验及创新。道富银行的托管业务高度依赖系统与技术，每年会将其税前收入的 20%~25% 投入到技术研发中。道富银行不仅是一家托管银行，也是一家资产托管与资产管理相关业务的系统和软件服务提供商，在全球托管规模最大的 10 家托管机构中，有 7 家机构不同程度地使用了道富银行开发的软件，同时，美国大约有 50% 的保险机构使用了道富银行研发的会计软件。为了加强服务创新，道富银行与哈佛大学（Harvard University）、麻省理工学院（Massachusetts Institute of Technology，简称 MIT）、伯克利大学（University of California，Berkeley)、斯坦福大学（Stanford University）等多家高校开展实验室合作，从事创新研究。在我国，道富银行与浙江大学合作，在杭州设立了技术研发中心，从事技术研发。

2016 年年末，道富银行的资产托管规模高达 28.77 万亿美元①，位居全球第二，2017 年年末，道富银行的资产托管规模已达 31 万亿美元②，位居全球第一。同时，道富银行为政府机构、主权财富基金、机构和个人投资者管理了超过 2.47 万亿美元的资产。2016 年，道富银行的收入达到 102.07 亿美元，其中非息收入达到 81.16 亿美元，占比高达 79.5%。道富银行成为一家名副其实的以托管与资产管理为核心业务的新型专业化银行。

---

① 资料来源：道富银行 2016 年年度报告。
② 资料来源：2017 年 8 月在中国银行业协会举办的国际托管业务交流会上，道富银行北京分行分享的数据。

中篇： 精 进

业务体系与实务操作

第五章

资产托管业务的产品

资产托管业务是接受委托人的委托，对资金和证券等资产提供保管服务以及相关增值服务的一项业务。因此，一切涉及资金与证券的产品，都可以形成托管。

在我国，资产托管业务经过 20 年的发展，在很多产品上形成了成熟的托管业务模式，其中一部分业务是有相关法律法规可以依据的，一部分业务是在发展中逐步探索出来的。本章主要介绍各类资产托管业务的产品。

按照中国银行业协会的分类，资产托管业务共分为 11 个大类，包括公募证券投资基金、基金公司客户资产、证券公司客户资产、银行理财、信托、私募基金、保险、养老金、QDII、QFII 及其他。2017 年各类资产托管业务所占比例①如图 5.1 所示。

本书会在资产托管业务分类的基础上，结合市场的最新变化，单独介绍期货资产管理计划、第三方监管和网络借贷资金存管等托管产品。

---

① 资料来源：中国银行业协会官方网站。

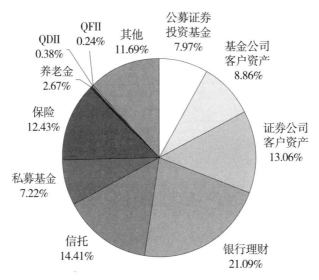

图 5.1　2017 年资产托管业务的产品分类及所占比例

公募证券投资基金

公募证券投资基金概述

公募证券投资基金，是指通过公开发售基金份额募集资金，由基金管理人管理和运作资金，由基金托管人托管，为基金份额持有人的利益，以资产组合方式进行证券投资的一种利益共享、风险共担的集合投资方式。

在世界范围内，公募证券投资基金是促使资产托管业务诞生的产品。本书第一章已经介绍了，一般认为，全球第一只公募证券投资基金是 1968 年在英国募集设立的海外和殖民地政府信托。英格兰银行是该信托基金的托管银行，也是全球公认的最早的托管银行。我国最早的公募证券投资基金是 1998 年发行成立的两只封闭式契约型证券投资基金——基金开元和基金金泰，托管人均为中国工商银行。在实际操作中，由于公募证券投资基金是我国资产托管业务的起源产品，同时其监管最为严格、信息披露要求最高，因此它被公认为最能够代表托管人综合业务水平的一项资产托管业务。因此，所有的托管人都非常重视公募证券投资基金的托管业务，也将其列为资产托管业务中最重要的产品。我国公募证券投资基金托管规模的发展①如图 5.2 所示。

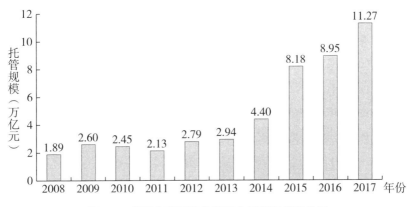

图 5.2 我国公募证券投资基金托管规模的发展

第十一届全国人大常委会第十三次会议于 2012 年 12 月 28 日审议通过了修订后的《中华人民共和国证券投资基金法》，该法案于 2013 年 6 月 1 日起正式实施。该法案的出台，为我国的公募证券投资基金带来了三大变化：一是将公募证券投资基金的管理人范围由公募证券投资基金管理公司放宽至符合条件的证券公司、保险资产管理公司、私募证券基金管理机构、股权投资管理机构和创业投资管理机构等；二是将公募证券投资基金由核准制变更为注册制，缩短了公募证券投资基金的审核流程；三是明确了公开募集与非公开募集的界限，并将私募证券投资基金纳入监管范围。

---

① 资料来源：中国银行业协会官方网站。

公募证券投资基金的分类

按照基金的运作方式分类

公募证券投资基金按照是否开放分为封闭式基金和开放式基金。从发达国家的金融市场来看,开放式基金已成为世界投资基金的主流。世界基金发展史从某种意义上说就是从封闭式基金走向开放式基金的历史。我国的公募证券投资基金也是由封闭式基金逐渐走向开放式基金的。

封闭式基金是指基金管理人在设立基金时,限定了基金单位的发行总额,筹集到这个总额后,基金即宣告成立,并进行封闭,在一定时期内不再接受新的基金份额投资,也不接受基金份额赎回。在封闭期内,基金份额的流通交易采取在证券交易所上市的办法,投资者可通过证券经纪商在二级市场上进行竞价交易。

开放式基金是指基金管理人在设立基金时,发行基金单位的总份额不固定,可视投资者的需求追加发行。基金管理人会定期公布基金份额的单位净值,投资者也可根据市场状况和各自的投资决策,申购或赎回基金份额。

封闭式基金与开放式基金相比,有五大显著差异:

一是期限不同。封闭式基金有固定的封闭期,通常在 5 年以上,一般为 10 年或 15 年;开放式基金没有固定期限,投资者可随时向基金管理人赎回基金份额。

二是发行规模限制不同。封闭式基金在招募说明书中列明其基金规模,在封闭期限内未经法定程序认可不能增加发行;开放式基金没有发行规模限制,投资者可随时提出认购或赎回申请,基金规模随之增加或减少。

三是基金份额的交易方式不同。封闭式基金的基金份额在封闭期限内不能赎回,持有人只能在证券交易所出售基金份额;开放式基金的投资者则可以在基金开放期内随时申购或赎回基金份额，买卖方式灵活。

四是基金份额的交易价格计算标准不同。封闭式基金的交易价格受市场供求关系的影响，常出现溢价或折价现象，并不必然反映基金的净资产值；开放式基金的交易价格取决于基金单位净资产值的大小，其申购价一般是基金单位资产值加一定的申购费用，赎回价是基金单位净资产值减去一定的赎回费用，不直接受市场供求影响。

五是投资策略不同。封闭式基金的基金份额数量不变，资本不会减少，因此基金可进行长期投资，基金资产的投资组合能在预定计划内有效进行；开放式基金为应付投资者随时赎回兑现，基金资产不能全部用于投资，更不能将全部资产用来进行长线投资，必须保持基金资产的流动性，在投资组合上须保留一部分现金和高流动性的金融商品。

除了标准的封闭式基金和开放式基金之外，我国市场还创新推出了定期开放式基金，也被称为期间基金，即基金成立后，在一段具体的时间内封闭运作（如 6 个月），然后转入一个短暂的开放期（如 1 周），以便投资者申购或赎回，而后再进入封闭期（如 6 个月），到期后再开放，以此类推。定期开放式基金同时具备了封闭式基金和开放式基金的优点，在封闭期内，可大胆进行资产配置，无须预备流动性资金，对提高基金收益有较大帮助。同时，又能在一段时间后开放，供投资者申购或赎回，投资期限不像封闭式基金那样长。我国首只定期开放式基金是在 2012 年设立，由国联安基金管理公司管理、中信银行托管的国联安信心增长定期开放式证券投资基金。在本书的下篇中，将详细介绍国联安信心增长定期开放式证券投资基金的诞生过程与特点。

按照基金的投资标的分类

按照基金投资标的比例限制的不同，可以分为股票型基金、债券型基金、混合型基金、货币市场基金、QDII 基金和 FOF，其中股票型基金还包含指数型基金。截至 2017 年 12 月 31 日，各类公募证券投资基金的数量、份额和净值①如表 5.1 所示。

表 5.1　各类公募证券投资基金的数量、份额和净值（截至 2017 年 12 月 31 日）

类别	基金数量（只）	份额（亿份）	净值（亿元）
封闭式基金	480	5 863.27	6 097.99
开放式基金	4 361	104 326.82	109 898.87
股票基金	791	5 847.66	7 602.40
混合基金	2 096	16 315.05	19 378.46
货币基金	348	67 253.81	67 357.02
债券基金	989	14 091.62	14 647.40
QDII 基金	137	818.68	913.59
合计	9 202	214 516.91	225 895.73

（1）股票基金。

股票基金是指投资股票的仓位不低于 80% 的基金。股票基金的主要投资范围是股票，在各类基金中的波动性相对较大，通常而言，其收益与风险也相对较高。股票基金按照不同的投资风格又分为成长型、价值型和平衡型基金 3 种类型。

成长型基金是股票基金中最常见的一种，追求的是基金资产的长期增值。为了达到这一目标，基金管理人通常将基金资产投资于信誉度较高、有长期成长前景或长期盈余的所谓成长型企业的股票。成长型基金又可分为稳健成长型基金和积极成长型基金。

价值型基金主要投资于可带来现金收入的有价证券，以获取当期的最大收入为目的。通常，价值型基金会根据股票的价格是否合理来选择价格低廉的股票，进行低买高卖，获取收益。价值型基金

---

① 资料来源：中国基金业协会官方网站。

资产成长的潜力较小，风险相对也较低。

平衡型基金是处于成长型和价值型基金之间的基金，一方面选择一部分价值被低估的股票，另一方面投资处于成长型行业的上市公司的股票。

（2）债券基金。

债券基金以债券为主要投资对象，债券所占比例须在80%以上。债券基金的投资范围包括国债、金融债和企业债。由于债券的年利率固定，因此债券基金的风险相对较低，适合稳健型投资者。债券基金收益通常会受到货币市场利率的影响，当市场利率下调时，债券基金收益率就会上升，反之，收益率就会下降。

（3）混合基金。

混合基金是指同时投资股票、债券和货币市场等金融工具，且投资比例没有固定限制的基金。由于混合基金的投资比例非常灵活，便于基金管理人进行自由的资产配置与交易操作，因此它是发行数量最多的公募证券投资基金。混合基金的风险与收益介于股票基金和债券基金之间。

（4）货币市场基金。

货币市场基金是以货币市场工具为投资对象的一种基金，除了本身是证监会规定的一个基金类别外，它在国际上也是一个标准的共同基金品种，即 Money Market Fund，简称 MMF。我国货币市场基金的投资对象是货币市场上 1 年以内、平均期限为 120 天的有价证券，主要包括国债、商业票据、银行定期存单、银行承兑汇票、政府短期债券、企业债券等短期有价证券。由于货币市场基金的投资品种风险较低、流动性强，其通常被认为是无风险或低风险的投资。货币市场基金与股票基金、债券基金、混合基金等的估值和分红方式有较大差异，货币市场基金只有一种分红方式，即红利转投资。货币市场基金的基金份额单位净值始终保持为 1 元，超过 1 元的基金收益会直接转化为基金份额，增加至基金持有人所持有的总额中。

（5）QDII 基金。

QDII 基金是指由合格境内机构投资者发行的以在中国大陆以外的国家和地区发行的证券为主要投资标的的基金。QDII 基金是中国境内居民进行海外资产配置的有效手段之一。关于 QDII 基金的托管运作形式，将在下文的跨境托管业务部分进行详细介绍。

（6）基金中基金。

基金中基金（Fund of Funds，简称 FOF）是指将 80% 以上的基金资产投资于经证监会依法核准或注册的公开募集基金份额的基金。

按照基金的发起成立条件分类

按照基金的发起成立条件，可将公募证券投资基金分为普通基金和发起式基金。两者的主要区别在于成立门槛、参与资金的性质及退出机制不同。

普通的公募证券投资基金成立门槛为 2 亿元，募集人数不少于 200 人。为放松对基金产品的通道管制、强化内在约束机制、降低基金募集成立的门槛，证监会于 2012 年颁布了《关于增设发起式基金审核通道有关问题的通知》。该通知在原有普通基金的基础上，增设了一类发起式基金。发起式基金的募集规模不少于 5 000 万元，使用基金管理公司股东资金、公司固有资金、公司高级管理人员或基金经理等人员的资金认购基金的金额不得低于 1 000 万元，且持有期限不少于 3 年。

按照基金的投资理念分类

按照基金的投资理念，可将基金分为主动管理型基金和被动管理型基金。

主动管理型基金一般以寻求超越市场的业绩表现为目标。其基金管理者一般认为证券市场是无效的，存在错误定价的股票，可以通过不同的投资组合获取超越市场平均水平的收益。主动管理型基金的基金经理往往决定了基金产品的业绩。

被动管理型基金也被称为指数型基金，一般选取特定的指数成分股作为投资的对象。其投资管理者认为，市场是有效的，投资者不可能超越市场。被动管理型基金的投资组合等同于市场价格指数的权数比例，收益随着当期的价格指数上下波动。当价格指数上升时，基金收益增加，反之收益减少。基金始终保持当期的市场平均收益水平，因而收益不会太高，也不会太低。

其他类型的基金

交易型开放式指数基金（Exchange Traded Fund，简称 ETF），属于开放式基金的一种特殊类型，综合了封闭式基金和开放式基金的优点，投资者既可以向基金管理公司申购或赎回基金份额，又可以像封闭式基金一样在证券市场上按市场价格买卖 ETF 份额。不过，ETF 基金的申购与赎回必须以一揽子股票换取基金份额或者以基金份额换回一揽子股票。由于同时存在证券市场交易和申购赎回机制，投资者可以在 ETF 市场价格与基金单位净值之间存在差价时进行套利交易。套利机制的存在，使 ETF 避免了封闭式基金普遍存在的折价问题。

上市开放式基金（Listed Open-ended Fund，简称 LOF），在其发行结束后，投资者既可以在指定网点申购与赎回基金份额，也可以在证券交易所买卖该基金。不过，如果投资者是在指定网点申购的基金份额，要想在证券交易所的网上抛出，须办理一定的转托管手续；同样，如果是在证券交易所网上买进的基金份额，要想在指定网点赎回，也要办理一定的转托管手续。根据深圳证券交易所已经开通的基金场内申购赎回业务，在场内认购的 LOF 不需要办理转托管手续，可直接抛出。这里所提到的转托管中的托管，并不是指资产托管业务，而是指将基金交易的场所在场内与场外之间转换。

公募证券投资基金的当事人关系

公募证券投资基金主要涉及基金委托人、基金管理人、基金托管人和监管机构。基金的所有权和受益权归属基金委托人，基金的使用权归属基金管理人，基金的保管权归属基金托管人。具体关系如图5.3所示。

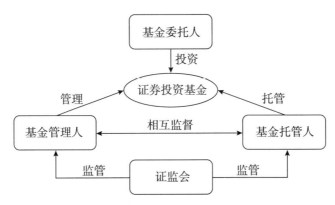

图5.3 公募证券投资基金的当事人关系

基金委托人

基金委托人是基金投资者、份额持有人。基金委托人持有基金份额的行为即视为对基金合同的承认和接受，基金投资者自依据基金合同取得基金份额时起，即成为基金份额持有人和基金合同的当事人，直至其不再持有基金的基金份额为止。

基金管理人

基金管理人负责基金的投资运作，直接决定基金的投资收益。基金管理人的职责包括依法募集资金，独立运用并管理基金财产，按照规定召集基金份额持有人大会，依据基金合同及有关法律规定决定基金收益的分配方案，选择、更换律师事务所、会计师事务所、证券经纪商或其他为基金提供服务的外部机构等。

基金托管人

基金托管人负责基金资产的托管。基金托管人的职责详见下文。

公募证券投资基金托管人的职责

基金托管人的权利

基金托管人的权利包括但不限于：

（1）依法律法规和基金合同的规定安全保管基金财产。

（2）依基金合同的约定获得基金托管费以及法律法规规定或监管部门批准的其他费用。

（3）监督基金管理人对基金的投资运作，如发现基金管理人有违反基金合同及国家法律法规的行为，对基金财产、其他当事人的利益造成重大损失的情形，应呈报证监会，并采取必要措施保护基金投资者的利益。

（4）根据相关市场规则，为基金开设证券账户、为基金办理证券交易资金清算。

（5）提议召开或召集基金份额持有人大会。

（6）在基金管理人更换时，提名新的基金管理人。

（7）法律法规及证监会规定的和基金合同约定的其他权利。

基金托管人的义务

基金托管人的义务包括但不限于：

（1）以诚实信用、勤勉尽责的原则持有并安全保管基金财产。

（2）设立专门的基金托管部门，具有符合要求的营业场所，配备足够的、合格的熟悉基金托管业务的专职人员，负责基金财产托管事宜。

（3）建立健全内部风险控制、监察与稽核、财务管理及人事管理等制度，确保基金财产的安全，保证其托管的基金财产与基金托管人自有财产以及不同的基金财产相互独立，对所托管的不同的基金分别设置账户，独立核算，分账管理，保证不同基金之间在账户设置、资金划拨、账册记录等方面相互独立。

（4）除依据《中华人民共和国证券投资基金法》、基金合同及其他有关规定外，不得利用基金财产为自己及任何第三人谋取利益，不得委托第三人托管基金财产。

（5）保管由基金管理人代表基金签订的与基金有关的重大合同及有关凭证。

（6）按规定开设基金财产的资金账户、证券账户、期货账户等投资所需账户，按照基金合同的约定，根据基金管理人的投资指令，及时办理清算交割事宜。

（7）保守基金商业秘密，除《基金法》、基金合同及其他有关规定另有规定外，在基金信息公开披露前予以保密，不得向他人泄露。

（8）复核、审查基金管理人计算的基金资产净值、基金份额申购和赎回价格。

（9）办理与基金托管业务活动有关的信息披露事项。

（10）对基金财务会计报告，季度、半年度和年度基金报告出具意见，说明基金管理人在各重要方面的运作是否严格按照基金合同的规定进行，如果基金管理人有未执行基金合同规定的行为，还应当说明基金托管人是否采取了适当的措施。

（11）保存基金托管业务活动的记录、账册、报表和其他相关资料15年以上。

（12）建立并保存基金份额持有人名册。

（13）按规定制作相关账册并与基金管理人核对。

（14）依据基金管理人的指令或有关规定向基金份额持有人支付

基金收益和赎回款项。

（15）依据《中华人民共和国证券投资基金法》、基金合同及其他有关规定，召集基金份额持有人大会或配合基金管理人、基金份额持有人依法召开基金份额持有人大会。

（16）按照法律法规和基金合同的规定监督基金管理人的投资运作。

（17）参加基金财产清算小组，参与基金财产的保管、清理、估价、变现和分配。

（18）面临解散、依法被撤销或者依法被宣告破产时，及时报告证监会和银监会，并通知基金管理人。

（19）因违反基金合同导致基金财产损失时，应承担赔偿责任，其赔偿责任不因其退任而免除。

（20）按规定监督基金管理人按法律法规和基金合同规定履行自己的义务，基金管理人因违反基金合同造成基金财产损失时，应为基金份额持有人利益向基金管理人追偿。

（21）执行生效的基金份额持有人大会的决议。

（22）法律法规及证监会规定的和基金合同约定的其他义务。

公募证券投资基金的托管业务

公募证券投资基金托管业务的基本流程

公募证券投资基金托管业务的基本流程如下：

（1）基金管理人与基金托管人签署基金合同与托管协议。

（2）基金管理人将产品报证监会备案。

（3）证监会对产品进行核准发行的批复。

（4）基金托管人为基金产品开立托管账户。

（5）基金管理人向基金托管人下达投资指令并进行基金产品投资运作。

（6）基金托管人执行基金管理人的指令，并对基金产品的运作履行清算、核算和投资监督义务。

（7）基金托管人定期出具基金报告。

公募证券投资基金托管业务的附加服务

公募证券投资基金托管业务属于典型的服务性业务，仅从托管人的职责看，各家托管机构提供的托管服务呈现高度的同质化。要获取业务机会，托管机构往往要向基金提供更多的附加服务。

最为常见的附加服务是基金的销售。由于我国目前的托管机构以商业银行和证券公司为主，多数商业银行拥有庞大的分支机构，为银行的个人金融业务提供网络式服务，证券公司也拥有众多证券营业部，为证券公司的经济业务提供落地网点。托管机构的机构网络，能够为公募证券投资基金提供销售渠道，而公募证券投资基金募集规模的大小，将直接影响其管理费用的多少。因此，在获取基金托管业务机会时，"以销定托"或"保销量、拿托管"便成为公募证券投资基金托管业务的一个规则。

除了销售资源，高效优质的服务也能够成为获取基金托管业务的筹码。由于公募证券投资基金是投资股票、债券和货币市场的，市场的敏感性极强，发行的时机对管理人而言非常重要，因此基金管理人通常希望基金托管人能够快速配合签署基金合同与托管协议。托管机构的签署效率受到其内部流程的影响，部分托管机构的签署流程为 2 ~ 3 周，而部分托管机构能够将流程缩短至 2 ~ 3 日，在基金管理人希望争取时间的前提下，自然会选择协议签署效率较高的托管机构。

创新驱动发展，多数基金管理人十分重视基金产品的创新。基金产品的创新，无论是分级基金、量化投资基金、定期开放基金还是 "T + 0" 赎回基金，都需要基金托管人的配合。因此，托管机构的创新动力与配合力度成为基金管理人在发行创新型基金产品时的重要考量因素。

公募证券投资基金托管业务的主要客户

在多数情况下，基金托管人的实际选择权是掌握在基金管理人手中的，因此公募证券投资基金托管业务的主要客户也就是基金管理人。截至 2017 年年末，我国境内共有基金管理公司 113 家，其中中外合资公司 45 家，内资公司 68 家，取得公募证券投资基金管理资格的证券公司或证券公司资产管理子公司共 12 家，保险资产管理公司 2 家[1]（详见表 5.2、表 5.3）。以上机构管理的公募证券投资基金资产合计 11.27 万亿元。

表5.2 基金管理公司

序号	公司名称	注册地	办公地	是否中外合资
1	国泰基金管理有限公司	上海	上海	是
2	南方基金管理有限公司	深圳	深圳	否
3	华夏基金管理有限公司	北京	北京	是
4	华安基金管理有限公司	上海	上海	否
5	博时基金管理有限公司	深圳	深圳	否
6	鹏华基金管理有限公司	深圳	深圳	是
7	长盛基金管理有限公司	深圳	北京	是
8	嘉实基金管理有限公司	上海	北京	是
9	大成基金管理有限公司	深圳	深圳	否
10	富国基金管理有限公司	上海	上海	是
11	易方达基金管理有限公司	广东	广州	否
12	宝盈基金管理有限公司	深圳	北京	否
13	融通基金管理有限公司	深圳	深圳	是

---

[1] 资料来源：证监会官方网站。

续表

序号	公司名称	注册地	办公地	是否中外合资
14	银华基金管理股份有限公司	深圳	北京	否
15	长城基金管理有限公司	深圳	深圳	否
16	银河基金管理有限公司	上海	上海	否
17	泰达宏利基金管理有限公司	北京	深圳	是
18	国投瑞银基金管理有限公司	深圳	北京	是
19	万家基金管理有限公司	上海	上海	否
20	金鹰基金管理有限公司	广东	广州	是
21	招商基金管理有限公司	深圳	深圳	否
22	华宝兴业基金管理有限公司	上海	上海	是
23	摩根士丹利华鑫基金管理有限公司	深圳	深圳	是
24	国联安基金管理有限公司	上海	上海	是
25	海富通基金管理有限公司	上海	上海	是
26	长信基金管理有限责任公司	上海	上海	否
27	泰信基金管理有限公司	上海	上海	否
28	天治基金管理有限公司	上海	上海	否
29	景顺长城基金管理有限公司	深圳	深圳	是
30	广发基金管理有限公司	广东	广州	否
31	兴全基金管理有限公司	上海	上海	是
32	诺安基金管理有限公司	深圳	深圳	否
33	申万菱信基金管理有限公司	上海	上海	是
34	中海基金管理有限公司	上海	上海	是
35	光大保德信基金管理有限公司	上海	上海	是
36	华富基金管理有限公司	上海	上海	否
37	上投摩根基金管理有限公司	上海	上海	是
38	东方基金管理有限责任公司	北京	北京	否
39	中银基金管理有限公司	上海	上海	是

序号	公司名称	注册地	办公地	是否中外合资
40	东吴基金管理有限公司	上海	上海	否
41	国海富兰克林基金管理有限公司	南宁	上海	是
42	天弘基金管理有限公司	天津	北京	否
43	华泰柏瑞基金管理有限公司	上海	上海	是
44	新华基金管理股份有限公司	重庆	北京	否
45	汇添富基金管理有限公司	上海	上海	否
46	工银瑞信基金管理有限公司	北京	北京	是
47	交银施罗德基金管理有限公司	上海	上海	是
48	信诚基金管理有限公司	上海	上海	是
49	建信基金管理有限责任公司	北京	北京	是
50	华商基金管理有限公司	北京	北京	否
51	汇丰晋信基金管理有限公司	上海	上海	是
52	益民基金管理有限公司	重庆	北京	否
53	中邮创业基金管理股份有限公司	北京	北京	是
54	信达澳银基金管理有限公司	深圳	深圳	是
55	诺德基金管理有限公司	上海	上海	否
56	中欧基金管理有限公司	上海	上海	是
57	金元顺安基金管理有限公司	上海	上海	是
58	浦银安盛基金管理有限公司	上海	上海	是
59	农银汇理基金管理有限公司	上海	上海	是
60	民生加银基金管理有限公司	深圳	深圳	是
61	西部利得基金管理有限公司	上海	上海	否
62	浙商基金管理有限公司	杭州	杭州	否
63	平安大华基金管理有限公司	深圳	深圳	是
64	富安达基金管理有限公司	上海	上海	否
65	财通基金管理有限公司	上海	上海	否

序号	公司名称	注册地	办公地	是否中外合资
66	方正富邦基金管理有限公司	北京	北京	是
67	长安基金管理有限公司	上海	上海	否
68	国金基金管理有限公司	北京	北京	否
69	安信基金管理有限责任公司	深圳	深圳	否
70	德邦基金管理有限公司	上海	上海	否
71	华宸未来基金管理有限公司	上海	上海	是
72	红塔红土基金管理有限公司	深圳	深圳	否
73	英大基金管理有限公司	北京	北京	否
74	江信基金管理有限公司	北京	北京	否
75	太平基金管理有限公司	上海	上海	否
76	华润元大基金管理有限公司	深圳	深圳	是
77	前海开源基金管理有限公司	深圳	深圳	否
78	东海基金管理有限责任公司	上海	上海	否
79	中加基金管理有限公司	北京	北京	是
80	兴业基金管理有限公司	福建	上海	否
81	中融基金管理有限公司	北京	北京	否
82	国开泰富基金管理有限责任公司	北京	北京	是
83	中信建投基金管理有限公司	北京	北京	否
84	上银基金管理有限公司	上海	上海	否
85	鑫元基金管理有限公司	上海	上海	否
86	永赢基金管理有限公司	浙江	上海	是
87	华福基金管理有限责任公司	福建	上海	否
88	国寿安保基金管理有限公司	上海	北京	是
89	圆信永丰基金管理有限公司	福建	上海	是
90	中金基金管理有限公司	北京	北京	否

续表

序号	公司名称	注册地	办公地	是否中外合资
91	北信瑞丰基金管理有限公司	北京	北京	否
92	红土创新基金管理有限公司	深圳	深圳	否
93	嘉合基金管理有限公司	上海	上海	否
94	创金合信基金管理有限公司	深圳	深圳	否
95	九泰基金管理有限公司	北京	北京	否
96	泓德基金管理有限公司	西藏	北京	否
97	金信基金管理有限公司	深圳	深圳	否
98	新疆前海联合基金管理有限公司	新疆	深圳	否
99	新沃基金管理有限公司	上海	北京	否
100	中科沃土基金管理有限公司	珠海	广州	否
101	富荣基金管理有限公司	广州	深圳	否
102	汇安基金管理有限责任公司	上海	北京	否
103	先锋基金管理有限公司	北京	北京	否
104	中航基金管理有限公司	北京	北京	否
105	华泰保兴基金管理有限公司	上海	上海	否
106	鹏扬基金管理有限公司	上海	北京	否
107	恒生前海基金管理有限公司	深圳	深圳	否
108	格林基金管理有限公司	北京	北京	否
109	南华基金管理有限公司	浙江	北京	否
110	凯石基金管理有限公司	上海	上海	否
111	国融基金管理有限公司	上海	北京	否
112	东方阿尔法基金管理有限公司	深圳	深圳	否
113	恒越基金管理有限公司	上海	上海	否

表5.3　其他取得公募资格的资产管理机构

序号	公司名称	注册地	办公地	是否中外合资
1	上海东方证券资产管理有限公司	上海	上海	否
2	华融证券股份有限公司	北京	北京	否
3	山西证券股份有限公司	太原	太原	否
4	国都证券有限责任公司	北京	北京	否
5	浙江浙商证券资产管理有限公司	杭州	杭州	否
6	渤海汇金证券资产管理有限公司	深圳	深圳	否
7	东兴证券股份有限公司	北京	北京	否
8	泰康资产管理有限责任公司	北京	北京	否
9	北京高华证券有限责任公司	北京	北京	否
10	中银国际证券有限公司	上海	上海	否
11	财通证券资产管理有限公司	浙江	浙江	否
12	长江证券（上海）资产管理有限公司	上海	上海	否
13	华泰证券（上海）资产管理有限公司	上海	上海	否
14	中国人保资产管理股份有限公司	上海	北京	否

基金专户资产管理计划

基金专户资产管理计划概述

基金专户资产管理计划是相对于公募证券投资基金而言的，是由基金管理公司和基金子公司在非公开渠道面向满足条件的特定客户募集的资产管理计划产品。基金管理公司发行的专用账户资产管理计划是指特定客户资产管理计划，主要投资范围是二级市场的各类标准化金融产品，与公募证券投资基金的投资范围相似，但对投资各类资产的比例限制较少。基金子公司发行的专用账户资产管理计划是指专项资产管理计划，投资范围更广，涵盖各类非标准化的金融资产。基金管理公司和基金子公司发行的产品如表5.4所示。

表5.4 基金管理公司和基金子公司发行的产品

要素	内容		
产品类别	证券投资基金	特定客户资产管理计划	专项资产管理计划
管理人	基金管理公司	基金管理公司	基金子公司
投资范围	标准化资产	标准化资产	非标准化资产
限定人数	无限制	200 人	200 人
成立规模	2 亿元（普通）5 000 万元（发起式）	3 000 万元	3 000 万元
规模上限	无	50 亿元	50 亿元
参与门槛	无具体门槛	100 万元	100 万元

从表5.4中可以明显地看出专用账户产品与公募产品的区别：

（1）在人数上，公募证券投资基金是没有限制的，而专用账户产品的投资者人数不能超过200人。

（2）在成立规模上，公募证券投资基金的门槛相对较高，普通的公募证券投资基金是2亿元，发起式公募证券投资基金是5 000万元，而专用账户产品是3 000万元。

（3）在规模上限上，公募证券投资基金没有限制（如余额宝货币市场基金的规模超过万亿元），而专用账户产品的募集规模不得超过50亿元。

（4）在参与门槛上，公募证券投资基金没有具体的参与门槛，多数公募证券投资基金的参与门槛为1 000元，部分公募证券投资基金的门槛很低，为1元，甚至0.01元，而专用账户产品的参与门槛是100万元，其中单一特定客户资产管理计划的参与门槛更是高达3 000万元。

我国基金专户产品托管规模的发展变化①如图5.4所示。

---

① 资料来源：中国银行业协会官方网站。

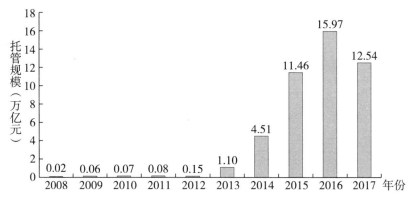

图 5.4　我国基金专户产品托管规模的发展变化

基金业经过多年的发展，已经在行业内达成一个共识，即公募证券投资基金定位普惠，是做相对收益的。无论是投资者还是销售机构，都会参考公募证券投资基金的收益排名，因此收益排名成了衡量公募证券投资基金运作好坏的重要标准。基金专户产品定位高净值客户，是做绝对收益的。由于客户数量少，投资净额大，这些客户往往不关注排名，而更关注产品的绝对收益值。

基金专户资产管理计划产品分类

从广义上讲，基金专户资产管理计划涵盖了基金管理公司和基金子公司发行的公募类证券投资基金以外的各类产品，包括特定客户资产管理计划和专项资产管理计划。特定客户资产管理计划又分为多个特定客户资产管理计划和单一特定客户资产管理计划。

基金专户资产管理计划的资产可用于下列投资：

（1）现金、银行存款、股票、债券、证券投资基金、央行票据、非金融企业债务融资工具、资产支持证券、商品期货及其他金融衍生品。

（2）未通过证券交易所转让的股权、债权及其他财产权利。

（3）证监会认可的其他资产。

投资于第（2）项和第（3）项资产的专用账户资产管理计划被称为专项资产管理计划，基金管理公司若要开展专项资产管理计划的业务，必须设立专门的子公司。

多个特定客户资产管理计划

多个特定客户资产管理计划又被称为一对多资产管理计划，是指基金管理公司向多个特定客户募集资金担任资产管理人，由托管机构担任资产托管人，为资产委托人的利益运用委托财产进行投资的活动。多个特定客户是指投资于单个资产管理计划的初始金额不低于 100 万元，且能够识别、判断和承担相应投资风险的自然人、法人、依法成立的组织或证监会认可的其他特定客户。多个特定客户资产管理计划的单个产品委托人不得超过 200 人，但单笔委托金额在 300 万元以上的，投资者数量不受限制；客户委托的初始资产合计不得低于 3 000 万元，但不得超过 50 亿元。

多个特定客户资产管理计划的市场动机主要是为高净值个人客户或一些机构客户提供理财投资服务，并通过独立账户进行专门管理。在产品的估值上，多个特定客户资产管理计划采用了与公募证券投资基金相同的方法，将产品设定为均等份额，且每份计划份额具有同等的合法权益。

单一特定客户资产管理计划

单一特定客户资产管理计划又被称为一对一资产管理计划，是指基金管理公司接受单一特定客户的委托担任资产管理人，由托管机构担任资产托管人，为资产委托人的利益运用委托财产进行投资的活动。为单一特定客户设立资产管理计划的初始金额不低于 3 000 万元，但不得超过 50 亿元。客户应为能够识别、判断和承担相应投资风险的自然人、法人、依法成立的组织或证监会认可的其他特定客户。

相比一对多资产管理计划，一对一资产管理计划更加注重投资服务的专属性。在一对多资产管理计划中，投资者只能服从计划的投资风格与决策，并从中分享收益，很难主动决定计划的投资风格；而一对一资产管理计划是完全为单一投资者定制的投资产品，投资者可以与投资经理商议计划的投资风格，在合法合规的范围内自主确定投资品种的范围，对投资经理提出自己的特定要求，但是不能直接干预投资指令。

专项资产管理计划

专项资产管理计划是由基金子公司发起设立的，特指投资于"未通过证券交易所转让的股权、债权及其他财产权利"和"证监会认可的其他资产"的特定客户资产管理计划。"未通过证券交易所转让的股权、债权及其他财产权利"的表述十分宽泛，使专项资产管理计划的投资范围覆盖了几乎所有的融资方式，可以做到从实体经济需要出发，集合社会资本，投资实体资产，服务实体经济。"证监会认可的其他资产"为未来的发展提供了空间，实物商品、房地产等一旦得到证监会的许可，即可纳入投资范围。

由于专项资产管理计划的投资范围广泛，涵盖了基金专户、证券公司资产管理、信托资产管理等各类资产管理产品，其诞生时机又适逢"大资管时代"，是银行理财产品通道的理想"容器"，故基金子公司专项资产管理计划在 2013 年至 2016 年经历了一个黄金发展期，其规模迅速增长。由于基金子公司的业务规模增长过快，考虑到行业性风险，证监会于 2016 年发布了《基金管理公司特定客户资产管理子公司风险控制指标管理暂行规定》，要求基金子公司必须按照该规定要求计提风险准备金，计算净资本和风险资本准备，编制风险控制指标监管报表，并建立动态的压力测试机制、风险控制指标监控机制和资本补足机制，确保各项风险控制指标持续符合规定标准。其中第十条规定了相应的风险控制指标的标准：

- 净资本不得低于 1 亿元。
- 净资本不得低于各项风险资本准备之和的 100%。
- 净资本不得低于净资产的 40%。
- 净资产不得低于负债的 20%。

2017 年，基金子公司专项资产管理计划的业务规模显著收缩。

专项资产管理计划也可分为一对多专项资产管理计划和一对一专项资产管理计划，其相关规模、参与人数要求与特定客户资产管理计划相同。

专用账户资产管理计划的当事人关系

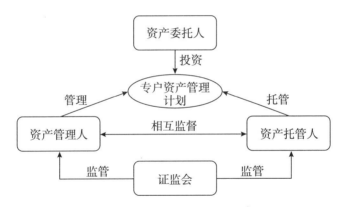

图 5.5　专用账户资产管理计划的当事人关系

资产委托人

资产委托人即专用账户资产管理计划的投资者，资产委托人投资于特定客户资产管理计划，需要满足特定客户的要求，即委托投资单个资产管理计划的初始金额不低于 100 万元，且是能够识别、判断和承担相应投资风险的自然人、法人、依法成立的组织或证监会认可的其他特定客户。

资产管理人

资产管理人负责资产管理计划的投资运作，直接决定资产管理计划的投资收益。资产管理人的职责包括：管理和运用资产管理计划财产，办理资产管理计划的备案手续，办理资产管理计划份额的登记事宜，编制特定资产管理业务季度及年度报告并向证监会备案，进行资产管理计划会计核算，计算并向资产委托人报告资产管理计划份额净值等。

资产托管人

资产托管人负责资产管理计划的托管，资产托管人的职责详见下文。

专用账户资产管理计划托管人的职责

专用账户资产管理计划托管人的权利

专用账户资产管理计划托管人的权利包括：

（1）依照资产管理计划合同的约定，及时、足额获得资产托管费。

（2）根据资产管理计划合同及其他有关规定，监督资产管理人对资产管理计划财产的投资运作，对于资产管理人违反本合同或有关法律法规规定的投资行为，托管人发现后应立即要求其改正；资产管理人未能改正或对资产管理计划财产及其他当事人的利益造成重大损失的情形，应及时通知资产委托人并有权报告证监会，采取必要措施。

（3）根据资产管理计划合同的约定，依法保管资产管理计划财产。

（4）国家有关法律法规、监管机构及资产管理计划合同规定的其他权利。

专用账户资产管理计划托管人的义务

专用账户资产管理计划托管人的义务包括：

（1）安全保管资产管理计划财产。

（2）设立专门的资产托管部门，具有符合要求的营业场所，配备足够的、合格的熟悉资产托管业务的专职人员，负责财产托管事宜。

（3）对所托管的不同财产分别设置账户，确保资产管理计划财产的完整与独立。

（4）除依据法律法规、资产管理计划合同及其他有关规定外，不得为资产托管人及任何第三人谋取利益，不得委托第三人托管资产管理计划财产。

（5）按规定开设和注销资产管理计划的资金账户和证券账户。

（6）复核资产管理计划份额净值。

（7）复核资产管理人编制的资产管理计划财产的投资报告，并出具书面意见。

（8）编制资产管理计划的年度托管报告，并向证监会备案。

（9）按照资产管理计划合同的约定，根据资产管理人的投资指令，及时办理清算交割事宜。

（10）按照法律法规及监管机构的有关规定，保存资产管理业务活动有关的合同、协议、凭证等文件资料。

（11）公平对待所托管的不同财产，不得从事任何有损资产管理计划财产利益的活动。

（12）保守商业秘密，除法律法规、资产管理计划合同及其他有关规定另有规定外，不得向他人泄露。

（13）按照法律法规及资产管理计划合同的规定监督资产管理人的投资运作，资产托管人发现资产管理人的投资指令违反法律、行政法规和其他有关规定，或者违反资产管理计划合同约定的，应当拒绝执行，立即通知资产管理人和资产委托人并及时报告证监会；资产托管人发现资产管理人依据交易程序已经生效的投资指令违反法律、行政法规和其他有关规定，或者违反资产管理计划合同约定的，应当立即通知资产管理人和资产委托人并及时报告证监会。

（14）国家有关法律法规、监管机构及资产管理计划合同规定的其他义务。

专用账户资产管理计划的托管业务

专用账户资产管理计划托管业务的基本流程

专用账户资产管理计划托管业务的基本流程如下：

（1）与基金公司或基金子公司达成合作意向，签署《资产管理合同》。

（2）基金公司或基金子公司按照相关规章制度向投资者募集资金，同时签署《资产管理合同》。

（3）资产托管人为基金产品开立托管账户，基金专户产品成立。

（4）资产管理人向资产托管人下达投资指令并进行基金产品投资运作。

（5）资产托管人按照合同约定履行清算、估值、核算、监督等托管职责。

（6）资产托管人按照合同约定出具基金相关报告。

专用账户资产管理计划托管业务的附加服务

基金管理公司和基金子公司发行专用账户资产管理计划的投资范围不同，基金管理公司主要以标准化资产为主，而基金子公司主要以非标准化资产为主，因此两类公司发行专用账户资产管理计划的需求和发展模式有较大差别。

多个特定客户资产管理计划的托管业务与公募证券投资基金较为相似，除了托管业务本身以外，资产管理人往往希望资产托管人能够利用其渠道对资产管理计划进行销售。由于多个特定客户资产管理计划对单一投资者的销售起点是 100 万元，因此商业银行大多将多个特定客户资产管理计划归由私人银行部门进行销售。

对于机构类客户或资金实力较强的个人客户，如果单笔委托资金规模达到 3 000 万元以上，则可以为该类客户单独定制专属的单一特定客户资产管理计划。

由于专项资产管理计划的投资范围涵盖非标准化资产，因此其曾被广泛用于商业银行理财产品的投资通道。相比证券公司和信托公司，基金子公司的功能性更强，也因此获得了较大的市场空间。通常，同时具备理财牌照和托管业务牌照的商业银行，会与基金子公司进行一揽子合作，包括资产端、理财通道端和相应的资产托管。但是，证监会于 2016 年发布了《基金管理公司子公司管理规定》和《基金管理公司特定客户资产管理子公司风险控制指标管理暂行规定》，直接限制了将专用账户资产管理计划作为资金通道的业务。2017 年以来，随着对通道限制愈加严格，专用账户资产管理计划慢慢回归到以主动管理为主的基调。

专用账户资产管理计划的主要客户

与公募证券投资基金一样，专用账户资产管理计划托管人的选择权大多掌握在资产管理人手中，因此专用账户资产管理计划托管业务的客户主要是公募证券投资基金管理公司及其子公司。截至 2017 年年末，我国境内共有基金管理公司 113 家，基金子公司 79 家①（见表 5.5），专用账户资产管理计划总规模达 12.54 万亿元。

---

① 资料来源：证监会官方网站。

表 5.5　2017 年年末基金子公司机构列表

序号	公司名称	母公司名称	注册地
1	工银瑞信投资管理有限公司	工银瑞信基金管理有限公司	上海
2	嘉实资本管理有限公司	嘉实基金管理有限公司	北京
3	深圳平安大华汇通财富管理有限公司	平安大华基金管理有限公司	深圳
4	华夏资本管理有限公司	华夏基金管理有限公司	深圳
5	北京方正富邦创融资产管理有限公司	方正富邦基金管理有限公司	北京
6	长安财富资产管理有限公司	长安基金管理有限公司	上海
7	富安达资产管理（上海）有限公司	富安达基金管理有限公司	上海
8	上海兴全睿众资产管理有限公司	兴全基金管理有限公司	上海
9	北京千石创富资本管理有限公司	国金基金管理有限公司	北京
10	深圳市红塔资产管理有限公司	红塔红土基金管理有限公司	深圳
11	鹏华资产管理有限公司	鹏华基金管理有限公司	深圳
12	北京天地方中资产管理有限公司	天弘基金管理有限公司	北京
13	民生加银资产管理有限公司	民生加银基金管理有限公司	上海
14	上海新东吴优胜资产管理有限公司	东吴基金管理有限公司	上海

序号	公司名称	母公司名称	注册地
15	上海锐懿资产管理有限公司	泰信基金管理有限公司	上海
16	万家共赢资产管理有限公司	万家基金管理有限公司	上海
17	首誉资产管理有限公司	中邮创业基金管理有限公司	深圳
18	招商财富资产管理有限公司	招商基金管理有限公司	深圳
19	博时资本管理有限公司	博时基金管理有限公司	深圳
20	德邦创新资本有限责任公司	德邦基金管理有限公司	上海
21	上海金元百利资产管理有限公司	金元惠理基金管理有限公司	上海
22	上海聚潮资产管理有限公司	浙商基金管理有限公司	上海
23	汇添富资本管理有限公司	汇添富基金管理股份有限公司	上海
24	信达新兴财富（北京）资产管理有限公司	信达澳银基金管理有限公司	北京
25	银华财富资本管理（北京）有限公司	银华基金管理股份有限公司	北京
26	深圳华宸未来资产管理有限公司	华宸未来基金管理有限公司	深圳
27	国泓资产管理有限公司	益民基金管理有限公司	北京

序号	公司名称	母公司名称	注册地
28	北京新华富时资产管理有限公司	新华基金管理股份有限公司	深圳
29	中信信诚资产管理有限公司	信诚基金管理有限公司	上海
30	深圳市融通资本管理股份有限公司	融通基金管理有限公司	深圳
31	国泰元鑫资产管理有限公司	国泰基金管理有限公司	上海
32	上海华富利得资产管理有限公司	华富基金管理有限公司	上海
33	上海财通资产管理有限公司	财通基金管理有限公司	上海
34	建信资本管理有限责任公司	建信基金管理有限责任公司	上海
35	瑞元资本管理有限公司	广发基金管理有限公司	珠海
36	易方达资产管理有限公司	易方达基金管理有限公司	珠海
37	兴业财富资产管理有限公司	兴业基金管理有限公司	上海
38	天治北部资产管理有限公司	天治基金管理有限公司	北京
39	深圳前海金鹰资产管理有限公司	金鹰基金管理有限公司	深圳
40	中海恒信资产管理（上海）有限公司	中海基金管理有限公司	上海

序号	公司名称	母公司名称	注册地
41	国投瑞银资本管理有限公司	国投瑞银基金管理有限公司	深圳
42	富国资产管理（上海）有限公司	富国基金管理有限公司	上海
43	长城嘉信资产管理有限公司	长城基金管理有限公司	深圳
44	上海长江财富资产管理有限公司	长信基金管理有限责任公司	上海
45	中欧盛世资本管理（上海）有限公司	中欧基金管理有限公司	深圳
46	东方汇智资产管理有限公司	东方基金管理有限责任公司	深圳
47	上海瑞京资产管理有限公司	东海基金管理有限责任公司	上海
48	诺安资产管理有限公司	诺安基金管理有限公司	北京
49	前海开源资产管理有限公司	前海开源基金管理有限公司	深圳
50	农银汇理（上海）资产管理有限公司	农银汇理基金管理有限公司	上海
51	景顺长城资产管理（深圳）有限公司	景顺长城基金管理有限公司	深圳
52	中融（北京）资产管理有限公司	中融基金管理有限公司	北京
53	华安未来资产管理（上海）有限公司	华安基金管理有限公司	上海

序号	公司名称	母公司名称	注册地
54	大成创新资本管理有限公司	大成基金管理有限公司	深圳
55	南方资本管理有限公司	南方基金管理有限公司	深圳
56	长盛创富资产管理有限公司	长盛基金管理有限公司	北京
57	上海浦银安盛资产管理有限公司	浦银安盛基金管理有限公司	上海
58	安信乾盛财富管理（深圳）有限公司	安信基金管理有限责任公司	深圳
59	中铁宝盈资产管理有限公司	宝盈基金管理有限公司	深圳
60	交银施罗德资产管理有限公司	交银施罗德基金管理有限公司	上海
61	深圳华润元大资产管理有限公司	华润元大基金管理有限公司	深圳
62	国海富兰克林资产管理（上海）有限公司	国海富兰克林基金管理有限公司	上海
63	鑫沅资产管理有限公司	鑫元基金管理有限公司	上海
64	北银丰业资产管理有限公司	中加基金管理有限公司	深圳
65	上银瑞金资本管理有限公司	上银基金管理有限公司	上海
66	申万菱信（上海）资产管理有限公司	申万菱信基金管理有限公司	上海
67	永赢资产管理有限公司	永赢基金管理有限公司	上海

序号	公司名称	母公司名称	注册地
68	银河资本资产管理有限公司	银河基金管理有限公司	上海
69	北京国开泰富资产管理有限公司	国开泰富基金管理有限责任公司	北京
70	上海富诚海富通资产管理有限公司	海富通基金管理有限公司	上海
71	柏瑞爱建资产管理（上海）有限公司	华泰柏瑞基金管理有限公司	上海
72	中银资产管理有限公司	中银基金管理有限公司	上海
73	国寿财富管理有限公司	国寿安保基金管理有限公司	上海
74	上海兴瀚资产管理有限公司	华福基金管理有限责任公司	上海
75	尚腾资本管理有限公司	上投摩根基金管理有限公司	上海
76	元达信资本管理（北京）有限公司	中信建投基金管理有限公司	北京
77	上海北信瑞丰资产管理有限公司	北信瑞丰基金管理有限公司	上海
78	光大保德信资产管理有限公司	光大保德信基金管理有限公司	上海
79	深圳英大资本管理有限公司	英大基金管理有限公司	深圳

证券公司资产管理计划

证券公司资产管理计划概述

证券公司资产管理业务作为一项主流业务，与投行业务、经纪业务并列为证券公司三大支柱性赢利业务。资产管理业务的主要产品载体是证券公司资产管理计划，同时，证券公司也会开展投资顾问业务。资产管理业务可以由证券公司的资产管理业务部门进行运作，也可以由证券公司下设的资产管理子公司进行运作。

资产管理业务是指证券公司作为资产管理人，与客户签订资产管理合同，根据资产管理合同约定的方式、范围、条件和限制，对客户的资产进行投资运作，为客户提供证券及其他金融产品的投资管理服务。简而言之，资产管理业务就是代理客户进行投资理财。

资产管理业务是在2003年《证券公司客户资产管理业务试行办法》出台之后逐渐发展壮大的。证券公司的集合资产管理业务在早期的准入门槛只有5万元（限定性）或10万元（非限定性），是证券公司开展的"类公募证券投资基金"业务。在2013年《资产管理机构开展公募证券投资基金管理业务暂行规定》出台之后，符合条件的证券公司可以直接作为公募证券投资基金的管理人发行公募证券投资基金，而新发行的证券公司集合资产管理计划的参与门槛提高到100万元。目前，证券公司的资产管理业务有着严格的监管和规范的运作要求。但是，我国证券公司资产管理业务并非一开始就如此规范，其发展并非一帆风顺，在21世纪初，证券公司的资产管理业务经历过"大风大浪"。

早期的资产管理业务叫作证券公司委托理财，即投资者委托证券公司进行专业的证券投资，俗称代理投资股票。当时的委托理财业务缺乏内部与外部的监管，同时也没有做好登记结算与收益分配工作，资金运作不透明。当市场处于牛市阶段时，由于收益丰厚，问题并未充分暴露；而当市场回调时，委托资金发生严重亏损，投资者的利益受到严重损害，监管机构开始彻查证券公司委托理财业务。经查，当时很多证券公司把自有资金和客户资金混合起来操作，存在大量挪用客户资金的行为，同时很多证券公司对委托理财的投资没有任何限制，内部缺乏有效的风险控制机制。在监管机构对证券公司进行全面检查整改之后，很多证券公司停止了委托理财业务，甚至整个证券公司被并购接管，其中不乏一些体量惊人的超大型证券公司。

在如今的资产管理业务中，由于监管的完善和资产托管机制的引入，投资者不必再为证券公司挪用客户资金而苦恼，也不必为证券公司信息不透明而担忧。目前，证券公司开展资产管理业务都需要在托管机构开立独立的账户，并将资金放入其中，与自有资金相隔离，每一笔投资都需要向托管机构出具指令，由托管机构予以清算，并且要定期与托管机构对账。我国证券公司资产管理产品托管规模的发展变化如图 5.6 所示①。

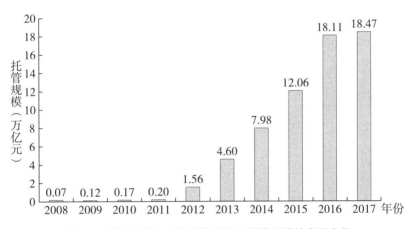

图5.6　我国证券公司资产管理产品托管规模的发展变化

证券公司资产管理计划分类

证券公司资产管理业务的产品分类与基金管理公司的产品分类颇为相似，大体可以分为四个大类（见表5.6）。第一类是公募类，满足相应条件的证券公司可以发行公募证券投资基金产品；第二类

———————

① 资料来源：中国银行业协会官方网站。

是高净值理财类，主要针对参与门槛在 100 万元以上的客户，基金公司与基金子公司可发行一对多专用账户资产管理计划，而证券公司与资产管理子公司可发行集合资产管理计划；第三类是单一定制类，基金公司与基金子公司可发行一对一专用账户资产管理计划，而证券公司与资管子公司可发行定向资产管理计划。对于专项资产管理类的产品，基金公司与基金子公司及证券公司与资产管理子公司均可发行专项资产管理计划。

表5.6　证券公司与基金公司资产管理业务产品类比

产品分类	证券公司与 资产管理子公司	基金公司与基金子公司
公募类	公募证券投资基金	公募证券投资基金
高净值理财类	集合资产管理计划	一对多专用账户
单一定制类	定向资产管理计划	一对一专用账户
专项资产管理类	专项资产管理计划	专项资产管理计划

　　在目前的市场上，证券公司资产管理业务除了按照《证券公司客户资产管理业务管理办法》（2013 年修订）运作的产品外，还有部分历史存续产品，是按照前序管理办法申报和运行的，例如限定性和非限定性的集合资产管理计划，以及限额特定集合资产管理计划，这些产品的具体分类如表5.7① 所示。

---

① 本表格由《证券公司客户资产管理业务管理办法》（2013 年修订）的内容整理得出，该办法是根据 2013 年 6 月 26 日颁布的《关于修改〈证券公司客户资产管理业务管理办法〉的决定》（证监会令第 93 号）修订的。对于该管理办法出台之前的部分历史存续集合资产管理计划产品，相关规则参考了 2012 年 10 月 18 日颁布的《证券公司客户资产管理业务管理办法》（证监会令第 87 号），2012 年的管理办法已被 2013 年的修订版管理办法废止，仅为历史产品提供对比依据。

表 5.7　证券公司资产管理产品分类

产品类别		限定人数	成立规模	规模上限	参与门槛
公募证券投资基金		不设上限	2 亿元	无	无具体门槛
集合资产管理计划	限定性集合计划（大集合）	200 人	1 亿元	50 亿元	5 万元
	非限定性集合计划（大集合）	200 人	1 亿元	50 亿元	10 万元
	限额特定集合计划（小集合）	200 人	3 000 万元	50 亿元	10 万元
定向资产管理计划		1 人	100 万元	50 亿元	100 万元
专项资产管理计划		为多个客户办理专项资产管理计划的，参照集合资产管理计划相关指标；为单一客户办理专项资产管理计划的，参照定向资产管理计划相关指标			

公募证券投资基金已在本章单独介绍，本部分内容不再复述，以下将重点介绍证券公司和资产管理子公司能够发行的其他资产管理产品。

集合资产管理计划

集合资产管理计划是指证券公司为多个客户办理集合资产管理业务时所发行的产品。证券公司通过与客户签订集合资产管理合同，将客户资产交由取得基金托管业务资格的资产托管机构托管，通过专门账户为客户提供资产管理服务。

在 2012 年以前，按照 2003 年证监会发布的《证券公司客户资产管理业务试行办法》的规定，集合资产管理计划分为限定性集合计划和非限定性集合计划。所谓限定性与非限定性，指的是对投资范围的限制程度。限定性集合资产管理计划对股票等权益类资产的投资比例限定为不得超过 20%，只能以固定收益类资产为主要投资品种，而非限定性集合资产管理计划没有这一投资比例的限制。因此，非限定性集合资产管理计划的风险和波动性会比限定性更高，其认购起点也相对更高。

2012 年，证监会颁布了《证券公司客户资产管理业务管理办法》，将集合资产管理计划分为普通集合资产管理计划（简称"大集合"）和限额特定集合资产管理计划（简称"小集合"），并明确了限额特定集合资产管理计划的投资范围和申购门槛等要求。

2013 年，《证券公司客户资产管理业务管理办法》（2013 年修订）发布，重新明确了证券公司集合资产管理计划的各项属性，实际上基本采用了限额特定集合资产管理计划的属性，同时不再接受限定性集合计划和非限定性集合计划的新产品备案，新备案产品必须满足修订版管理办法的要求。自此，证券公司集合资产管理计划成为定位与基金一对多专用账户资产管理计划相同的产品，主要针对高净值客户发行。

定向资产管理计划

定向资产管理计划是指证券公司接受单一客户委托，与客户签订合同，根据合同约定的方式、条件、要求及限制，通过专门账户管理客户委托资产的产品。

定向资产管理计划的定位与基金一对一专用账户资产管理计划非常相似，都是针对单一客户单独定制的资产管理计划，主要区别是一对一专用账户资产管理计划的设立门槛是 3 000 万元，而定向资产管理计划的设立门槛仅为 100 万元。在实际业务的开展过程中，很多证券公司出于成本考虑，不会承接规模过小的定向资产管理计划。多数情况下，为委托资金在 2 000 万元以上的客户单独设立定向资产管理计划才能覆盖成本。托管机构也存在同样的考量，对于规模过小的定向资产管理计划，可能会采取固定收费模式，例如单一产品的托管费不低于 3 万元/年。

专项资产管理计划

专项资产管理计划是指针对客户的特殊要求和基础资产的具体情况，设定特定投资目标，通过专门账户为客户提供资产管理的一类产品。证券公司的专项资产管理计划多用作资产证券化相关产品的载体。证券公司须充分了解并向客户披露基础资产所有人或融资主体的诚信合规状况、基础资产的权属情况、有无担保安排及具体情况、投资目标的风险收益特征等相关重大事项。证券公司可以通过设立综合性的集合资产管理计划办理专项资产管理业务。办理专项资产管理业务的证券公司，必须向证监会提出逐项申请。

证券公司资产管理计划的当事人关系

证券公司资产管理计划的当事人关系，如图 5.7 所示。

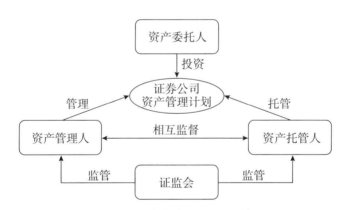

图5.7　证券公司资产管理计划的当事人关系

资产委托人

资产委托人是指证券公司资产管理计划的投资者。资产管理计划应当面向合格投资者推广，集合资产管理计划的合格投资者累计不得超过 200 人。合格投资者是指具备相应风险识别能力和承担资产管理计划风险能力且符合下列条件之一的单位和个人：

（1）个人或者家庭金融资产合计不低于 100 万元。

（2）公司、企业等机构净资产不低于 1 000 万元。

依法设立并受监管的各类集合投资产品视为单一合格投资者。

资产管理人

证券公司从事客户资产管理业务，应当依照《证券公司客户资产管理业务管理办法》的规定，向证监会申请客户资产管理业务资格。未取得客户资产管理业务资格的证券公司不得从事客户资产管理业务。

资产管理人的职责包括：以专业技能管理集合计划的资产，依法保护委托人的财产权益，负责集合计划资产净值估值等会计核算业务，编制集合计划财务报告，按规定出具资产管理报告，保证委托人能够及时了解有关集合计划资产投资组合、资产净值、费用与收益等信息，按照合同约定向委托人分配集合计划的收益，指定登记结算机构办理集合计划的开户登记事务及其他与登记结算相关的手续等。

资产托管人

资产托管人负责资产管理计划的托管，其职责详见下文。

证券公司资产管理计划托管人的职责

证券公司资产管理计划托管人的权利

证券公司资产管理计划托管人的权利包括：

（1）依法保管集合计划的资产。

（2）按照资产管理计划合同的约定收取集合计划托管费。

（3）依据相关法律法规的规定及资产管理计划合同、托管协议的约定监督集合计划的经营运作，发现管理人的投资或清算指令违反法律法规或者本合同约定的，要求其改正，或拒绝执行。

（4）有权随时查询集合计划的经营运作情况。

（5）法律法规及资产管理计划合同和托管协议约定的其他权利。

证券公司资产管理计划托管人的义务

证券公司资产管理计划托管人的义务包括：

（1）依法为资产管理计划开立专门的资金账户和专门的证券账户等相关账户。

（2）非依法律、行政法规和证监会有关规定或合同约定，不得擅自动用或处分资产管理计划资产。

（3）在资产管理计划托管活动中恪尽职守，履行诚实信用、谨慎勤勉的义务，保管资产管理计划的资产，确保资产管理计划资产的独立和安全，依法保护委托人的财产权益。

（4）安全保管资产管理计划资产，执行管理人的投资或者清算指令，负责办理资产管理计划名下的资金往来。

（5）定期核对资产管理业务的资产情况。

（6）监督管理人资产管理计划的经营运作，发现管理人的投资或清算指令违反法律法规、证监会的有关规定或资产管理计划合同、说明书及托管协议约定的，应当要求其改正；未能改正的，应当拒绝执行。

（7）复核、审查管理人计算的资产管理计划的资产净值。

（8）保守资产管理计划的商业秘密，在资产管理计划有关信息向委托人披露前予以保密，不向他人泄露（法律法规、证监会另有规定或有权机关要求的除外）。

（9）按规定出具资产管理计划托管情况的报告。

（10）妥善保存与资产管理计划托管业务有关的合同、协议、交易记录、会计账册等文件、资料和数据，保存期不少于20年。

（11）当资产管理计划终止时，与管理人一起妥善处理有关清算和委托人资产的返还事宜。

（12）面临解散、依法被撤销、破产或者由接管人接管其资产时，及时报告委托人和管理人。

（13）因违反有关合同约定导致资产管理计划资产损失或损害委托人合法权益时，应承担赔偿责任。

（14）因管理人过错造成资产管理计划资产损失的，代委托人向管理人追偿。

证券公司资产管理计划的托管业务

证券公司资产管理计划托管业务的基本流程

证券公司资产管理计划托管业务的基本流程如下：

（1）资产托管人与证券公司、委托人达成合作意向，签署资产管理计划的资产管理合同、托管协议。

（2）证券公司向证监会备案或申报。

（3）资产管理计划产品成立。

（4）证券公司按照资产管理合同的约定进行资产的投资运作。

（5）资产托管人按照托管协议的约定履行清算、估值、核算、监督职责。

（6）资产托管人按照托管协议的约定出具相关报告。

证券公司资产管理计划托管业务的营销

通常，证券公司会将资产管理业务分为两大类，一类是主动管理类业务，另一类是通道类业务。主动管理类业务是指证券公司作为管理人主动进行投资管理，为资产管理计划获取投资收益的一类业务，这类业务是证券公司资产管理业务的传统业务，与公募证券投资基金有一些相似之处，主要依靠业绩促进业务发展。通道类业务是随着"大资管时代"迅速发展起来的一类业务，主要作为商业银行理财产品投资于特定市场或产品种类的中间环节的过渡载体，也因此得"通道"之名。

对于主动管理类产品，证券公司关注的是产品的规模。证券公司在集合资产管理计划的发行上，对托管机构的销售能力具有一定的依赖性。如果托管机构能够提供"销售＋托管"的服务，一般就能够拿到证券公司资产管理计划的托管业务。而对于定向资产管理计划，托管业务一般通过资金端打包确定合作，即理财来自哪家机构，托管人自然也为该机构。除了以上两种情况外，一些证券公司凭借自身的营业部网点，也能够带动其资产管理业务的发展，对于不具备托管资格的商业银行委托的通道类资产管理计划，证券公司会另行选择托管人，一般会优先选择将产品交给与其有其他业务合作的具备托管资格的托管人托管。

商业银行理财产品

商业银行理财产品概述

商业银行理财产品是指由商业银行设计并发行，以获取投资收益为目的，将募集到的资金根据产品合同的约定投资于相关金融市场或购买相关金融产品，并依据合同约定将收益分配给投资者的一类金融产品。

商业银行理财业务自开展以来，规模迅速增长，截至 2017 年年末已接近 30 万亿元。商业银行发行的理财产品虽然在合同中约定由投资者自行承担投资风险（保本理财除外），但由于商业银行本身的信用等级在金融机构中最高，从其理财业务开展以来，理财产品基本保持"刚性兑付"，故投资者对其理财产品的信任程度相对较高，从而导致理财对储蓄的替代效应明显。

银监会于 2005 年颁布了《商业银行个人理财业务管理暂行办法》，将个人理财业务定义为商业银行为个人客户提供的财务分析、财务规划、投资顾问、资产管理等专业化服务活动，并对个人理财业务进行了分类。

银监会于 2009 年颁布了《中国银监会关于进一步规范商业银行个人理财业务投资管理有关问题的通知》（银监发〔2009〕65 号），规定了商业银行发售理财产品，应委托具有证券投资基金托管业务资格的商业银行托管理财资金及其所投资的资产。我国商业银行理财产品托管规模的发展变化[①]如图 5.8 所示。

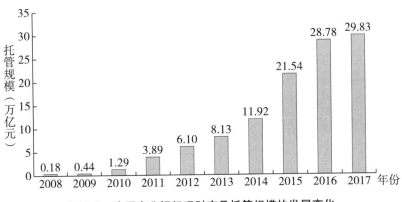

图 5.8 我国商业银行理财产品托管规模的发展变化

商业银行理财产品分类

按照管理运作方式分类

按照管理运作方式的不同，个人理财业务包括理财顾问服务和综合理财服务两大类。

理财顾问服务是指商业银行向客户提供的财务分析与规划、投资建议、个人投资产品推介等专业化服务。在理财顾问服务活动中，

---

① 资料来源：中国银行业协会官方网站。

客户根据商业银行提供的理财顾问服务管理和运用资金，并承担由此产生的收益和风险。

综合理财服务是指商业银行在向客户提供理财顾问服务的基础上，接受客户的委托和授权，按照与客户事先约定的投资计划和方式进行投资和资产管理的业务活动。在综合理财服务活动中，客户授权银行代表客户按照合同约定的投资方向和方式，进行投资和资产管理，投资收益与风险由客户或客户与银行按照约定方式承担。

按照客户获取收益方式分类

按照客户获取收益方式的不同，理财计划可以分为保证收益理财计划和非保证收益理财计划。

保证收益理财计划是指商业银行按照约定条件向客户承诺支付固定收益，银行承担由此产生的投资风险，或银行按照约定条件向客户承诺支付最低收益并承担相关风险，其他投资收益由银行和客户按照合同约定分配，共同承担相关投资风险的理财计划。

非保证收益理财计划可以分为保本浮动收益理财计划和非保本浮动收益理财计划。保本浮动收益理财计划是指商业银行按照约定条件向客户保证本金支付，本金以外的投资风险由客户承担，并依据实际投资收益情况确定客户实际收益的理财计划。非保本浮动收益理财计划是指商业银行根据约定条件和实际投资收益情况向客户支付收益，并不保证客户本金安全的理财计划。

按照理财风险特性分类

根据产品的风险特性，银行理财产品依据风险由低到高分为 R1（谨慎型）、R2（稳健型）、R3（平衡型）、R4（进取型）和 R5（激进型）五个级别。

R1 级别的理财产品一般由银行保证本金的完全偿付，产品收益随投资表现变动，且较少受到市场波动和政策法规变化等风险因素的影响。产品主要投资于高信用等级债券、货币市场等低风险金融产品。

R2 级别的理财产品不保证本金的偿付，但本金风险相对较小，收益浮动相对可控。在信用风险维度上，产品主要承担高信用等级信用主体的风险，如 AA 级以上（含 AA 级）评级债券的风险；在市场风险维度上，产品主要投资于债券、同业存放等低波动性金融产品，严格控制股票、商品和外汇等高波动性金融产品的投资比例。此级别还包括通过衍生交易、分层结构、外部担保等方式保障本金相对安全的理财产品。

R3 级别的理财产品不保证本金的偿付，有一定的本金风险，收益浮动且有一定波动。在信用风险维度上，主要承担中等以上信用主体的风险，如 A 级（含 A 级）以上评级债券的风险；在市场风险维度上，产品除可以投资债券、同业存放等低波动性金融产品外，投资股票、商品、外汇等高波动性金融产品的比例原则上不超过30%，结构性产品的本金保障比例在90%以上。

R4 级别的理财产品不保证本金的偿付，本金风险较大，收益浮动且波动较大，投资较易受到市场波动和政策法规变化等风险因素影响。在信用风险维度上，产品可承担较低等级信用主体的风险，包括 BBB 级及以下债券的风险；在市场风险维度上，投资股票、商品、外汇等高波动性金融产品的比例可超过30%。

R5 级别的理财产品不保证本金的偿付，本金风险极大，同时收益浮动且波动极大，投资较易受到市场波动和政策法规变化等风险因素影响。在信用风险维度上，产品可承担各等级信用主体的风险；在市场风险维度上，产品可完全投资股票、外汇、商品等各类高波动性的金融产品，并可采用衍生交易、分层等杠杆放大的方式进行投资运作。

商业银行理财产品的当事人关系

商业银行理财产品的当事人关系如图 5.9 所示。

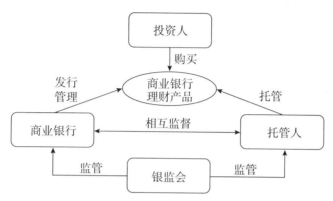

图 5.9 商业银行理财产品的当事人关系

理财产品投资者

商业银行在综合理财服务活动中，可以向特定目标客户群销售理财计划。按照监管要求，商业银行应科学合理地进行客户分类，根据客户的风险承受能力提供与其相适应的理财产品。商业银行应将理财客户划分为有投资经验客户和无投资经验客户，并在理财产品销售文件中标明所适合的客户类别。仅适合有投资经验客户的理财产品的起点金额不得低于 10 万元人民币或等值外币，不得向无投资经验客户销售。

理财产品发行人/管理人

作为理财产品的发行人/管理人，商业银行负责理财产品的投资管理。理财产品发行人/管理人的职责包括：管理运用理财资金，跟踪并监督理财资金投资运用的情况，及时向投资者披露每期理财产品管理定期报告和每期理财资金运用及收益情况表、托管报告、清算报告，按照理财文件约定通知每期理财产品的净值等。

理财产品托管人

托管人负责理财产品的托管，其职责详见下文。

商业银行理财产品托管人的职责

商业银行理财产品托管人的权利

商业银行理财产品托管人的权利包括：

（1）按照托管协议和理财产品文件的规定，对理财资金及其所投资的资产进行托管。

（2）按照规定开立理财产品托管专用账户。

（3）按照托管协议及理财产品文件的规定管理理财资金账户，保管理财产品的交易依据。

（4）对委托人/发行人/管理人的资金划拨行使监督权，即对委托人/发行人/管理人提供的交易依据和划款指令书进行表面一致性审查，审核划款指令书的印鉴及被授权人签字与预留印鉴及签字样本是否相符，审核划款指令书中的资金用途说明是否与所提供的交易依据一致且是否符合理财产品文件的约定。对于存在违反国家法律法规或政策、理财产品文件或托管协议规定的划款指令，托管人有权通知甲方予以更正。

（5）按照托管协议的有关规定及时、足额收取托管费。

（6）要求委托人/发行人/管理人对其履行托管职责进行必要的协助。

（7）国家有关法律法规、监管机构规定的其他权利。

商业银行理财产品托管人的义务

商业银行理财产品托管人的义务包括：

（1）按照托管协议和理财产品文件的规定，托管理财资金。

（2）负责保管理财产品托管账户中存放的理财资金。

（3）确保所托管的理财财产和托管人自有资产、其他托管资产之间相互独立。

（4）未经产品的委托人/发行人/管理人同意，对托管的理财资金不得转由第三人进行托管或擅自动用或处分理财资金。

（5）按照托管协议的规定，执行委托人/发行人/管理人符合法律法规及托管协议约定的划款指令书，按时办理理财资金划付，完成托管协议规定的清算交收和费用支付，不得延误。

（6）按照托管协议的规定，为每期理财产品单独设立会计账册，对理财产品净值按双方约定的方法进行会计核算和资金清算。

（7）按照托管协议的约定定期向委托人/发行人/管理人出具理财产品的托管报告。

（8）核实理财产品管理运用中需要由委托人/发行人/管理人负责的信息披露内容中与理财产品托管业务相关的财务数据，包括复核由委托人/发行人/管理人核算的理财产品清算报告。

（9）保存托管业务活动的各种交易依据以及其他相关资料，保存期为理财产品终止之日起 15 年。

（10）理财产品终止后，监督委托人/发行人/管理人按理财产品相关文件的约定进行清算，核实收益分配方案中与理财产品托管业务相关的财务数据。

商业银行理财产品的托管业务

商业银行理财产品托管业务的基本流程

商业银行理财产品托管业务的基本流程如下：

（1）理财产品管理人与托管人签署理财产品托管协议。

（2）托管人为理财产品开立理财资金托管专用账户。

（3）理财产品募集资金。

（4）理财产品成立后，理财资金进入开立在托管银行的理财资金托管专用账户。

（5）理财产品管理人向托管人下达投资指令并进行理财产品的投资运作。

（6）托管人执行理财产品管理人的指令，并对理财产品的运作履行清算、核算等义务。

商业银行理财产品的附加服务

商业银行理财产品与公募证券投资基金等资产管理产品虽然都是金融投资工具，但在商业模式上有着本质的区别。商业银行有着自身的渠道，无论是 5 家大型国有商业银行、全国股份制银行还是地方性商业银行，一般都通过自身渠道销售理财产品，而公募证券投资基金等金融产品一般都需要依托商业银行作为销售渠道。因此，在开展托管业务时，公募证券投资基金一般会要求托管机构以"托管＋销售"的模式提供一揽子服务，而商业银行理财产品则无须销售服务，仅仅是纯粹的托管。基础的托管业务同质化相对较高，因此商业银行理财产品托管业务的市场竞争异常激烈，托管费率水平更是不断下压，甚至有些托管机构不惜突破成本来换取客户资源。

在这种白热化的竞争下，除了打价格战，提供差异化的综合服务也是打开市场的一种有效手段。例如，一些希望扩充理财产品市场份额与产品种类以及一些刚刚获得理财业务发行资格的地方性商业银行，在理财业务上的经验比较少，除了托管之外，它们非常需要理财产品设计与投资管理方面的专业支持。为这些商业银行提供理财投资顾问服务，为其提供理财产品设计和投资的建议与方案，最能契合地方性商业银行的需求。投资顾问与资产托管形成"投资顾问＋托管"的一揽子服务，将能够实现差异化的竞争，获得客户的认可。

信托资产

信托资产概述

信托是一项基本的法律安排，其功能与名称一样，"信赖"并"托付"，是指把资产托付给信托机构，由信托机构按照委托人的利益进行管理或处分。信托起源于英国，壮大于美国。我国引入信托制度约有百年之久，但真正的现代信托业是在改革开放之后才发展起来的。

1979 年，中国国际信托投资公司设立，标志着我国信托业的恢复和我国现代信托业的正式起航。2001 年，《中华人民共和国信托法》颁布，信托制度在我国正式确立。2002 年，中国人民银行颁布《信托投资公司资金信托管理暂行办法》。同年，上海爱建信托推出了我国第一个集合资金信托计划，标志着信托投资公司的业务模式被终结，新的资金信托模式开启。2007 年，银监会颁布了《信托公司管理办法》和《信托公司集合资金信托计划管理办法》，为信托资产规模的高速发展奠定了基础。2008 年，"银信理财合作业务"是我国信托业规模爆发性增长的起点。信托行业资产规模从 2008 年年底的 1.2 万亿元迅速膨胀，2009 年突破 2 万亿元，2010 年突破 3 万亿元。2013 年年末，我国信托业受托资产总规模达到 10.91 万亿元，超过了保险业的总资产，在总资产规模上成为我国第二大金融行业。

信托业弥补了我国传统单一的银行信用的不足，利用了社会闲置资金，在我国经济的发展中发挥了积极作用。随着金融业的不断发展，在我国金融业分业经营的环境下，信托业务以其灵活性使信托公司成为能综合利用金融市场、连通产业和金融市场的机构。从基础设施、大型工程建设投融资到企业的兼并重组、改制顾问，再到租赁、担保，信托公司都能提供全程式的金融服务。所以，信托业基本涵盖了除储蓄、保险和证券经纪以外的所有金融与投行业务。

2017 年年末，我国信托公司的资产托管总规模达到 20.38 万亿元。我国信托计划托管规模的发展变化①如图 5.10 所示。

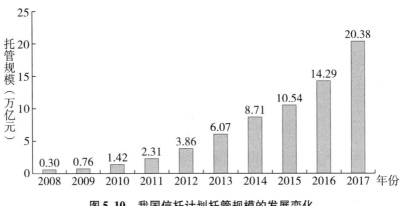

图 5.10　我国信托计划托管规模的发展变化

对于信托公司管理资产而言，按照监管的要求，集合资金信托计划必须由经营稳健的商业银行担任保管人，信托财产的保管账户和信托财产专用账户应为统一账户。对于单一资金信托计划，没有强制保管要求。从职责上看，保管与托管的实质基本相同，由于银监会颁布的《信托公司集合资金信托计划管理办法》中使用了"保管"的说法，故信托计划一直采用"保管"作为专业表述。

信托产品的分类

信托产品有很多种分类方法：根据信托财产类型，可以分为资金信托和财产信托；根据委托人人数，可以分为单一信托和集合信托；根据受托人职责，可以分为主动管理信托和被动管理信托；根据信托财产运用方式，可以分为融资信托、投资信托和事务信托；

---

① 资料来源：中国银行业协会官方网站。

根据信托财产运用领域，可以分为基础设施信托、房地产信托、证券投资信托、股权质押融资信托、能源资源信托、工商企业信托、股权投资信托和另类投资信托等。其中，根据信托财产运用领域进行的分类，会使信托产品的风险和投资方式有很大的差异，一些信托公司内部也会依据信托财产运用领域的不同而进行职能部门的划分。

根据信托财产运用领域的分类方式，现介绍以下几种主要的信托产品。

基础设施信托

基础设施信托是指以基础设施项目为投资标的的信托产品，由于该类信托的融资方大多是地方政府融资平台，所以常被称为政信合作。所投资的具体项目包括水电气供应、交通、商业服务、邮政、教育、科研、卫生、绿化等市政公共设施或者公共生活服务设施。基础设施信托多采用应收账款转让及回购的交易模式。

房地产信托

房地产信托是指以房地产及其经营权、物业管理权、租赁权、受益权或担保抵押权等相关权利为主要投资标的的信托产品，具体可以分为股权型房地产信托和债权型房地产信托。

证券投资信托

证券投资信托是指以在证券交易所上市交易的证券或其他公开交易的金融资产为投资标的的信托产品，如以股票、债券、货币市场为主要投资方向的信托产品。一般证券类投资信托会被包装成阳光私募产品，阳光私募以信托计划为产品载体，而实际管理人是信托计划的投资顾问，而非信托公司本身。投资顾问一般是具有丰富经验与良好业绩的私募基金管理公司，同时信托计划由具备保管资格的商业银行予以保管，因此相对私募证券投资基金而言，这类产品通过信托实现了"阳光化"。

股权质押融资信托

股权质押融资信托是指融资企业将其持有的上市公司股票进行担保质押，以获得信托公司的信托贷款的信托产品。其质押率一般会低于股票 20 日均价的 5 折。另外，也有部分以未上市公司股权进行质押的信托，但一般以金融股权质押为主，而且质押率会更低。

信托当事人关系

信托当事人关系如图 5.11 所示。

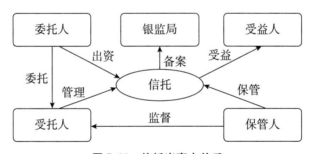

图 5.11　信托当事人关系

委托人

委托人是指让渡财产或者财产权的人，要求必须具有完全民事行为能力，可以是自然人，也可以是法人或者其他依法成立的组织。

受托人

受托人是指管理和处分信托财产的人，应当是具有完全民事行为能力的自然人或法人。受托人以信托财产为限向受益人承担支付信托利益的义务。除了事先约定好的报酬外，受托人不得利用信托财产为自己谋取利益。受托人应当遵守信托文件的规定，为受益人的最大利益处理信托事务。受托人管理信托财产，必须恪尽职守，履行诚实、信用、谨慎、有效管理的义务。受托人不得将信托财产转为其固有财产。同一信托的受托人有两个以上的，为共同受托人。

受益人

受益人是指在信托中享有信托受益权的人。受益人可以是自然人、法人或者依法成立的其他组织。委托人可以是受益人，也可以是同一信托的唯一受益人。受托人可以是受益人，但不能是同一信托的唯一受益人。共同受益人按照信托文件的规定享受信托利益，信托文件对信托利益的分配比例或者分配方法未做规定的，各受益人按照均等的比例享受信托利益。受益人可以放弃信托受益权。

保管人

集合信托计划的资金实行保管制，保管人由经营稳健的商业银行担任。保管人的职责详见下文。

信托公司管理资产保管人的职责

信托公司管理资产保管人的权利

信托公司管理资产保管人的权利包括：

（1）按照托管协议和信托文件的规定，对信托财产进行保管。

（2）监督信托公司按照规定开立信托财产保管专用账户。

（3）按照保管协议及信托文件的规定管理信托财产账户，保管信托财产的交易依据。

（4）对信托公司的资金划拨行使监督权，即对信托公司提供的交易依据和划款指令书进行表面一致性审查，审核划款指令书的印鉴及被授权人签字与预留印鉴及签字样本是否相符，审核划款指令书中的资金用途说明是否与所提供的交易依据一致且是否符合信托文件的约定。对于存在违反国家法律法规或政策、信托文件或本协议规定的划款指令，保管人有权通知信托公司予以更正，在信托公司更正之前保管人有权不执行该划款指令。

（5）按照保管协议的有关规定及时、足额收取保管费。

（6）要求信托公司对其履行保管职责进行必要的协助。

信托公司管理资产保管人的义务

信托公司管理资产保管人的义务包括：

（1）按照保管协议和信托文件的规定，保管信托财产。

（2）根据法律法规、监管规定和保管协议的约定安全保管信托资金。

（3）确保所保管的信托财产和保管人自有资产以及保管人托管或保管的其他资产之间相互独立。

（4）未经受托人书面同意，对保管的信托财产不得转由第三人进行保管或擅自动用或处分本信托财产。

（5）按照保管协议的规定，执行受托人的划款指令书，按时办理信托计划名下的资金划付，完成保管协议规定的清算交收和信托费用支付，不得不合理延误。

（6）如果托管人擅自提取、挪用、侵占或质押信托财产保管专用账户内的信托财产，即视为保管人违约。保管人必须将资金归还至信托财产保管专用账户。对信托财产造成损失的，保管人还须承担相应赔偿责任。

（7）按照保管协议的约定，为信托财产单独设立会计账册，对信托财产净值按双方约定的方法进行会计核算和资金清算。

（8）按照保管协议及信托文件的约定定期向受托人出具本信托计划的保管报告。

（9）核实信托财产管理运用中需要由受托人负责的信息披露内

容中与信托资金保管业务相关的财务数据，包括复核信托财产清算报告。

（10）保存保管业务活动的各种交易依据及其他相关资料，保存期为自信托计划终止之日起 15 年。

（11）信托终止后，监督受托人按信托文件的约定进行清算，核实信托收益分配方案中与信托资金保管业务相关的财务数据。

（12）受托人按照保管协议的约定交付给保管人各种书面资料原件时，双方签订接收清单。

信托的保管业务

信托保管业务的基本流程

信托保管业务的基本流程如下：

（1）委托人向信托公司交付信托资金。

（2）信托公司与委托人签订《信托合同》，成立信托计划，信托公司按照监管要求完成备案。

（3）信托公司选择保管信托计划的托管银行，双方签订《保管协议》。

（4）保管人根据协议约定及监管要求，履行保管职责，包括账户开立、资金清算、资产估值和会计核算等。

（5）保管人执行信托公司指令，完成资产投资。

（6）保管人按照信托公司指令，完成本金、收益的划付。

（7）信托公司向委托人返还本金收益，信托计划结束。

信托保管业务的营销

2016 年年末，我国集合资金信托计划的余额为 7.33 万亿元①，

---

① 资料来源：中国信托业协会官方网站。

由于集合信托计划的资金实行保管制，对于托管机构来说，集合信托计划的保管是一个体量巨大的市场。再加上 10.12 万亿元的单一资金信托及 2.76 万亿元的管理财产信托，虽然法规未明确要求进行保管，但也可以纳入保管业务的范畴。

信托公司与商业银行的合作需求是多元化的。一方面，信托计划有保管需求，另一方面，在资金端和资产端，信托公司希望借助银行的渠道优势获取项目、销售产品。因此，当商业银行营销信托保管业务时，如果能提供一揽子服务，将有助于其获取业务合作机会。对于资金端，银行可以通过销售信托计划为信托对接资金，由于信托计划的购买起点较高，一般由私人银行或财富管理部门进行对接。对于资产端，银行可以将无法通过自身信贷业务消化的融资项目推荐给信托公司，信托公司的风险偏好与银行有一定区别，部分项目可以通过信托贷款等形式进行融资。对银行而言，实质上它为客户提供了多元化的融资方式；对信托公司而言，它获得了资产项目，最终在银行进行信托保管，实现共赢。

信托公司的情况

2016 年年末，我国信托总规模达到 20.22 万亿元。信托公司是一项牌照业务，由银监会核准业务牌照。目前，我国的信托公司共有 68 家，具体名单与注册地①如表 5.8 所示。

表 5.8　中国信托公司一览表

序号	信托公司	注册地	序号	信托公司	注册地
1	安徽国元信托有限责任公司	合肥	3	百瑞信托有限责任公司	郑州
2	安信信托股份有限公司	上海	4	北方国际信托股份有限公司	天津

① 资料来源：中国信托业协会官方网站。

序号	信托公司	注册地	序号	信托公司	注册地
5	北京国际信托有限公司	北京	18	杭州工商信托股份有限公司	杭州
6	渤海国际信托股份有限公司	石家庄	19	湖南省信托有限责任公司	长沙
7	长安国际信托股份有限公司	西安	20	华澳国际信托有限公司	上海
8	长城新盛信托有限责任公司	乌鲁木齐	21	华宝信托有限责任公司	上海
9	重庆国际信托股份有限公司	重庆	22	华宸信托有限责任公司	呼和浩特
10	大业信托有限责任公司	广州	23	华能贵诚信托有限公司	贵阳
11	东莞信托有限公司	东莞	24	华融国际信托有限责任公司	乌鲁木齐
12	方正东亚信托有限责任公司	北京	25	华润深国投信托有限公司	深圳
13	光大兴陇信托有限责任公司	兰州	26	华鑫国际信托有限公司	北京
14	广东粤财信托有限公司	广州	27	华信信托股份有限公司	大连
15	国联信托股份有限公司	无锡	28	吉林省信托有限责任公司	长春
16	国民信托有限公司	北京	29	建信信托有限责任公司	合肥
17	国投泰康信托有限公司	北京	30	江苏省国际信托有限责任公司	南京

序号	信托公司	注册地	序号	信托公司	注册地
31	交银国际信托有限公司	武汉	43	万向信托有限公司	杭州
32	昆仑信托有限责任公司	宁波	44	五矿国际信托有限公司	西宁
33	陆家嘴国际信托有限公司	青岛	45	西部信托有限公司	西安
34	平安信托有限责任公司	深圳	46	西藏信托有限公司	拉萨
35	山东省国际信托股份有限公司	济南	47	厦门国际信托有限公司	厦门
36	山西信托股份有限公司	太原	48	新华信托股份有限公司	重庆
37	陕西省国际信托股份有限公司	西安	49	新时代信托股份有限公司	包头
38	上海爱建信托有限责任公司	上海	50	兴业国际信托有限公司	福州
39	上海国际信托有限公司	上海	51	英大国际信托有限责任公司	北京
40	四川信托有限公司	成都	52	云南国际信托有限公司	昆明
41	苏州信托有限公司	苏州	53	浙商金汇信托股份有限公司	杭州
42	天津信托有限责任公司	天津	54	中诚信托有限责任公司	北京

序号	信托公司	注册地	序号	信托公司	注册地
55	中国对外经济贸易信托有限公司	北京	62	中粮信托有限责任公司	北京
56	中国金谷国际信托有限责任公司	北京	63	中融国际信托有限公司	哈尔滨
57	中国民生信托有限公司	北京	64	中泰信托有限责任公司	上海
58	中海信托股份有限公司	上海	65	中铁信托有限责任公司	成都
59	中航信托股份有限公司	南昌	66	中信信托有限责任公司	北京
60	中建投信托有限责任公司	杭州	67	中原信托有限公司	郑州
61	中江国际信托股份有限公司	南昌	68	紫金信托有限责任公司	南京

私募投资基金

私募投资基金产品概述

广义的私募投资基金是相对于公募证券投资基金而言的，是指以非公开方式向投资者募集资金设立的基金，私募基金可投资股票、股权、债券、期货、期权、基金份额及投资合同约定的其他投资标的。广义的私募基金包括证券公司、基金管理公司、期货公司及其子公司从事的私募基金业务。本章所指的私募投资基金主要是指通过非公开渠道募集资金以进行投资活动为目的设立公司或者合伙企业，资产由基金管理人或者普通合伙人管理的基金产品，简称 PE（Private Equity）。

私募投资基金实行备案制。各类私募基金管理人应当根据基金业协会的规定，向基金业协会申请登记，报送工商登记和营业执照、公司章程或者合伙协议、主要股东或者合伙人名单、高级管理人员的基本信息进行备案，基金业协会将通过网站进行公告。各类私募基金募集完毕，私募基金管理人应当根据基金业协会的规定，办理基金备案手续。

截至 2017 年年底，我国私募基金已备案的认缴规模为 10.9 万亿元，在 2017 年曾一度超过了同期公募证券投资基金的总规模。私募基金备案管理人登记数量为 21 836 家，从业人员达 23.38 万人。私募投资基金托管规模的发展变化[①]如图 5.12 所示。

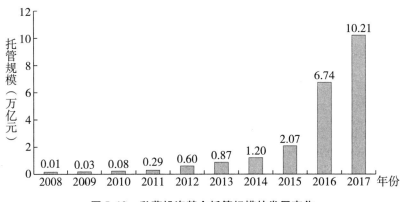

图 5.12　私募投资基金托管规模的发展变化

私募投资基金的分类

按照组织形式分类

按照组织形式的不同，私募投资基金分为公司制基金、有限合伙制基金、契约制基金和信托制基金。

公司制基金是指按照公司形式组建的法人实体，投资者购买公司股份成为股东，由股东大会选出董事会与监事会，再由董事会聘任管理人员来管理基金资产并负责基金的运作，或者直接聘

---

① 资料来源：中国银行业协会官方网站。

请管理公司完成基金的管理与运营。公司制基金在结构上最为稳定，但也存在三个主要弊端：一是公司注册的要求与成本较高；二是公司制私募基金存在双重税负问题；三是管理人仅对公司承担有限责任。

有限合伙制基金是指由投资者和合法管理人以有限合伙的形式共同出资组建的基金。投资者以有限合伙人（Limited Partner，简称LP）身份投入资金并以出资额为限承担有限责任，基金管理人则以少量资金介入成为普通合伙人（General Partner，简称GP）并承担无限责任。投资者只负责出资，基金管理人负责基金的专业管理运作，并按合伙协议收取管理费。有限合伙制基金的优势在于将资本与能力有机结合，实现了富人出资、能人出力，同时合伙企业不需要双重征税，因此有限合伙制也是私募基金目前的主导模式。国际上著名的黑石集团（Blackston）、凯雷集团（Carlyle Group）、3i集团(3i Group)，中国的弘毅投资、鼎晖投资等私募基金都采用了有限合伙这种组织形式。

契约制基金是指基于一定的契约原理，通过合同、协议等契约组织起来的私募基金。管理人通过签署协议，为投资者提供投资理财服务。契约制基金的优点是操作上一事一议，能够合理节税，缺点是契约关系不够稳定，投资者可能退出。目前，证券投资类的私募基金采用契约制组织形式的较多，而股权投资类的私募基金采用契约制组织形式的相对较少。

信托制基金是指由具有特定资质的信托公司成立的私募基金，其本质是信托计划，投资者可以向该信托计划投资。信托公司一般不直接负责基金管理，而是委托专门的基金管理人负责，基金管理人收取管理费和业绩提成。由于信托制基金本质上是以信托为载体，受到相应的金融监管，规范性较高。但由于加入了信托这一层法律关系，相关费用也随之提高。

按照投资方向分类

根据中国基金业协会对私募基金的备案指导①，可将私募基金分为 4 个大类、8 个细类，4 个大类分别为私募证券类、私募股权类、创投基金类和其他基金类，其中每个大类包括两个细类，8 个细类具体如下。

（1）私募证券投资基金。

私募证券投资基金，主要投资公开交易的股份有限公司的股票、债券、期货、期权、基金份额以及证监会规定的其他证券及其衍生品种，包括权益类基金、固收类基金、混合类基金、期货类及其他衍生品类基金、其他类基金。

（2）私募证券类 FOF。

私募证券类 FOF 是指主要投资证券类私募基金、信托计划、证券公司资产管理、基金专户等资产管理计划的私募基金。

（3）私募股权投资基金。

私募股权投资基金，主要投资非公开交易的企业股权，包括并购基金、房地产基金、基础设施基金、上市公司定增基金及其他类基金。

（4）私募股权投资类 FOF。

私募股权投资类 FOF 是指主要投向私募基金、信托计划、证券公司资产管理、基金专户等资产管理计划的私募基金。

（5）创业投资基金。

创业投资基金是指主要对处于创业各阶段的未上市成长性企业进行股权投资的基金（新三板挂牌企业视为未上市企业）。

---

① 分类标准依据 2016 年中国基金业协会发布的《关于资产管理业务综合报送平台上线运行相关安排的说明》和《有关私募投资基金"业务类型/基金类型"和"产品类型"的说明》。

（6）创业投资类 FOF

创业投资类 FOF 是指主要投资创投类私募基金、信托计划、证券公司资产管理、基金专户等资产管理计划的私募基金。

（7）其他私募投资基金

其他私募投资基金是指投资除证券及其衍生品和股权以外的其他领域的基金，包括红酒、艺术品等商品基金和其他类基金。

（8）其他私募投资类 FOF

其他私募投资类 FOF 是指主要投向其他类私募基金、信托计划、证券公司资产管理、基金专户等资产管理计划的私募基金。

私募股权投资基金细分

按照美国风险投资协会（National Venture Capital Association，简称 NVCA）的定义，私募股权投资基金可以分为风险投资、并购基金、夹层基金和 FOF 4 个细分类别。

（1）风险投资。

风险投资在我国被称为"创业投资"，主要投资对象是不具备上市资格的小型的、新兴的或未成熟的高新技术企业，通过注入资金促进被投公司发展，而不是为了控股。投资周期一般为 5～7 年，退出方式一般是被投企业上市或股权转让。风险投资与天使投资有显著区别，天使投资是个人或者投资联合体以自有资金对感兴趣的企业进行投资，其投资成本较低，一般被投企业的规模较小。此外，天使投资是自有资金，风险投资基金是集合投资基金。

（2）并购基金。

并购基金是指专门从事收购、并购业务的基金。并购基金投资已有的公司，而不是创建新公司。并购基金追求对被投资企业拥有一定控制权，参与其决策管理。并购基金比较偏向已经形成一定规模和产生稳定现金流的成熟企业，而不是新兴的高新技术企业，这一点与风险投资基金不同。投资期限为 3～5 年或者更长，流动性差。退出方式包括 IPO、出售、兼并收购、管理层回购、清算等。

（3）夹层基金。

夹层基金的本质是一种借贷资金，夹层融资与普通贷款类似，但是在企业的偿债顺序位于普通贷款之后，股权之前，属于次级债权。其具体形式可以是次级贷款，也可以是可转换票据或者优先股。夹层基金的还款期限一般为 5 ~ 7 年，退出的确定性较大。夹层基金的收益包括三种：一是现金票息，高于相关银行间利率；二是还款溢价；三是股权激励。

（4）FOF。

FOF 是基金中基金，即本身不直接投资企业或项目，而是专注投资其他基金，并获得回报。私募股权基金的门槛较高，最低需要100 万元，部分排名靠前的基金可能需要 500 万元甚至 2 000 万元，同时其风险比较集中。对于个人或中小型机构而言，投资私募基金的资金成本和风险过高，这时可以选择 FOF。FOF 集合了众多投资者的资金后，再去投资其他的私募基金，这样不但可以分散风险，还可以降低投资成本。

私募投资基金的当事人关系

不同组织形式的私募投资基金的当事人关系不同，但托管人的角色基本是一样的。目前，在全球范围内，私募投资基金尤其是股权投资基金，大多以合伙制为主，因此以合伙制股权投资基金为例绘制了私募投资基金当事人的关系图（见图 5.13）。

基金投资者

私募基金的投资者一般是指有资格的机构投资者或者富裕的个人投资者。证监会颁布的《私募投资基金监督管理暂行办法》第十二条规定，私募基金的合格投资者是指具备相应风险识别能力和风险承担能力，投资于单只私募基金的金额不低于 100 万元，且净资

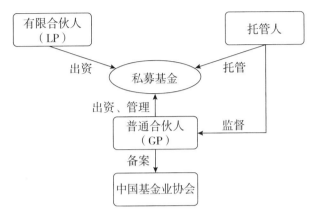

图 5.13 合伙制股权投资基金的当事人关系

产不低于 1 000 万元的单位或者金融资产不低于 300 万元或最近 3 年个人年均收入不低于 50 万元的个人。第十三条规定，下列投资者视为合格投资者：一是社会保障基金、企业年金等养老基金，慈善基金等社会公益基金；二是依法设立并在中国证券投资基金业协会备案的投资计划；三是投资于所管理私募基金的私募基金管理人及其从业人员；四是证监会规定的其他投资者。

基金管理人

私募基金的管理人是指具体负责基金运作和管理的团队。有些管理人是专门的私募基金管理公司，也有一些管理人是金融机构下属的投资公司或者下设的部门。在有限合伙制基金中，基金管理人也被称为普通合伙人。普通合伙人负责基金的投资、运作和管理，需要对企业债务承担连带责任。这是与有限合伙人的主要区别。

基金托管人

私募基金的托管人具体负责私募基金的托管业务，托管人的职责详见下文。

被投资企业

被投资企业是指向私募基金进行股权或债权融资的企业，是资金的实际需求者和使用者。

中介机构

中介机构在私募基金的运作中发挥了一定的作用，这些机构包括财富管理机构、行政外包管理机构、会计师事务所、律师事务所等。其中，行政外包管理机构也可以由符合条件的托管机构担任。

私募投资基金托管人的职责

私募投资基金托管人的权利

私募投资基金托管人的权利包括：

（1）根据托管协议的约定，行使对基金总资产的保管权和划拨权。

（2）根据托管协议的约定监督基金管理人的投资运作。

（3）根据托管协议的约定按期收取托管费。

（4）托管人有权检查私募基金管理人履行托管协议的情况，如发现管理人有违反法律法规或托管协议约定的行为，托管人有权停止执行划款指令并向监管部门报告。

私募投资基金托管人的义务

私募投资基金托管人的义务包括：

（1）按照托管协议的约定履行托管职责。

（2）以诚实信用、勤勉尽责的原则托管私募投资基金财产。

（3）确保私募基金管理人和托管人的自有资产及托管人托管的其他资产相互独立。

（4）未经基金管理人书面许可，托管人不得将所托管的私募投资基金转托给第三人进行托管。

（5）按照托管协议的约定，执行私募基金管理人的划款指令书，按时办理资金划付，不得不合理延误。

（6）按照托管协议的约定，定期向私募基金管理人出具私募基金报告期内资金往来和资产情况的书面报告。每个会计年度编制并向基金管理人出具上一会计年度私募基金报告期内资金台账和会计台账的书面报告。

（7）按照相关法律法规的规定妥善保存保管业务相关的记录和交易依据等资料。

（8）托管人出现财务状况严重恶化等影响保管职责正常履行的情况时，应提前通知基金管理人。

私募投资基金托管业务

私募投资基金托管业务的基本流程

私募投资基金托管业务的基本流程如下：

（1）托管人与私募基金达成合作意向，签署相应的财产保管协议。

（2）私募基金向中国证券投资基金业协会备案。

（3）私募基金产品成立。

（4）私募基金管理人按照合同约定进行投资运作。

（5）托管人按照托管协议约定履行清算、估值、核算和监督职责。

私募投资基金托管业务的营销

私募基金托管是一项综合收益较高的产品，除可以为托管银行实现托管业务收入外，还对带动一般性存款有重要作用。由于私募基金不属于金融机构，因此其存款的性质为一般性存款，是商业银行主要的经营指标之一。

从业务拓展与营销的角度来看，私募基金的客户来源主要包括以下几类：

（1）私募基金管理人，管理人负责管理私募基金，是私募基金营销最直接的客户。

（2）政府部门，包括各级财政部门、发展改革委员会、科技部门以及金融部门等，政府部门可以发起设立政府引导基金、产业（创业）投资基金以及PPP（政府和社会资本合作）基金。

（3）金融机构，包括获得私募基金牌照的商业银行、证券公司、信托公司、保险公司（及保险资产管理公司）和政策性银行，这些机构也可以发行和管理私募基金。

（4）大型企业集团，包括上市公司、行业龙头企业、中央企业集团和其他新兴产业的企业集团，这些机构拥有丰富的资源，对于上市、股权交易、并购等业务的需求较多，会涉及很多私募基金业务。

私募投资基金托管业务的风险

私募投资基金托管业务面临的声誉风险主要是指由于私募管理人宣传不当、投资者教育不到位，客观上造成托管机构为私募产品进行了信用背书，虽然托管银行实质上不承担投资风险，但当私募产品出现兑付危机且投资者受到误导时，存在托管机构受到牵连，甚至引发群体性事件等不可控情况的风险隐患。

由于私募基金行业的准入门槛较低、增长较快，在发展的同时势必会出现一定的风险积聚。随着监管体系的日趋完善，行业规范程度已经显著提升。但作为托管机构，在积极分享私募行业发展红利的同时，仍须关注以声誉风险为首的各类业务风险，秉持审慎态度，依靠专业能力，稳健把握私募行业的发展机遇。

保险资产

保险资产概述

保险与银行、证券并列为金融行业的三大支柱，是现代金融市场的重要组成部分，在社会发展过程中扮演了重要角色。我国的保险公司分为财产保险公司和人身保险公司两大类，同时也包括再保险公司和保险中介机构。截至 2016 年，财产保险公司共有 67 家，其中中资公司 45 家，外资公司 22 家；人身保险公司共有 73 家，其中中资公司 45 家，外资公司 28 家。保险中介机构共有 2 546 家，其中保险专业代理机构 1 764 家，保险经纪机构 445 家，保险公估机构 337 家。①

保险本身是一种风险转嫁机制，通过保险将众多单位和个人的资金结合起来，将个体对应风险转化为共同对应风险，从而提高对风险损失的承受能力，为个体分散风险、分摊损失。这种汇集基金的机制使保险业聚集大量的个体投保资金，从而衍生出保险资产管理市场。保险资产管理是指保险公司作为委托人，将保险资产委托给专业投资管理机构实施投资运作，并由独立第三方进行托管的一种资产管理机制。2003 年以来，保监会开始推广保险资产委托管理，目前很多保险公司都下设了保险资产管理子公司，专门负责保险资产的管理运作。

保险资产托管业务是指由获得保险托管业务牌照的托管人，接受保险资产委托人的委托，与保险公司签署托管协议，并按照相关法律法规和托管协议的约定，对保险资产履行托管职责的业务。2004 年，保监会发布了《保险资金运用风险控制指引（试行）》，其

---

① 资料来源：保监会、中国保险业协会官方网站。

中明确规定"保险公司应建立第三方托管机制。保险公司选择托管机构应对其信用状况、清算能力、账户管理能力、风险管理能力和绩效评估能力等进行严格的考核,托管机构的资格应符合保监会的有关规定"。同年 10 月,保监会与银监会联合发布了《中国保监会 中国银监会关于规范保险资产托管业务的通知》,规范了保险资产托管的具体内容。保险资产托管业务在近十年获得了快速稳定的发展,规模不断增长,2015 年托管总规模突破 10 万亿元,截至 2017 年年末已达到 17.58 万亿元。保险资产托管规模的发展变化①如图 5.14 所示。

图 5.14 保险资产托管规模的发展变化

保险资产分类

商业保险产品分类

我国的商业保险包括两个大类:财产保险(简称"产险")和人身保险(简称"寿险")。在产险和寿险的范畴下,又可做进一步细分,详见表 5.9。

---

① 资料来源:中国银行业协会官方网站。

表 5.9　保险产品的分类

分类	子类	细类	举例
财产保险	财产损失保险	财产险	家庭财产保险
		货物运输保险	快递险
		运输工具保险	机动车辆保险
		农业保险	种植业自然灾害保险
		工程保险	建筑工程一切险
	责任保险		公众责任保险 第三者责任险
	信用保证保险		出口信用保险 合同保证保险
人身保险	人寿保险		定期寿险 终身寿险
	人身意外伤害保险		旅行意外伤害保险 航空意外伤害保险
	健康保险		重疾保险 住院医疗保险

保险资金运用模式分类

根据投资管理人的不同，我国保险公司的资金运用模式可以分为三种：自营投资、集团内委托投资和第三方委托投资，具体见图 5.15。

自营投资是指保险公司在内部设立投资部门运作资金的投资管理模式。在该模式下，保险公司的投资决策和操作执行均由自身负责，公司便于掌握和监督投资的各个环节，运作风险较小，且运作效率较高。中型寿险公司一般使用该种投资模式。该模式是保险业投资运作的传统方式。随着金融市场的不断发展，其不足之处也逐渐显现。一方面，该模式不能完全满足复杂多变的投资活动的要求；

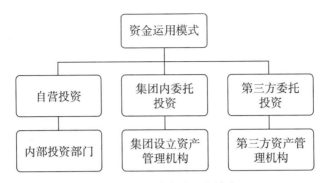

图 5.15　保险资金运用模式

另一方面，仅依靠内部投资缺乏竞争性，很容易出现配置品种过分集中、不能有效分散风险、投资收益率不理想等现象。

集团内委托投资是指保险公司自身设立专门的资产管理公司，对保险资金进行投资运作的模式。在该模式下，各子公司可以分别将资金委托给集团内资产管理公司，商定投资计划并进行沟通协调，也可以将资金上缴用来集中统筹规划，由集团管理层和专业委员会统一负责制订投资指引、协调负债方与资产方的业务决策和组织流程、调整投资政策及风险管理策略等事项。大型保险公司和保险集团由于资金量大，资产管理能力较强，一般会使用这种方式。该模式具有一些显著优势，能够在提高资金运用效率、控制风险等方面发挥巨大功效，为保持稳健的财务状况和提高盈利能力提供保障。

第三方委托投资模式是指保险公司将资金委托给外部专业机构进行投资运作的模式。在该模式下，保险公司需与资产管理及相关机构签订详尽的合同，明确投资要求。目前，第三方委托模式主要由基金公司、证券公司和保险集团旗下大型综合性的资产管理公司作为受托管理人。

按保险资产的投资标的分类

按投资标的不同，保险资产可以分为固定收益投资类、权益投资类、不动产投资类、债权投资类、股权投资类及保险公司的流动性资产和其他金融资产。

保险资产管理业务的当事人关系

保险资产管理业务的当事人关系如图 5.16 所示。

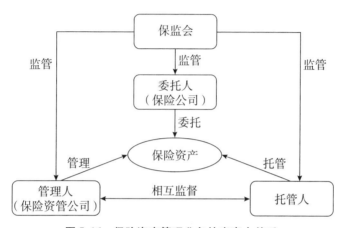

图 5.16　保险资产管理业务的当事人关系

资产管理对于保险公司而言是一项重要的业务，保险公司通过承保汇集的保险资金需要进行专业的投资，一方面实现资产保值增值，成为公司的盈利；另一方面也是为未来可能发生的理赔准备足额资金。保险公司自身可以直接担任资产管理人角色，由下设的资产管理部门直接负责保险资产的投资运作，但规模和体量较大的保险公司或集团，大多开始委托专业的保险资产管理公司进行资产管理。

对于保险公司自身直接进行投资运作的情况，托管业务的当事人只有管理人和托管人两方。对于保险公司将资产委托给保险资产管理公司进行投资管理的情况，则涉及三方当事人，委托人是保险公司或集团，管理人是保险资产管理公司，托管人是具备保险托管业务资格的商业银行。

保险资产托管人的职责

保险资产托管人的权利

保险资产托管人的权利包括：

（1）依据托管协议的规定监督保险资产管理人的投资运作，发现保险资产管理人存在违法、违规、违反有关协议约定或异常投资行为时，根据保监会资产托管的相关规定处理，应当及时予以提示，必要时向保监会报告。

（2）按照托管协议的有关规定及时、足额收取托管费。

（3）国家有关法律法规、监管机构规定的其他权利。

保险资产托管人的义务

保险资产托管人的义务包括：

（1）建立健全相关内部管理制度和风险控制制度，防范托管风险，按托管协议的要求安全保管保险资产，核对账务与实物一致，确保托管资产安全和完整。

（2）保证所托管的保险资产和保险资产托管人自有资产、保险资产托管人托管的其他资产之间相互独立；保证本保险资产在账户设置、资金清算、会计核算、账册记录等方面的独立性。

（3）未经保险资产管理人书面许可，保险资产托管人对托管资产不得转由第三人进行托管。

（4）接受保险资产管理人对本保险资产托管业务的监督。

（5）以诚实守信、勤勉尽责的原则托管保险资产，不得挪用托管的保险资产，不得将托管的保险资产与自有资产混合管理；不得将托管的保险资产与其他机构的托管资产混合管理；不得将不同保险公司托管的资产混合管理；不得利用托管资产及相关信息为自己或者他人谋利。

（6）监督保险资产管理人及其投资管理人按有关法律法规的规定进行投资运作，审核、执行保险资产管理人的投资清算指令，及时办理本保险资产名下相关的清算交割、资金往来。

（7）除依据托管协议发出的指令或托管协议另有规定外，保险资产托管人不得动用或处分本保险资产；不得利用托管的资产及相关信息为自己或者他人谋利。

（8）依据托管协议规定的时限和方法保存与保险资产有关的会计账册、凭证、印鉴、记录、密码、重要协议等重要文件，从合同生效起完整保存本保险资产的会计档案15年以上。

（9）承担因自身过错给保险资产管理人造成的全部直接损失。

（10）每月编制并向保险资产管理人出具资产托管业务月度报告；每半年向保险资产管理人出具资产托管半年度报告；每年度向保险资产管理人出具资产托管年度报告。

（11）对保险资产进行会计核算、资产估值，计算有关财务信息并编制会计报告。

（12）根据保监会的监管要求，向保监会报送托管资产的相关数据，确保所提供数据、信息的准确、真实和完整，并确保所提供报告不存在虚假记载、误导性陈述或者重大遗漏。

（13）保险资产托管人应当在保险资产管理人向保监会上报资金运用相关报表或报告之前，复核该报表或报告的资产托管相关内容。

（14）接受并积极配合保监会对保险资产托管人资产托管情况的监督检查，并接受和积极配合保险资产管理人对保险资产托管人资产托管情况的监督。

（15）相关法律法规和保监会规定的其他义务。

保险资产托管业务

保险资产托管业务的基本流程

保险资产托管业务的基本流程如下：

（1）保险公司（或保险资产管理公司）与托管人签署托管协议。

（2）保险公司（或保险资产管理公司）将产品报保监会备案。

（3）保监会对产品进行核准发行的批复。

（4）托管银行为保险产品开立托管账户。

（5）保险公司（或保险资产管理公司）向托管银行下达投资指令进行保险资金的投资运作。

（6）托管银行执行保险公司的指令，并对保险资金履行运作、清算、核算和投资监督义务。

保险资产托管业务的营销

保险资产托管业务规模庞大，能够带动一般性存款沉淀，对于托管银行而言，业务综合价值非常明显。保险资产托管业务的具体模式可以分为保险资金投资托管、保险资产管理公司资产管理产品托管及保险专业中介注册资本托管三种模式。

第一种模式：保险资金投资托管。保险机构通常会选取若干家托管银行托管其保险资金，但出于管理便利等因素的考虑，托管银行的数量一般较少，多为 1～3 家。与公募证券投资基金相似，保险资金的托管与保险的销售常常作为对价资源，由保险公司和托管银行合作互换标的。因此，大型保险公司的托管业务大多集中在具有销售优势的"五大行"。

第二种模式：保险资产管理公司资产管理产品托管。在这种模式下，托管银行可直接对保险资产管理公司进行营销，争取保险资产管理产品与项目的托管。同时，也可以根据保险资金投资要求，通过项目推介、担保增信或贷款承接等多种方式，争取保险资金的托管营销。

第三种模式：保险专业中介注册资本托管。保监会于 2016 年出台了《中国保监会关于做好保险专业中介业务许可工作的通知》，明确保险中介注册金需托管在商业银行。截至 2016 年年底，全国已取得许可的保险代理及保险中介机构共计 2 500 余家，注册资本总计约 250 亿元。托管银行可以直接对保险专业中介机构开展营销，进行保险专业中介注册资本的托管。

企业年金与职业年金

企业年金与职业年金概述

企业年金是指企业及其职工在依法参加基本养老保险的基础上，依据国家政策和本企业的经济状况，经过必要的民主决策程序建立的，享受国家税优支持的养老保障计划。

职业年金是指机关事业单位及其工作人员在参加机关事业单位基本养老保险的基础上，建立的补充养老保险制度。

近年来，在国家政策的大力推进下，我国已经基本建立了由基本养老保险制度、年金补充养老制度及个人储蓄性养老保险组成的社会养老保障的三大支柱体系（见图 5.17）。年金制度是对国家基本养老保险的重要补充，是我国正在完善的城镇职工养老保险体系的"第二支柱"。在实行现代社会保险制度的国家中，企业年金已经成为一种较为普遍实行的企业补充养老金计划，又被称为"企业退休金计划"或"职业养老金计划"，是所在国养老保险制度的重要组成部分。中华人民共和国劳动和社会保障部令第 20 号《企业年金试行办法》于 2004 年 5 月 1 日起施行。机关事业单位自 2014 年 10 月 1 日起开始实施职业年金制度，《国务院办公厅关于印发机关事业单位职业年金办法的通知》于 2015 年 4 月 6 日正式发布。

年金制度不仅是职工退休生活保障的重要补充形式，也是调动职工积极性，吸引高素质人才，稳定职工队伍，增强单位竞争力和凝聚力的重要手段。企业年金与职业年金的主要作用和功能可以概

图 5.17　社会养老保障的三大支柱体系

括为以下四个方面。

一是补充养老。从本质上看，年金是职工工资的延期支付，这种延期支付的目的是为未来的退休养老做准备，以避免基本养老保险不足时所带来的生活水平的下降。从这个意义上来看，年金实际上是一种补充养老保险，宏观上还具有缓解国家财政压力的作用。

二是福利激励。年金的实质是将职工现期的一部分工资转移到退休后，对于企事业单位来说，将年金作为人力资源管理的一种手段或工具，可以给予职工薪酬福利方面的激励，提高职工工作效率和积极性，稳定单位劳动力队伍。另一方面，也可以用来吸引和留住一些优秀的管理和技术人才，提高单位的综合实力。

三是合理避税。从企业年金的发展历史来看，世界各国都给予企业年金一定的税收优惠。我国现行的税收法律制度中对企业年金有一定的税收优惠。从政策导向的预期来看，政府未来对实施年金的单位缴费、个人缴费及年金基金的投资受益均给予税收优惠是一个必然的趋势。

四是资源配置。年金资产一般会以基金方式进入金融资本市场，通过从分散的个体汇聚基金，实现跨越时间、空间和产业的经济资源转移。通过资源转移机制，个人可以使资源在生命周期中最优化分布，资源可以被最优地配置到最有效率的用途上。企业年金基金是许多国家长期资本的一个主要来源，基金的投资相对自由，能够产生更高的收益，优化资金配置，职业年金基金同样也具备这一功能。

企业年金与职业年金的运作模式

企业年金与职业年金可以分为缴费确定和待遇确定两种类型。

缴费确定（DC 计划）是通过建立个人账户的方式，由企业和职工定期按一定比例缴纳保险费（其中，职工个人少缴或不缴），职工退休时的企业年金水平取决于资金积累规模及其投资收益。缴费确定的主要特征是：

（1）简便易行，透明度较高。

（2）缴费水平可以根据企业经济状况做适当调整。

（3）企业与职工缴纳的保险费免予征税，其投资收入予以减免税优惠。

（4）职工个人承担有关投资风险，企业原则上不负担超过定期缴费以外的保险金给付义务。

缴费确定的主要优点是：

（1）简便灵活，企业不承担将来提供确定数额的养老金义务，只需按预先测算的养老金数额规定一定的缴费率，也不承担精算责任，精算由人寿保险公司负责。

（2）养老金计入个人账户，对职工有很强的吸引力，一旦参加者在退休前终止养老金计划，就可以对其账户余额的处置具有广泛选择权。

（3）本计划的企业年金不必参加养老金计划终止的再保险，当职工遇到重大经济困难时，可以随时终止养老金计划，无须承担任何责任。

缴费确定的主要不足是：

（1）职工退休时的养老金取决于其个人账户中的养老金数额，参加养老金计划的不同年龄的雇员退休后得到的养老金水平相差较大。

（2）个人账户中的养老金受投资环境和通货膨胀的影响较大，在持续通货膨胀、投资收益不佳的情况下，养老金难以保值增值。

（3）鼓励职工在退休时一次性领取养老金，终止养老保险关系，但因为一次性领取数额较大，所得税较高。

（4）养老金与社会保障计划的养老金完全脱钩，容易出现不同人员的养老金替代率偏高或偏低。

待遇确定（DB 计划）是指当职工退休时，按照在该企业工作年限的长短，从经办机构领取相当于其在业期间工资收入一定比例的养老金。待遇确定的缴费不确定，无论缴费多少，职工退休时的待遇是确定的。参加待遇确定计划的职工退休时，领取的养老金额与职工工资收入的高低和职工的工作年限有关。具体计算公式是：

职工养老金额＝若干年的平均工资×系数×工作年限。

待遇确定的主要特征是：

（1）通过确定一定的收入替代率，保障职工获得稳定的企业年金。

（2）基金的积累规模和水平随工资的增长幅度而调整。

（3）企业承担因无法预测的社会经济变化引起的企业年金收入波动风险。

（4）一般规定享有资格和条件，大部分企业规定工作必须满10年，达不到则不能享受，达到条件的，每年享受的养老金额还有最低限额和最高限额的规定。

（5）该计划中的养老金，雇员退休前不能支取，流动后也不能转移，退休前或退休后死亡的，不再向家属提供，但给付家属一定数额的一次性抚恤金。

缴费确定和待遇确定相比较，缴费确定的保险金给付水平最终取决于积累基金的规模和基金的投资收益，职工要承担年金基金投资风险；待遇确定的保险金给付水平取决于职工退休前的工资水平和工作年限，在没有全面建立起物价指数调节机制前，会面临通货膨胀的威胁。对缴费确定而言，只有当资本交易市场完善，有多样化的投资产品可供选择时，年金资产管理公司才能有既定收益，保证对年金持有人给付养老金和兑现投资收益；而待遇确定更适应资本市场不够完善的国家。从国际发展趋势来看，缴费确定已经成为国际上企业年金计划的主流方案。

企业年金与职业年金的当事人关系

企业年金与职业年金的当事人关系如图 5.18 所示。

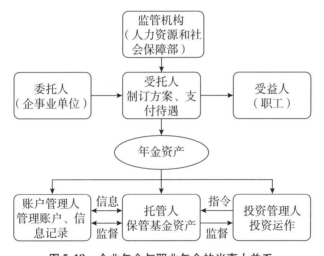

图 5.18　企业年金与职业年金的当事人关系

年金基金的当事人包括受托人、账户管理人、托管人及投资管理人。一个年金计划应当仅有一个受托人、一个账户管理人和一个托管人，可以根据资产规模大小选择适量的投资管理人。以企业年金为例，同一企业年金计划中，受托人与托管人、托管人与投资管理人不得为同一人；建立企业年金计划的企业成立企业年金理事会作为受托人的，该企业与托管人不得为同一人；受托人与托管人、托管人与投资管理人、投资管理人与其他投资管理人的总经理和企业年金从业人员，不得相互兼任。同一企业年金计划中，法人受托机构具备账户管理或者投资管理业务资格的，可以兼任账户管理人或者投资管理人。

受托人

受托人是指受托管理年金基金的符合国家规定的养老金管理公司等法人受托机构或者年金理事会。受托人负责选择、监督、更换账户管理人、托管人、投资管理人；负责制订年金基金战略资产配置策略；负责根据合同对年金基金管理进行监督；负责根据合同收取企业和职工缴费，向受益人支付年金待遇，并在合同中约定具体的履行方式；负责接受委托人查询，定期向委托人提交年金基金管理和财务会计报告；并负责保存与年金基金管理有关的记录。

受益人

受益人是指参加年金计划并享有受益权的企事业单位职工。

账户管理人

账户管理人是指接受受托人委托管理年金基金账户的专业机构。账户管理人负责建立年金基金单位账户和个人账户；负责记录企业、职工缴费及年金基金投资收益；负责定期与托管人核对缴费数据及年金基金账户财产的变化状况，及时将核对结果提交给受托人；负责计算年金待遇；负责向企业和受益人提供年金基金企业账户和个人账户信息查询服务；向受益人提供年度权益报告；负责定期向受托人提交账户管理数据等信息及年金基金账户管理报告；定期向有关监管部门提交开展年金基金账户管理业务情况的报告；负责保存年金基金账户管理档案。

托管人

托管人是指接受受托人委托保管年金基金财产的商业银行。托管人负责安全保管年金基金财产；负责以年金基金名义开设基金财产的资金账户和证券账户；负责对所托管的不同年金基金财产分别设置账户，确保基金财产的完整和独立；负责根据受托人指令，向投资管理人分配年金基金财产；负责及时办理清算交割事宜；负责年金基金会计核算和估值，复核、审查和确认投资管理人计算的基金财产净值；负责根据受托人指令，向受益人发放年金待遇；负责定期与账户管理人、投资管理人核对有关数据；负责按照规定监督投资管理人的投资运作，并定期向受托人报告投资监督情况；负责定期向受托人提交年金基金托管和财务会计报告；定期向有关监管部门提交开展年金基金托管业务情况的报告；负责保存年金基金托管业务的活动记录、账册、报表和其他相关资料。

投资管理人

投资管理人是指接受受托人委托投资管理年金基金财产的专业机构。投资管理人负责对年金基金财产进行投资；负责及时与托管人核对年金基金会计核算和估值结果；负责建立年金基金投资管理风险准备金；负责定期向受托人提交年金基金投资管理报告；定期向有关监管部门提交开展年金基金投资管理业务情况的报告；负责根据国家规定保存年金基金财产的会计凭证、会计账簿、年度财务会计报告和投资记录。

企业年金与职业年金的托管业务

年金托管业务的基本流程

年金托管业务的基本流程如图 5.19 所示。

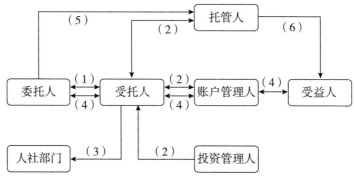

图 5.19　年金托管业务的基本流程

（1）委托人（企事业单位和职工）与受托人签署受托合同。

（2）受托人与具有年金业务牌照的托管人、账户管理人、投资管理人分别签署合同，各管理人履行相应职责。

（3）受托人将年金方案、合同在当地人力资源社会保障部门备案。

（4）年金运营以受托人为核心，在各管理人之间进行运营信息传输。

（5）单位缴费直接进入托管人开立的年金受托专用账户。

（6）由托管人向受益人支付养老金。

年金托管业务的营销

年金托管业务的市场竞争非常激烈，尤其是优质企业的企业年金及机关事业单位的职业年金，都是各家托管银行争夺的对象。

对于企业年金而言，营销的主要对象有两类，一是拟建立或已建立企业年金制度的企业，二是接受企业委托管理企业年金基金的受托人，包括企业年金理事会和法人受托机构。在企业内部，负责企业年金工作的主要部门一般是人力资源部门、财务部门和工会等。

对于职业年金而言，可通过协助各省市人社部门制订职业年金方案、举办职业年金客户活动等服务方式争取职业年金管理机构入围资格，同时可对教育、卫生、文化、民政、机关事务管理局等事业单位开展营销。

年金业务的增值服务

年金业务涉及企事业单位职工的养老钱，年金的托管是一项与企事业单位长期合作的业务，其营销不是简单的一次性合作，大多建立在既有深入合作的基础上。对于尚未开展其他业务合作的机构，如果能够通过年金业务切入，则可以与委托人在其他业务上继续开展深入合作。

托管银行在竞争中仅依靠同质化的服务一般很难脱颖而出，除了基础服务外，年金业务的委托人和受托人往往更看重增值服务。目前，市场上主流的增值服务包括以下几项。

（1）年金余额查询服务。

为员工提供方便的年金余额查询服务，对于企事业单位而言无疑是一项实用而有效的增值服务。不少账户管理人与托管人都提供了年金余额查询服务，多数是通过网银实现的，少数机构也提供了电话查询服务。中信银行开发了微信查询年金余额服务，是行业内第一家提供微信绑定账户与查询功能的银行。

（2）年金方案量身定制服务。

由于各企事业单位存在较大差异，每个单位的年金方案各不相同。为方便客户设计年金计划，提供量身定制的年金服务方案，并提供相应的政策信息、市场信息和基金管理方式、缴费归集、待遇支付的咨询服务与建议，是前期营销过程中重要的增值服务。

（3）绩效评估服务。

年金业务投资管理人的主要工作是通过投资运作实现年金资产的增值，但企事业单位及其职工没有专业知识与充分的时间和精力对年金投资运作的情况进行评估。作为托管人，同时具有专业知识和大数据样本，最适合对年金投资管理人的投资运作进行绩效评估。

通常，托管人会采用国际上较成熟的单因素整体绩效评估模型，主要包括三类：一是詹森指数（Jensen Ratio）模型；二是夏普指数（Sharpe Ratio）模型；三是特雷诺指数（Treynor Ratio）模型。

（4）报告定制服务。

按照客户的需求，提供企业年金与职业年金业务相关的各类报告定制服务。

全国社会保障基金

全国社会保障基金概述

全国社会保障基金是指于 2000 年 8 月经党中央批准，由国务院设立的，作为国家社会保障储备的基金，专用于中国人口老龄化高峰时期养老保险等社会保障支出的补充、调剂。全国社会保障基金由全国社会保障基金理事会负责管理运营，资金由中央财政预算划拨、国有资本划转、基金投资收益和国务院批准的其他方式筹集的资金构成。截至 2016 年年末，基金规模达到 20 427.55 亿元。

全国社会保障基金的当事人关系

全国社会保障基金的当事人关系如图 5.20 所示。

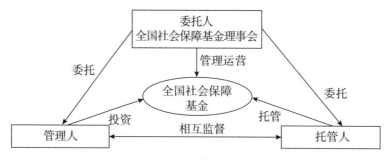

图 5.20 全国社会保障基金的当事人关系

委托人

全国社会保障基金理事会负责全国社会保障基金的管理运营。全国社会保障基金理事会负责选择符合法定条件的专业投资管理机构、专业托管机构分别担任全国社会保障基金的投资管理人、托管人。全国社会保障基金理事会投资运营全国社会保障基金，应当坚持安全性、收益性和长期性原则，在国务院批准的固定收益类、股票类和未上市股权类等资产种类及其比例幅度内合理配置资产。

管理人

全国社会保障基金投资管理人负责运用全国社会保障基金进行投资，按照规定提取全国社会保障基金投资管理风险准备金，并向全国社会保障基金理事会报告投资情况。

托管人

全国社会保障基金托管人负责安全保管全国社会保障基金财产，并根据投资管理人的投资指令，及时办理清算交割等工作。

全国社会保障基金托管人的职责

全国社会保障基金托管人的职责包括：

（1）安全保管全国社会保障基金财产。

（2）按照托管合同的约定，根据全国社会保障基金投资管理人的投资指令，及时办理清算交割事宜。

（3）按照规定和托管合同的约定，监督全国社会保障基金投资管理人的投资。

（4）执行全国社会保障基金理事会的指令，并报告托管情况。

（5）法律、行政法规和国务院有关部门规章规定的其他职责。

全国社会保障基金托管人不得有下列行为：

（1）将全国社会保障基金财产混同于其他财产投资、保管。

（2）泄露因职务便利获取的全国社会保障基金未公开的信息，利用该信息从事或者明示、暗示他人从事相关交易活动。

（3）法律、行政法规和国务院有关部门规章禁止的其他行为。

QDII 跨境产品

QDII 相关产品概述

QDII（Qualified Domestic Institutional Investor）即合格境内机构投资者，是指经证监会批准在中华人民共和国境内募集资金、运用所募集的部分或者全部资金以资产组合方式进行境外证券投资管理的境内基金管理公司和证券公司等证券经营机构。

证监会和国家外汇管理局依法按照各自职能对境内机构投资者境外证券投资实施监督管理，证监会负责 QDII 资格的审批及牌照发放，国家外汇管理局负责 QDII 投资额度的核准。QDII 目前的机构类别包括商业银行、证券公司、保险机构（保险公司和保险资产管理公司）及信托公司四大类，截至 2017 年 5 月末，具备 QDII 牌照的机构数量为 132 家，累计获得的 QDII 投资额度为 899.93 亿美元，具体如表5.10 所示[①]。

表 5.10 QDII 数量与额度

QDII 类别	QDII 数量	QDII 额度（亿美元）
商业银行	30	138.40
证券公司	48	375.50
保险机构	40	308.53
信托公司	14	77.50
合计	132	899.93

---

① 资料来源：国家外汇管理局官方网站。

QDII 投资在 2007 年前后达到一个高潮，但随着 2008 年全球金融危机，QDII 产品受到了沉重的打击，很多产品本金严重亏损，甚至有部分公募证券投资基金 QDII 的净值跌到 0.4 元以下。在 2008—2014 年，QDII 的总体投资规模没有太大变化。但是自 2015 年起，全球资产配置的风潮兴起，跨境投资额度显著增长，2015 年、2016 年、2017 年年末 QDII 产品规模分别达到 3 700 万元、4 700 万元、5 364 万元。QDII 资产托管规模的发展变化[①]如图 5.21 所示。

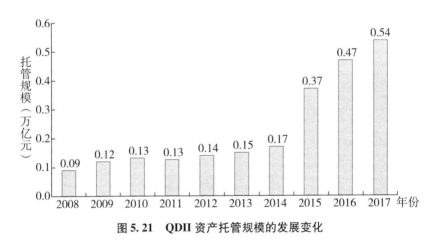

图 5.21 QDII 资产托管规模的发展变化

《合格境内机构投资者境外证券投资管理试行办法》规定：合格境内机构投资者开展境外证券投资业务，应当由境内商业银行负责资产托管业务。对基金、集合计划的境外财产，如托管人在境外没有相应的机构或业务牌照，可以委托境外托管人代为履行其承担的托管职责。例如，"易方达纳斯达克 100 指数证券投资基金（LOF）"是以美国纳斯达克股票为投资标的的公募证券投资基金，托管人是中国建设银行，在美国市场的托管则由中国建设银行委托道富银行进行托管。对于一些冷门的新兴市场的投资，如果次托管人在当地也没有相应的机构或托管业务牌照，则次托管人可再次委托投资市

---

① 资料来源：中国银行业协会官方网站。

场当地的托管人进行托管（见图 5.22）。境外托管人在履行职责过程中，因本身过错、疏忽等原因而导致基金、集合计划财产受损的，托管人应当承担相应责任。

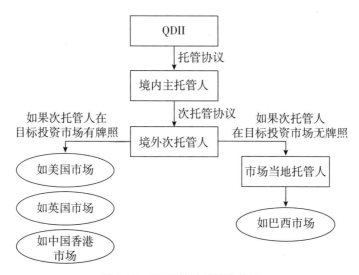

图 5.22　QDII 境外托管人体系

QDII 产品类别

狭义的 QDII 是指合格境内机构投资者，而广义的 QDII 产品是指通过合格投资者机制投资于境外市场的各类金融产品，除了狭义的 QDII 本身，还包含 RQDII（人民币合格境内投资者）、QDLP（合格境内有限合伙人）以及 QDII2（合格境内个人投资者）等。

QDII

QDII 的运作模式是商业银行、基金公司、证券公司和信托公司等机构向证监会申请 QDII 牌照，向国家外汇管理局申请 QDII 投资额度，并在核准的投资额度内对外进行投资。

RQDII

RQDII（RMB Qualified Domestic Institutional Investor）即人民币合格境内机构投资者。2015 年 12 月，中国人民银行发布《关于人民币合格境内机构投资者境外证券投资有关事项的通知》，推出了 RQDII 机制。境内人民币可以 RQDII 的形式投资境外人民币计价资本市场，且与 QDII 额度的审批制不同，RQDII 以实际募集规模为准。

QDII2

QDII2（Qualified Domestic Individual Investor），即合格境内个人投资者，是相对于机构投资者而言的。QDII2 是在人民币资本项下不可兑换的条件下，有控制地允许境内个人投资境外资本市场的股票、债券等有价证券投资业务的一项制度安排。截至 2017 年年末，该制度尚在孕育阶段，还未正式推出。

QDLP

QDLP（Qualified Domestic Limited Partner）即合格境内有限合伙人，允许注册于海外，并且投资于海外市场的对冲基金，能向境内的投资者募集人民币资金，并将所募集的人民币资金投资于海外市场。截至 2017 年年末，QDLP 制度尚在试点阶段。

QDII 相关产品的当事人关系

QDII 相关产品的当事人关系如图 5.23 所示。

委托人

委托人即 QDII 产品的投资者，通过投资 QDII 产品，委托人可以实现自身资产的全球化配置，分享其他国家和地区经济发展与金融投资的收益。

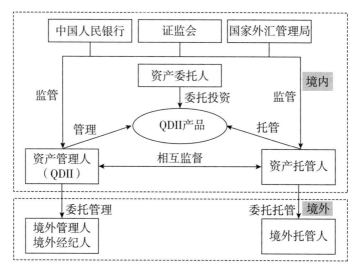

图 5.23　QDII 相关产品当事人关系

资产管理人

资产管理人就是合格境内机构投资者，即 QDII。资产管理人获得 QDII 牌照并申请到 QDII 投资额度后，即可发行相应的产品进行 QDII 投资。资产管理人可依据自身的资产管理业务牌照设立相应的产品，例如公募类证券投资基金、基金专户、商业银行理财、证券公司集合资产管理计划、证券公司定向资产管理计划、信托计划等。

境内资产托管人

境内资产托管人是 QDII 产品的主托管人，负责 QDII 产品的第一道托管。如果境内资产托管人在 QDII 产品拟投资市场所在的国家或地区具备相应的托管业务资质与牌照，则可直接全权负责 QDII 产品的境内外托管业务。如果境内资产托管人不具备 QDII 产品拟投资市场所在的国家或地区的托管业务资质与牌照，则可委托境外资产托管人负责 QDII 的境外端托管。境外资产托管人在履行职责的过程中，因本身过错、疏忽等原因而导致基金、集合计划财产受损的，托管人应当承担相应责任。

境外资产托管人

境外资产托管人即次托管人，是接受主托管人的委托，通过与主托管人签订次托管协议，负责境外资产托管业务的托管机构。在选择境外资产托管人时，境外资产托管人必须满足以下条件：

（1）在我国大陆以外的国家或地区设立，受当地政府、金融或证券监管机构的监管。

（2）最近一个会计年度实收资本不少于10亿美元或等值货币或托管资产规模不少于1 000亿美元或等值货币。

（3）有足够的熟悉境外托管业务的专职人员。

（4）具备安全保管资产的条件。

（5）具备安全、高效的清算交割能力。

（6）最近3年没有受到监管机构的重大处罚，没有重大事项正在接受司法部门、监管机构的立案调查。

QDII 相关产品托管人的职责

QDII 相关产品的托管人应当履行以下职责：

（1）保护持有人利益，按照规定对基金、集合计划日常投资行为和资金汇出入情况实施监督，如发现投资指令或资金汇出入违法、违规，应当及时向证监会、国家外汇管理局报告。

（2）安全保护基金、集合计划财产，准时将公司行为信息通知境内机构投资者，确保基金、集合计划及时收取所有应得收入。

（3）确保基金、集合计划按照有关法律法规、基金合同和集合资产管理合同约定的投资目标和限制进行管理。

（4）按照有关法律法规、基金合同和集合资产管理合同的约定执行境内机构投资者、投资顾问的指令，及时办理清算交割事宜。

（5）确保基金、集合计划的份额净值按照有关法律法规、基金合同和集合资产管理合同规定的方法进行计算。

（6）确保基金、集合计划按照有关法律法规、基金合同和集合资产管理合同的规定进行申购、认购、赎回等日常交易。

（7）确保基金、集合计划根据有关法律法规、基金合同和集合资产管理合同确定并实施收益分配方案。

（8）按照有关法律法规、基金合同和集合资产管理合同的规定以受托人名义或其指定的代理人名义登记资产。

（9）每月结束后 7 个工作日内，向证监会和国家外汇管理局报告境内机构投资者境外投资情况，并按相关规定进行国际收支申报。

（10）证监会和国家外汇管理局根据审慎监管原则规定的其他职责。

QDII 相关产品的托管业务

QDII 相关产品托管业务的基本流程

QDII 相关产品托管业务的基本流程如下：

（1）托管人与 QDII 产品的委托人、管理人达成合作意向，签署托管协议。

（2）托管人根据 QDII 产品的投向选择境外次托管人，并签署相关次托管协议。

（3）管理人向监管机构进行产品备案。

（4）产品成立。

（5）QDII 管理人按照合同约定管理进行投资运作。

（6）托管人与境外次托管人按照托管协议约定履行清算、估值、核算、监督职责。

QDII 相关产品托管业务的营销

QDII 相关产品托管业务的营销，一方面可以针对 QDII 机构开展营销，即各类具备 QDII 牌照的商业银行、证券公司、基金管理公司和信托公司，为其提供相应的 QDII 业务托管服务，另一方面，也可以针对具有出境投资需求的客户开展营销，为该类客户配置相应的 QDII 产品，满足其跨境资产配置的需求。除此之外，还可以通过境外次托管银行获取客户，由于境外次托管银行并不具备我国境内的托管业务牌照，其通过自身资源获取的客户，自身仅能作为客户所投资 QDII 产品的境外端托管机构，还需要选择具备境内托管业务牌照的主托管人。

QFII 跨境产品

QFII 相关产品概述

QFII 是指经证监会批准投资于中国证券市场，并取得国家外汇管理局额度批准的中国境外基金管理机构、保险公司、证券公司及其他资产管理机构。

QFII 制度是指在我国资本项目尚未完全开放的情况下，有限度地引进外资、开放资本市场的一项过渡性制度。截至 2017 年 5 月末，共有 283 家境外机构获得了 QFII 牌照，合计获得 927.24 亿美元的投资额度，184 家境外机构获得了 RQFII 牌照，合计获得 5 431.04 亿元的投资额度。

根据《合格境外机构投资者境内证券投资管理办法》，合格投资者应当委托境内商业银行作为托管人托管资产。开展 QFII 托管业务的商业银行，需要具备监管机构颁发的 QFII 托管业务牌照。截至 2017 年年末，共有 19 家商业银行获得了 QFII 托管业务牌照，其中包括 13 家中资银行和 6 家外资银行[①]，具体如表 5.11 所示。

---

① 资料来源：证监会官方网站。

表 5.11 QFII 托管银行名录

序号	QFII 托管行中文名称	QFII 托管行英文名称
1	汇丰银行（中国）有限公司	HSBC Bank（China）Co., Ltd.
2	花旗银行（中国）有限公司	CitiBank（China）Co., Ltd.
3	渣打银行（中国）有限公司	Standard Chartered Bank（China）Co., Ltd.
4	中国工商银行股份有限公司	Industrial & Commercial Bank of China Co., Ltd.
5	中国银行股份有限公司	Bank of China Co., Ltd.
6	中国农业银行股份有限公司	Agricultural Bank of China Co., Ltd.
7	交通银行股份有限公司	Bank of Communications Co., Ltd.
8	中国建设银行股份有限公司	China Construction Bank Co., Ltd.
9	中国光大银行股份有限公司	China Everbright Bank Co., Ltd.
10	中国招商银行股份有限公司	China Merchants Bank Co., Ltd.
11	德意志银行（中国）有限公司	Deutsche Bank（China）Co., Ltd.
12	新加坡星展银行	DBS Bank Ltd.
13	中国中信银行股份有限公司	China Citic Bank Co., Ltd.
14	上海浦东发展银行股份有限公司	Shanghai Pudong Development Bank Co., Ltd.
15	中国民生银行股份有限公司	China Minsheng Bandkingcorp., Ltd.
16	三菱东京日联银行（中国）有限公司	Bank of Tokyo-Mitsubishi UFJ（China）
17	兴业银行股份有限公司	Industrial Bank Co., Ltd.
18	平安银行股份有限公司	Ping An Bank Co., Ltd.
19	华夏银行股份有限公司	Hua Xia Bank Co., Ltd.

2017 年年末，QFII 的托管规模为 3 341 亿元（513.50 亿美元，按照 2017 年 12 月 31 日的汇率折算）。QFII 的托管业务规模在 2014 年有较大幅度的增长，达到 3 146 亿元，在 2015 年和 2016 年有所回

落，在 2017 年有所回升。QFII 资产托管规模的发展变化①如图 5.24
所示。

图 5.24 **QFII 资产托管规模的发展变化**

QFII 产品类别

狭义的 QFII 是指合格境外机构投资者，而广义的 QFII 类产品是
指各类通过合格投资者机制引进境外投资者投资于境内市场的金融
产品，除了狭义的 QFII 本身，还包含了 RQFII、QFLP 等。

QFII

QFII 的运作模式是我国境外基金管理机构、保险公司、证券公
司及其他资产管理机构向证监会申请 QFII 牌照，向国家外汇管理局
申请 QFII 投资额度，并在核准的投资额度内对外进行投资。

RQFII

RQFII（RMB Qualified Foreign Institutional Investor）即人民币合
格境外机构投资者。2013 年 3 月，证监会、中国人民银行、国家外

---

① 资料来源：中国银行业协会官方网站。

汇管理局联合发布了《人民币合格境外机构投资者境内证券投资试点办法》，推出了 RQFII 机制。境外投资机构可以使用人民币通过 RQFII 制度投资于境内资本市场。

QFLP

QFLP（Qualified Foreign Limited Partnership），即合格境外有限合伙人，是指境外机构投资者在通过资格审批和其外汇资金的监管程序后，将境外资本兑换为人民币资金，投资于国内的 PE 及 VC 市场。2011 年 1 月，上海市金融办发布了《关于本市开展外商投资股权投资企业试点工作的实施办法》，随后北京、天津、重庆、深圳等城市也加入了 QFLP 试点地区的行列。

QFII 相关产品的当事人关系

QFII 相关产品的当事人关系如图 5.25 所示。

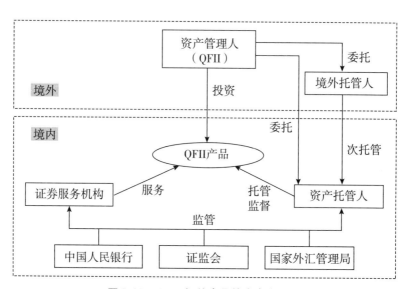

图 5.25　QFII 相关产品的当事人关系

资产管理人

资产管理人就是合格境外机构投资者，即 QFII。资产管理人获得 QFII 牌照并申请到 QFII 投资额度后，即可进行 QFII 投资。

境内资产托管人

境内资产托管人即 QFII 产品在我国境内的托管人，负责 QFII 产品在我国境内投资资产的托管，也是本地托管人。一些 QFII 可以直接委托境内资产托管人进行 QFII 资产的托管，也有一些 QFII 需要在 QFII 产品设立的所在地（境外）进行第一道托管，再由负责第一道托管的主托管银行委托我国本地托管人作为次托管银行托管该产品。

境外资产托管人

境外资产托管人即 QFII 产品的主托管人。QFII 的主托管与次托管机制与 QDII 业务是反向对应的关系。

证券服务机构

证券服务机构是指接受 QFII 的委托，负责 QFII 产品在我国境内的证券交易活动的证券公司或期货公司。

QFII 相关产品托管人的职责

QFII 相关产品的托管人应当履行以下职责：

（1）保管合格投资者托管的全部资产。

（2）办理合格投资者的有关结汇、售汇、收汇、付汇和人民币资金结算业务。

（3）监督合格投资者的投资运作，发现其投资指令违法、违规的，及时向证监会和国家外汇管理局报告。

（4）在合格投资者汇入本金、汇出本金或者收益两个工作日内，向国家外汇管理局报告合格投资者的资金汇入、汇出及结售汇情况。

（5）每月结束后 8 个工作日内，向国家外汇管理局报告合格投资者的外汇账户和人民币特殊账户的收支与资产配置情况，向证监会报告证券账户的投资和交易情况。

（6）每个会计年度结束后 3 个月内，编制关于合格投资者上一年度境内证券投资情况的年度财务报告，并报送证监会和国家外汇管理局。

（7）保存合格投资者的资金汇入、汇出、兑换、收汇、付汇和资金往来记录等相关资料，其保存的时间应当不少于 20 年。

（8）根据国家外汇管理规定进行国际收支统计申报。

（9）证监会、国家外汇管理局根据审慎监管原则规定的其他职责。

QFII 相关产品的托管业务

QFII 相关产品托管业务的基本流程

QFII 相关产品托管业务的基本流程如下：

（1）托管人与资产管理人达成合作意向，签署托管协议。

（2）托管人协助资产管理人向证监会申请 QFII 或 RQFII 资格。

（3）托管人协助资产管理人向国家外汇管理局申请 QFII 或 RQFII 投资额度。

（4）资产管理人汇入 QFII 或 RQFII 本金。

（5）资产管理人按照合同约定管理进行投资运作。

（6）托管人按照托管协议约定履行清算、估值、核算、监督职责。

QFII 相关产品托管业务的营销

对于 QFII 和 RQFII 产品，托管机构的地位极其重要，需要代理境外资产管理人向监管机构申请 QFII 业务的资格牌照与投资额度，同时也负有监督责任。

QFII 和 RQFII 产品的营销，一方面可以针对境外有意愿投资于我国境内资本市场的机构投资者开展营销工作，另一方面也以可通过与境外托管银行进行 QDII 与 QFII 的业务互换获取业务机会。QFLP 相关产品的托管可参照私募投资基金的托管业务流程。

期货资产管理计划

期货资产管理计划是指期货公司及其依法设立的从事私募资产管理业务的子公司发行的以期货为主要投资标的的资产管理产品，其本质属于私募基金范畴，在产品形态上与证券公司集合资产管理计划和基金公司特定资产管理计划相似。期货资产管理计划的发行、设立、运作应符合《证券期货经营机构私募资产管理业务运作管理暂行规定》。

期货公司资产管理业务是从 2014 年开始开展的，在短时间内获得了高速发展。截至 2016 年年末，期货公司资产管理规模为 2 792 亿元。虽然目前期货公司资产管理业务市场规模比基金、证券、信托等成熟的资产管理业务市场小很多，但作为资产管理业务的一个方向，期货公司资产管理业务具有较大的发展潜力。

目前，期货资产管理计划并无强制性托管的要求，但是期货资产管理计划属于私募投资基金的范畴，同时出于规范性和第三方公允性的考虑，很多期货公司会寻求托管机构对发行的产品进行托管。目前，市场上绝大多数的期货资产管理计划都在证券公司托管，这是由牌照的性质决定的，证券公司在证券期货交易的处理上比银行更具优势。因此，期货资产管理计划是具备托管牌照的证券公司的一个重要的托管产品类别。

期货资产管理计划托管业务的基本流程如下：

（1）托管机构与期货公司就满足监管条件的期货资产管理计划达成合作意向，签署《托管协议》或《资产管理合同》。

（2）期货公司按照相关规章制度向投资者进行调查并募集资金，投资者填写《期货公司资产管理业务投资者调查问卷》，若符合合格投资者认定标准，则签署《风险揭示书》《资产合法性及投资者适当性承诺书》《资产管理合同》。

（3）期货公司资金募集结束后，向相关部门备案，期货资产管理计划成立。

（4）托管机构按照《托管协议》或《资产管理合同》约定履行清算、估值、核算、监督等托管职责。

（5）期货资产管理计划投向投资标的。

第三方监管

第三方监管是托管人作为独立的第三方，接受委托或者根据制度要求，保管委托资产，直到约定的事件发生或约定的条件实现时，才由托管人按照约定将资产交给指定的接收人。第三方监管业务不一定由托管人担任，也不一定需要由商业银行担任，但作为第三方监管人，必须具备两个条件：一是能够得到各方的信任；二是具备专业保管的能力。托管机构由于具备监管机构颁发的专业牌照，因此也是第三方监管人的绝佳人选。

在我国，第三方监管业务最初是由托管机构作为创新业务逐渐发展起来的，是在长期的业务中摸索出来的一类托管业务产品，但在国际上，第三方监管业务早就存在，即 Escrow。Escrow 源于英美法系一个民商法范畴的法律概念，是指将资产交由第三人保管，在约定条件成熟时交付权利人的契据。一些涉及金额巨大的交易，往往需要由信用度极高的机构担任第三方，托管银行基于这种市场需求衍生出了 Escrow 托管业务。

第三方监管业务的范畴非常广泛，总体上可以分为两大类：第一类是基于交易、投资、商务等背景由当事双方提出的第三方监管需求，例如二手房交易过程中的定金监管；第二类是根据法律法规或政府监督管理部门的相关要求进行的监管，例如保险销售服务机构的注册资本金需要由托管机构监管。具体而言，第三方监管业务的服务包括：

（1）融入资金监管。融入资金是指委托人通过直接或间接融资的方式获取并按照法律法规规定和合同约定使用的资金（企业债、公司债、非上市公司债、中小企业私募债、结构化融资、非金融企业债务融资工具、上市公司募集资金、私募基金募集资金、信托贷款、委托贷款等）。

（2）偿还资金监管。偿还资金是指委托人通过专门账户归集，用于偿还债务的资金（房地产销售回款资金、经营物业租金收入、融资租赁资金等）。

（3）交易资金监管。交易资金是指委托人在交易商品、服务、权益等的过程中按照交易合同等法律文件使用的资金（商品房预售资金、各类专项交易资金等）。

（4）保证金监管。保证金是指委托人在参与商事、投融资、建设工程等活动的过程中使用的，用于保障委托人履行某项义务的资金（工程投标保证金、工程建设保证金、工程安全生产风险保证金、质量保证金、履约保证金、期货保证金等）。

（5）注册资本金监管。注册资本金是指委托人应监管机构要求就其注册资本金委托第三方机构进行监管（融资性担保公司注册资本金或其他监管机构要求监管的公司注册资本金等）。

（6）专项资金监管。专项资金监管是指委托人拨付或发放的委托专门机构管理，用于公用事业或其他专门用途的资金（公共交通工程建设资金、经济适用房建设资金、棚户区改造资金、拆迁安置补偿款、慈善公益资金等）。

（7）其他类型。第三方监管业务由于其业务形式并非资产管理，因此其业务发起人的来源非常广泛，总体包括三大类：一是各类机构投融资、债券发行中需要托管银行监督资金专款专用的单位或个人；二是在商品贸易、权属转让、并购等交易过程中需要托管银行提供资产保管和支付监督服务的单位或个人；三是各类贸易交易资金、财政资金、履约保证金、注册资本金、慈善公益基金等专项资金管理领域的单位或个人。

网络借贷资金存管

P2P（Peer-to-Pear，或 Person-to-Person）网络借贷业务，又称"点对点网络借贷"，是近年来的一项新兴业务，属于互联网金融产品的一种。网络借贷是指个体和个体之间通过互联网平台实现的直接借贷。个体包含自然人、法人及其他组织。网络借贷信息中介机构是指依法设立，专门从事网络借贷信息中介业务活动的金融信息中介公司。该类机构以互联网为主要渠道，为借款人与出借人实现直接借贷提供信息搜集、信息公布、资信评估、信息交互、借贷撮合等服务。

P2P 最早起源于英国。2005 年 3 月，由亚历山大等人共同创立的一家名为 Zopa 的 P2P 平台被认为是第一家 P2P 平台，该网络业务至今已经遍及意大利、日本等国，平均每天上线投资额达 200 万英镑。Zopa 也被看作最传统的网络借贷模式，传统的网络借贷模式是指不吸收存款也不发放贷款，而是以贷款中介费用为主要收入。这种模式在美国得到了完善和发展，在美国先后出现了 Prosper、Lending Club、Kiva 等平台。

我国于 2006 年引入 P2P 网络借贷业务，拍拍贷是我国第一家真正意义上的 P2P 网络借贷平台。我国的网络借贷平台业务虽然在运营模式上基本照搬了国外模式，但是在具体操作上，由于信用体系等的不同还是存在很大差异的。根据网贷之家的统计数据，截至

2017 年 12 月末，我国在运行中的网络借贷平台数量达到 1 931 家，累计成交量达到 6.23 万亿元，平台的类型主要有 5 大类：民营系、银行系、上市公司系、国资系和风投系，P2P 借贷成交量排名前 6 位的地区依次为北京市、广东省、上海市、浙江省、四川省和江苏省。

随着 P2P 网络借贷在我国的快速发展，也出现了相当数量的问题，卷款跑路、非法集资的情况屡见不鲜。为了规范网络借贷业务，2016 年 1 月，银监会、工信部、公安部和国家网信办联合发布了《网络借贷信息中介机构业务活动管理暂行办法》，对业务进行了规范，同时要求网络借贷信息中介机构应当实行自身资金与出借人和借款人资金的隔离管理，并选择符合条件的银行业金融机构作为出借人与借款人的资金存管机构。2017 年，银监会发布了《网络借贷资金存管业务指引》。网络借贷资金存管的概念，与托管有着相通之处，但也有性质上的区别。网络借贷资金的存管业务，是指商业银行作为存管人接受委托人的委托，按照法律法规规定和合同约定，履行网络借贷资金存管专用账户的开立与销户、资金保管、资金清算、账务核对、提供信息报告等职责的业务。存管人开展网络借贷资金存管业务，不对网络借贷交易行为提供保证或担保，不承担借贷违约责任。存管和托管都是借用托管机构作为可信赖的第三方对资产进行保管，但托管除了资产保管，还有估值核算、投资监督等义务，而且需要专门的牌照；存管则并未对牌照进行特殊要求，仅指明是商业银行即可。

网络借贷业务本身具有较高的信用风险，而网络借贷平台也有一定的道德风险，因此在实际业务开展的过程中，出于对声誉风险的考虑，很多注重声誉的托管银行并未涉足或大规模开展网络借贷资金存管业务，尤其是国有银行，目前开展该业务的主要以城市商业银行为主。

第六章

托管业务的营运

资产托管业务的营运包括资产保管、账户开立、资金清算、证券交收、估值核算、投资监督、信息披露等具体服务，这些营运服务是资产托管业务的基本职责与盈利来源，也是托管业务核心价值的体现。本章将围绕资产托管业务的营运工作，对托管人的各项营运职责与操作流程进行介绍。

受托资产的安全保管

资产的安全保管概述

产安全保管受托资产是托管人最主要也最基本的职责，是整套托管服务的基础，也是托管人营运操作的底层架构，其他服务是基于安全保管所衍生的增值服务。资产托管业务具有三大特性：安全性、公允性、专业性。

安全性

资产托管业务的安全性体现在两个方面。一是托管资产的各类账户是由托管人使用托管资产投资组合的名义开立的，账户内的资金出入由托管人按照合法合规的指令进行操作，其他任何人都没有账户的操作权限，无法动用账户内的资金。二是按照相关法律法规，托管账户内的资产是与托管机构自身的资产严格隔离的，即便是在托管机构清算破产的极端情况下，托管专用账户内的资产也不会被纳入托管机构自身的清算范畴，而是作为托管资产进行独立清算，或转由其他托管人进行转托管。

公允性

资产托管业务的托管人具有公允性。一方面，托管人是作为独立的第三方对资产进行安全保管的，任何交易都不涉及托管人的直接利益。另一方面，托管人一般由商誉良好的机构来担任，例如商业银行、证券公司，对于公募证券投资基金、企业年金等标准化程度高、影响广泛的托管业务，需要由具备监管机构颁发的托管业务牌照的托管机构担任托管人。

专业性

作为托管服务机构，托管人需要具备专业的人员与系统来履行自身的职能。托管机构需要同时具备处理基本结算、证券交收、会计记账等多种业务的能力，托管机构的从业人员也需要具备相应的从业资格，并具备复合化的专业能力。

资产保管的业务流程

资产的安全保管贯穿在整个托管业务的生命流程之中。首先，发起于市场营销，托管人与客户达成合作意向，接受客户委托，签署资产管理合同或托管协议，确定合作关系。然后，托管人开立托管专用账户，在委托资产进入托管专用账户之后，便正式进入资产保管的流程。托管人根据有效指令进行资金和证券的划拨交收，同时按照约定履行相应的估值核算、投资监督等职能，定期出具托管报告，同时按约定提供其他增值服务。当资产达到清算节点时，进行托管账户的清算，最终关闭托管专用账户，完成整个托管流程。具体如图 6.1 所示。

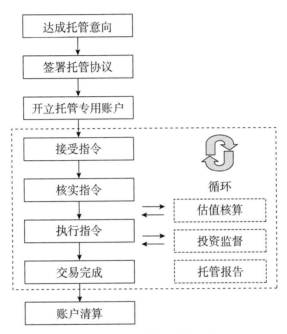

图 6.1　资产保管的业务流程

资产保管的功能

资产保管的功能主要是保全受托资产的安全，保护投资者的利益不受侵害。资产保管是通过资产托管业务的各项营运措施实现的，具体包括：

防止托管资产被非法挪用

通过引入托管，开立专用托管账户，可以使受托资产的所有权、使用权和保管权分离，从而防止托管资产被非法挪用，保障受托资产的安全。

确保托管资产的合规运作

资产托管人通过投资监督职能，以其第三方的视角，监督托管资产的运作是否符合相关法律法规与合同的约定。当管理人的投资行为出现违反相关法律法规或合同约定的情况，托管人将向其发送提示函，并有权拒绝执行指令，情节严重的，可向监管部门报告。

防止管理人对资产损益进行 "黑箱操作"

如果一个金融产品仅由管理人进行资产的会计工作，管理人可能利用专业壁垒与信息不对称任意篡改会计账务，例如夸大或隐瞒投资收益，进而损害投资者权益。通过托管人对托管资产进行资产估值与会计核算，可以防止管理人对资产损益进行"黑箱操作"。

避免托管资产因各类失误造成的损失

单方会计难免出现错误与疏漏，托管人作为辅会计方，将与作为主会计的管理人对账。通过对账机制，可有效避免托管资产因各类失误造成的损失。

资产保管的具体内容

资产保管具体包括保管受托资产的印章与账户、资金与证券、文件与账册。托管人会以产品名义刻制托管产品的印章，印章由托管人保管和使用。托管人以产品名义开立托管专用账户，确保托管资产的一切资金与证券的收支活动均通过托管专用账户进行，同时负责保管托管资产相关的重要法律文本（包括但不限于资产管理合同、托管协议、补充协议等）、实物证券、会计账册、开销户资料、报表凭证、投资指令、存单凭证、交易记录、持有人名册以及各类信息披露文件等。

除了资产保管外，托管人还应对托管资产负有保密义务，应按照相关法律法规与托管协议的要求，保守商业秘密，不向无关方泄露托管资产相关的信息，法律法规与监管机构另有要求的除外。

托管账户的开立与管理

托管账户概述

托管账户是指托管机构为托管产品开立的银行资金账户、证券账户、债券账户、基金账户、期货账户和实物账户。托管账户是承载各类托管资产的专用账户，同时用于托管资产下各类资金与证券的交易与收付。托管账户的管理应遵循"独立设账"和"分户管理"的原则，确保不同托管资产之间、托管资产与托管机构自有资产之间的相互独立。

银行资金账户

银行资金账户是托管资产的基本账户，是存放托管资产资金的账户。

账户性质

根据中国人民银行发布的《人民币银行结算账户管理办法》的相关规定，单位结算账户按照用途分为基本存款账户、一般存款账户、专用存款账户和临时存款账户。资产托管业务适用专用存款账户。

大部分托管机构在资产托管业务中使用的银行资金账户是实体账户。涉及多币种的，将按币种分别开立单独的资金账户。但是，也有部分托管机构采用虚拟账户的形式为托管资产开立资金账户。

在国际上，两种情况都有，具体而言，实体账户在法律和权责上更加清晰，而虚拟账户在管理和操作上更为便利。

账户名称

托管专用账户的开户名称应遵循各类产品相关管理办法的规定来开立。如证券投资基金、基金公司特定客户资产管理计划、证券公司集合资产管理计划等产品，应以托管资产投资组合（即产品）的名义开立；信托计划、保险公司自营资金、公司制或有限合伙制的私募投资基金等则应以管理人的名义开立。

以托管资产投资组合（即产品）名义开立专用账户的，具体名称应以托管资产在相关资产管理合同或托管协议中体现的名称为准，对于需要在监管机构备案的产品，则应以监管机构的备案函中列明的产品名称为准。例如，ABC基金管理有限公司与EF银行合作，由ABC基金管理有限公司发行"ABC厚泽收益债券型证券投资基金"，由EF银行担任该产品的托管银行，基金已在证监会备案，则开户时基金管理公司应向EF银行提供产品备案函，EF银行根据备案函与托管协议为产品开立名称为"ABC厚泽收益债券型证券投资基金"的银行资金账户。

公章刻制

证券投资基金、企业年金以及其他在产品管理办法中有相关要求的投资组合，在开立银行资金账户时需刻制产品公章。其他托管产品如有实际需要（如在托管机构以外的银行开立定期存款账户），也需刻制公章。产品公章由托管机构负责刻制和保管。

账户标识

由于托管专用账户有别于其他类型的账户，多数托管机构会在账户管理系统内为托管专用账户设置专门的账户标识，以便进行区分和管理。在系统控制上，可为打有托管专用账户标识的账户设置特定的权限，凡托管专用账户不接受划款指令以外的其他渠道或方式的资金划转，不得为客户开通网银查询和划款经办外的其他权限，不得出售支票、电汇等结算凭证。

证券账户

证券账户是指托管资产在各类证券市场中用于交易的账户，包括交易所证券账户、全国银行间市场债券账户、基金账户和期货账户等。

交易所证券账户

交易所证券账户是指由托管银行以产品投资组合的名义在中国证券登记结算有限公司开立的证券账户，包括上海交易所证券账户和深圳交易所证券账户。交易所证券账户用于登记和存放产品名下在交易所交易的证券。

全国银行间市场债券账户

全国银行间市场债券账户是指用于登记和存放托管资产持有的在全国银行间市场交易的债券的账户。根据中央国债登记结算有限责任公司（简称中央结算公司）发布的《债券托管账户开销户规程》，中央结算公司设置甲、乙、丙三种债券一级托管账户，托管人负责为投资者办理开户手续。

只有具备办理债券结算代理业务资格的结算代理人或具备办理债券柜台交易业务资格的商业银行法人机构方可开立甲类账户，甲类账户持有人与中央债券综合业务系统联网后通过该系统直接办理债券结算自营业务和债券结算代理业务。不具备债券结算代理业务或不具备债券柜台业务资格的金融机构以及金融机构的分支机构可开立乙类账户，乙类账户持有人与中央债券综合业务系统联网后可以通过该系统直接办理其债券结算自营业务。不具备债券结算代理业务或不具备债券柜台业务资格的金融机构以及金融机构的分支机构也可开立丙类账户，丙类账户持有人以委托的方式通过结算代理人在中央结算公司办理其自营债券的相关业务，不需与中央债券综合业务系统联网。

托管业务涉及的各类产品，大多以产品名义在中央结算公司开立乙类账户，开户手续和相关业务操作由其托管银行办理。

基金账户

基金账户用于托管资产投资开放式证券投资基金，基金账户的开立需在注册登记人处开立基金交易账户。

期货账户

期货账户用于托管资产投资交易期货，期货账户的开立由托管人负责在期货公司开立。

境外托管账户

对于 QDII 类涉及境外投资的托管产品，需在境外开立托管账户。对于 QDII 产品，主托管人为产品在境内开立人民币和外币资金账户，分别用于存放人民币资金与外币资金，同时，主托管人负责通知合作的境外次托管人以投资所使用的币种为产品开立境外托管资金账户与证券账户，具体如图 6.2 所示。

实物资产账户

实物资产账户是指用于保管以实物形式存在的托管资产的账户，例如与托管资产相关的以实物形式存在的重要协议与单证。对于实物的保管，托管人应设置专业的保管库及登记账册。

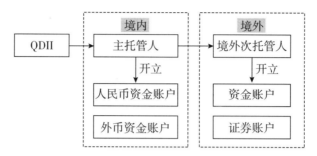

图 6.2　QDII 产品托管账户的开立

资金清算与证券交收

资金清算概述

资金清算是指托管人根据接收到的资金划付指令，为托管资产办理资金划拨和场内外证券及资金交收的工作。

托管人办理资金清算，应遵循准确性与及时性原则。准确性要求托管人在办理资金清算的过程中，必须保证资金清算操作的准确无误。托管人应通过严格的内控机制控制操作风险。及时性要求托管人需要按照协议的约定及时执行管理人的指令，不得延误。如果由于托管人方面的原因使管理人在合理时间传输的指令未能得到执行，导致交易失败的，托管人应承担相应的损失。

资金清算分为场内资金清算和场外资金清算两大类。场内资金清算是指在证券交易所进行的股票、债券和回购交易以及在全国银行间债券市场进行的债券和回购交易。场外资金清算是指在证券交易所和全国银行间债券市场之外进行的资金清算，主要包括开放式基金的申购与赎回、企业年金的缴款和待遇支付等。

交易所交易资金清算

交易所的资金清算统一在中国证券登记结算有限公司完成。中国证券登记结算有限公司实行法人结算制度,由商业银行、证券经营机构和其他获准经营证券业务的单位以法人的名义加入中国证券登记结算有限公司结算系统,通过开立结算账户进行一级清算。在各机构与中国证券登记结算有限公司完成一级清算之后,再由各参与机构自行完成其体系内各分支机构之间的二级清算。根据中国证券登记结算有限公司的交收时点要求,一级清算收款截止时间为 T+1 日(T 为交易日)15:30,付款截止时间为 T+1 日 16:00。

对于参与交易所资金清算的托管产品,目前有两种清算模式,一种是托管银行清算模式,另一种是证券公司清算模式(又被称为"三方清算模式")。

托管银行清算模式

托管银行清算模式是指托管银行以自身法人名义在中国证券登记结算有限公司深圳分公司和上海分公司分别开立结算备付金清算账户,与中国证券登记结算有限公司进行集中一级清算,在一级清算之后,由托管银行所托管的各投资组合(产品)之间进行二级清算。目前,证券投资基金、证券公司集合资产管理计划、企业年金、全国社保基金多采用托管银行清算模式。具体如图 6.3 所示。

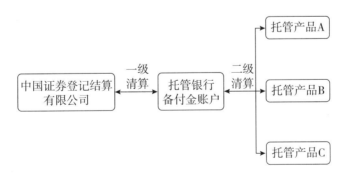

图 6.3 托管银行清算模式

证券公司清算模式

证券公司清算模式（三方清算模式）是指证券公司作为托管资产的证券经纪人，由证券公司作为参与人与中国证券登记结算有限公司进行集中交收，资金进入用于集中存管客户交易结算资金的汇总账户，再由汇总账户与各产品的二级簿记账户之间进行二级清算，最后通过第三方存管系统与产品对应的托管资金账户进行银证转账。通常，证券公司定向资产管理计划、QFII、信托计划可采用证券公司清算模式。具体如图 6.4 所示。

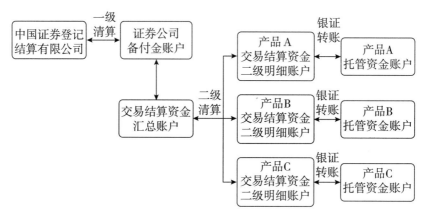

图 6.4 证券公司清算模式

全国银行间债券市场交易资金清算

全国银行间债券市场的交易资金清算包括纯券过户、见券付款、见款付券、券款对付四种结算方式，其中券款对付是国际债券结算行业提倡且较为安全、高效的一种结算方式，也是发达债券市场普遍使用的一种结算方式。但因该方式需要债券结算系统和资金划拨清算系统对接，同步办理券和款的交割与清算，因而因技术原因在历史上主要以前三种结算方式为主。随着技术的成熟与系统的整合

深入，中国人民银行于 2013 年发布公告（中国人民银行公告
〔2013〕第 12 号），规定全国银行间债券市场参与者进行债券交易，
应当采用券款对付结算方式办理债券结算和资金结算，中国人民银
行另有规定的除外。

为便于读者全面了解全国银行间债券市场交易资金的清算方式，
下文将对四种结算方式进行介绍。

纯券过户

纯券过户（Free of Payment，简称 FOP），是指结算双方仅在中
央结算公司完成债券交割，而款项的支付用双方另行完成的结算方
式。纯券过户的交易双方建立在相互了解和信任的基础上。纯券过
户的特点是简便快捷，但可能伴有一定的信用风险，即存在交易对
手方不如期交券或付款的风险，风险由交易双方自行承担。采用纯
券过户结算方式时，交易双方应本着谨慎的原则选择对手方，一般
会选择已建立成熟交易关系的对手进行交易。

见券付款

见券付款（Payment after Delivery，简称 PAD），是指收券方在交
易结算日先通过债券簿记系统确认付券方有履行交易所需的足额债
券，而后向付券方支付约定款项并进行确认，最终通知中央结算公
司完成债券交易结算办理的交易模式。通俗讲就是先见货（即债
券），再付款，买方主动。使用见券付款交易方式时，收券方能够控
制风险，因而对收券方相对有利；付券方可能会承担违约风险，因
此在选择此方式时，付券方应充分考虑交易对手的信誉情况。在实
际交易中，往往是在收券方信用比付券方好的情况下采用见券付款
方式进行交易。

见款付券

见款付券（Delivery after Payment，简称 DAP），是指收券方先行支付交易款项，付券方确认收到收券方付款后予以确认，通知中央结算公司办理债券交割的模式。通俗讲就是先给钱，再交货（债券），卖方主动。使用见款付券交易方式时，付券方能够控制风险，因而对付券方相对有利；收券方可能会承担违约风险，因此在选择此方式时，收券方应充分考虑交易对手的信誉情况。在实际交易中，往往是在付券方信用比收券方好的情况下采用见款付券方式进行交易。

纯券过户的结算方式使交易双方都有风险，而见券付款和见款付券这两种结算方式，一种对付券方不利，一种对收券方不利，这两种结算方式下的交易双方在交易过程中的实际权利并不对等。这三种模式都是在券款对付模式未能实现情况下的权宜之计。

券款对付

券款对付（Delivery Versus Payment，简称 DVP），是指交易双方在交易结算日同时同步进行债券的交割与资金的支付，并且券款交易互为约束条件的一种结算方式。通俗讲就是一手交钱，一手交货（债券）。在券款对付的交易模式下，交易双方交割风险对等，交易结算的效率高，各方承担的风险低。但是，券款对付需要债券结算系统和资金划拨清算系统对接，才能完成债券和资金的同步交割与清算结算。国际债券结算行业提倡使用券款对付的模式，该模式安全、高效，被发达债券市场普遍采用。在实际交易中，采用券款对付模式，即便交易双方相互不了解或者信用水平相差较大，也可以安全、迅速地完成债券的交易结算。

在我国市场，中央债券综合业务系统已经与人民银行支付系统实现连接，中央债券综合业务系统可以直接向人民银行支付系统发起借记、贷记有关清算账户的即时转账业务。目前，银行间债券市场的债券现券买卖、买断式回购及质押式回购等债券交易的结算都可采用券款对付的结算方式。

使用券款对付的结算方式，要求付款方具有券款对付的结算资格（即资金借记业务资格），要求收款方为支付系统的通达行。采用券款对付结算方式的结算成员，其资金账户开户行必须是支付系统的直接参与者，通过开户行在中国人民银行的清算账户办理债券结算款项的即时转账。采用券款对付结算方式，交易双方可选择是否需付款方开户行对结算款项支付进行直接借记确认。如不需要确认，则交割日簿记系统直接根据结算合同进行券款对付结算处理；如需确认，则付款方开户行应在交割日及时对结算合同发送直接借记确认指令，对结算款项的借记转账进行确认。结算成员通过资金清算代理行办理债券结算即时转账业务，只能选择需对结算款项支付进行直接借记确认的方式。

场外交易资金清算

场外交易资金清算是指托管产品在交易所之外的交易活动产生的资金清算业务。托管机构办理场外清算，需根据所接收的客户指令，在核对指令印鉴与预留印鉴一致后，为客户办理资金划付。场外交易资金清算的划款类型分为三类：投资类、财务类和直接支付类。

投资类

投资类的指令涉及托管产品投资运作，该类指令应先由投资监督岗进行事前监督审核，再提交清算复核岗复核，最后由清算审核岗审核完成支付。

财务类

财务类的指令涉及产品财务数据，例如管理费的支付等，该类指令应先由核算岗对财务数据进行确认，再提交清算复核岗复核，最后由清算审核岗审核完成支付。

直接支付类

直接支付类的指令涉及银行或登记公司、交易所收取的交易结算费等，该类指令在复核无误之后完成支付。

清算业务的风险防控

清算业务是托管业务中操作风险最为集中的业务。无论是交易所资金清算、全国银行间债券市场交易资金清算还是场外资金清算，都有严格的清算时限。如果因托管人自身原因导致无法按时完成清算，影响交易的执行，托管人应负有相应的责任。当交易所资金清算采用一级法人清算时，托管人的任意一支托管产品的清算信息出现错误，将影响所有当日参与清算的产品的进程。

虽然托管人的估值核算、投资监督等业务也具有一定的操作风险，但由于托管人在估值核算中的角色是辅会计，而且有对账机制，故出现错误的概率会大大减少。投资监督也是先由资产管理人内部进行风险控制，托管人已经是第二道防线，出现错误的概率也相对较小。托管人是清算业务中的主导角色，而且清算业务具有非常明确的时限要求，因此清算业务需要重点进行风险防制。

防控清算业务的风险，应从三个方面进行：一是确定业务流程，二是制定岗位职责，三是建立应急机制。

确定业务流程使业务有明确的依据，按照既定的秩序进行。资金清算业务的总体流程依次为上线业务参数设置、日间场内资金清算、日间场外资金清算和日终处理，各级细项也应有详细的工作流程。

制定岗位职责，能够通过建立梯次经办复核机制防止清算业务中的各类错误出现。一般清算业务需设置清算经办岗、清算复核岗、清算审核岗。

建立托管资金清算突发事件的应急预案，可以在发生系统风险或严重影响系统稳定性的突发事件时，通过启动预案妥善处理。例如，在清算系统故障的情况下应采取的替代清算方案、出现应急事件时的汇报机制、应急事件出现时的各方协调与维护工作等。

资产估值与会计核算

资产估值与会计核算概述

资产估值与会计核算是指按约定的原则和方法对托管产品依法拥有的股票、债券、基金、权证及其他资产进行估算，确定其公允价值并形成会计报表的过程。资产估值与会计核算是托管人的业务范畴之一，在国际上属于可选增值服务，由于证券投资基金的托管估值核算在我国是必要服务，我国的托管业务随证券投资基金而诞生，所以估值核算业务在我国属于基础服务。

资产估值与会计核算主要依据《中华人民共和国会计法》《中华人民共和国证券投资基金法》《金融企业会计制度》《证券投资基金会计核算办法》《证券投资基金会计核算业务指引》《信托业务会计核算办法》等相关法律和规定。

资产估值与会计核算应遵循独立核算原则，即以托管产品为会计核算主体，独立建账，独立核算，托管业务与银行其他业务之间保持相互独立，不同托管产品之间相互独立。

资产估值核算的会计年度自公历 1 月 1 日起至 12 月 31 日止。会计期间分月度和年度分期结算账目，按月度和年度编制相应的会计报表。

根据有关法律法规的规定，资产净值的计算和基金会计核算的义务由资产管理人承担，资产的主会计由资产管理人担任，资产托管人担任辅会计。就与资产有关的会计问题，经相关各方在平等基础上充分讨论后，无法达成一致意见时，应按照资产管理人对资产净值的计算结果对外予以公布。

托管资产的资产估值

估值日

托管人（与管理人）对资产进行估值的当日称为估值日。公募证券投资基金及多数每日开放的净值类产品通常在每交易日进行估值，其估值日为证券交易场所的交易日及国家法律法规规定需要对外披露基金净值的非交易日。对于非每日开放的产品，则可采用每周或每月估值的方式，估值日一般为每周最后一个交易日或每月最后一个交易日。

估值对象

托管估值的对象是托管资产所拥有的股票、权证、债券和银行存款本息、应收款项、股指期货、其他投资等资产及负债。

估值方法

托管资产的估值方法包括市场估值法、收益估值法和成本估值法三大类，不同资产的估值方法不尽相同，可根据不同资产的特性选择相应的估值方法。目前，大多数净值类产品均采用证券投资基金的估值方法，具体如下。

（1）证券交易所上市的有价证券的估值。

交易所上市的有价证券（包括股票、权证等），以其估值日在证券交易所挂牌的市价（收盘价）估值；估值日无交易的，且最近交易日后经济环境未发生重大变化或证券发行机构未发生影响证券价格的重大事件的，以最近交易日的市价（收盘价）估值；如最近交易日后经济环境发生了重大变化或证券发行机构发生影响证券价格的重大事件的，可参考类似投资品种的现行市价及重大变化因素，调整最近交易市价，确定公允价格。

交易所上市交易或挂牌转让的不含权固定收益品种，选取第三方估值机构提供的相应品种当日的估值净价估值。交易所市场上市交易或挂牌转让的含权固定收益品种，选取第三方估值机构提供的相应品种当日的唯一估值净价或推荐估值净价估值。

交易所上市交易的可转换债券，选取每日收盘价作为估值全价。

交易所上市不存在活跃市场的有价证券，采用估值技术确定公允价值。交易所上市的资产支持证券，采用估值技术确定公允价值，在估值技术难以可靠计量公允价值的情况下，按成本估值。

（2）处于未上市期间的有价证券的价值。

送股、转增股、配股和公开增发的新股，按估值日在证券交易所挂牌的同一股票的估值方法估值；该日无交易的，以最近一日的市价（收盘价）估值。

首次公开发行未上市的股票和权证，采用估值技术确定公允价值，在估值技术难以可靠计量公允价值的情况下，按成本估值。

首次公开发行有明确锁定期的股票，同一股票在交易所上市后，按交易所上市的同一股票的估值方法估值；非公开发行有明确锁定期的股票，按监管机构或行业协会有关规定确定公允价值。

交易所发行未上市或未挂牌转让的债券，在存在活跃市场的情况下，以活跃市场上未经调整的报价作为计量日的公允价值；若活跃市场报价不能代表计量日公允价值，对市场报价进行调整以确认计量日的公允价值；在不存在市场活动或市场活动很少的情况下，采用估值技术确定其公允价值；在估值技术难以可靠计量公允价值的情况下，按成本估值。

（3）因持有股票而享有的配股权，采用估值技术确定公允价值，在估值技术难以可靠计量公允价值的情况下，按成本估值。

（4）全国银行间债券市场交易的债券、资产支持证券等固定收益品种，采用估值技术确定公允价值。

（5）同一债券同时在两个或两个以上市场交易的，按债券所处的市场分别估值。

（6）本基金投资的股指期货合约，一般以估值当日结算价进行估值，估值当日无结算价，且最近交易日后经济环境未发生重大变化的，采用最近交易日结算价估值。

（7）中小企业私募债，采用估值技术确定公允价值，在估值技术难以可靠计量公允价值的情况下，按成本估值。

（8）如有确凿证据表明按上述方法进行估值不能客观反映其公允价值的，资产管理人可根据具体情况与资产托管人商定后，按最能反映公允价值的价格估值。

（9）相关法律法规及监管部门有强制规定的，从其规定。如有新增事项，按国家最新规定估值。

估值流程

估值核算业务流程依次为初始建账、维护公用及权益信息、维护场外交易数据、日终估值、日终对账、持仓核对、信息披露。

（1）初始建账。

新产品成立当日，核算经办岗依据托管合同、交易席位租赁协议，在估值系统录入产品基本信息并设置业务参数，经核算复核岗审核无误后生效。

（2）维护公用及权益信息。

日间公共信息需在估值系统中自动读取或手工维护，主要包括债券品种、证券流通、债券浮动利率变动和证券权益数据，手工维护的数据经复核后信息设置生效。

（3）维护场外交易数据。

日间场外交易数据包括银行间债券交易、网下新股申购、新债申购，场外开放式基金申购、赎回等场外交易信息，由核算经办岗在估值系统中录入，该数据经核算复核岗复核无误后生效。场外资金非交易收支类指令，由核算经办岗在估值系统进行手工账务处理。

（4）日终估值。

核算经办岗通过估值系统上传并处理场内交易数据，生成会计凭证，核对估值系统银行存款科目余额与银行托管账户余额账实一致后生成资产估值表。

（5）日终对账。

核算经办岗与资产管理人核对托管产品资产估值表各科目余额，发现差异后，如为托管人原因，由托管人修改；如为管理人原因，通知管理人修改。修改后再次核对结果，无误后通知管理人，核算复核岗将托管人出具的资产估值表与管理人加盖预留印鉴的净值公告或资产估值表核对一致后，加盖业务公章发送至管理人。公募证券投资基金的 XBRL（可扩展商业报告语言）日报文件，可通过信息披露系统发送至管理人。

（6）持仓核对。

T＋1 日（T 为交易日），托管人应核对产品会计账面投资品种持仓数量与交易所登记数量是否一致，若不一致，应与管理人逐条分析可能存在的错误，解决差异。

（7）信息披露。

根据法律法规、监管要求及托管协议的约定，在规定期限内完成月度财务报表、季度、年度等定期报告的编制及复核工作。

托管资产的会计核算

构根据托管资产的运作情况，对托管资产进行会计确认、计量和报告，是资产托管人的基本职责之一。

会计账册的建立

通常，对于需要进行会计核算的资产管理类产品，应由资产管理人与资产托管人双方按照统一的会计记账方法和处理原则分别建账。资产管理人为主会计，资产托管人为辅会计。建账所用的会计科目一般参照《证券投资基金会计核算业务指引》进行设置，具体如表 6.1 所示。

表 6.1　资产托管业务会计科目设置

顺序号	编号	会计科目名称
资产类		
1	1002	银行存款
2	1021	结算备付金
3	1031	结算保证金
4	1102	股票投资
5	1103	债券投资
6	1104	资产支持证券投资
7	1105	基金投资
8	1106	权证投资
9	1107	商业银行理财产品
10	1108	信托产品
11	1109	基础设施债权投资计划
12	1110	特定资产管理计划

顺序号	编号	会计科目名称
资产类		
13	1111	企业年金养老金产品
14	1112	保险产品
15	1202	买入返售金融资产
16	1203	应收股利
17	1204	应收利息
18	1207	应收申购款
19	1221	其他应收款
20	1501	待摊费用
负债类		
21	2001	短期借款
22	2101	交易性金融负债
23	2202	卖出回购金融资产款
24	2203	应付赎回款
25	2204	应付赎回费
26	2206	应付管理人报酬
27	2207	应付托管费
28	2208	应付销售服务费
29	2209	应付交易费用
30	2221	应交税费
31	2231	应付利息
32	2232	应付利润
33	2241	其他应付款
34	2501	预提费用

续表

顺序号	编号	会计科目名称
共同类		
35	3003	证券清算款
36	3101	远期投资
37	3102	其他衍生工具
38	3201	套期工具
39	3202	被套期项目
所有者权益类		
40	4001	实收基金
41	4011	损益平准金
42	4103	本期利润
43	4104	利润分配
损益类		
44	6011	利息收入
45	6101	公允价值变动损益
46	6111	投资收益
47	6302	其他收入
48	6403	管理人报酬
49	6404	托管费
50	6406	销售服务费
51	6407	交易费用
52	6411	利息支出
53	6605	其他费用
54	6901	以前年度损益调整

主要会计账务处理

（1）1002 银行存款。

- 本科目核算存入银行或其他金融机构的各种款项，包括活期存款、协议存款和定期存款等。
- 银行存款主要账务处理。

银行存款变动——增加银行存款，借记本科目，贷记有关科目；减少银行存款，做相反的会计分录。

计提存款利息——在存款期内逐日计提银行存款利息，按约定利率确认存款利息收入，借记"应收利息"科目，贷记"利息收入（存款利息收入）"科目；实际结息时，借记本科目，贷记"应收利息"科目。

- 本科目期末借方余额，反映实际存放在银行或其他金融机构的款项。

（2）1102 股票投资。

- 本科目核算股票投资的实际成本和价值变动（估值增值或减值）。
- 股票投资的主要账务处理。

买入股票——在交易日按股票的公允价值，借记本科目（成本），按应付的相关费用，借记"交易费用"科目，按应支付的证券清算款，贷记"证券清算款"科目，按应付的交易费用，贷记"应付交易费用"等科目；资金交收日，按实际交收的证券清算款，借记"证券清算款"科目，贷记"银行存款""结算备付金"等科目。买入股票后，在资金交收日，若无法及时足额完成当日资金交收，在保留了该股票所有权几乎所有的风险和报酬的情况下，仍应对交易日已确认的股票进行估值。交收日之后，若基金补足资金完成交收，继续对该股票估值，否则，待处分证券被处置的，应进行卖出被处置证券的相关账务处理。

网上新股申购——在申购当日借记"证券清算款（新股申购款）"科目，贷记"证券清算款"科目；在交收日，按实际交收的申购款，借记"证券清算款"科目，贷记"银行存款"或"结算备付金"科目；申购新股中签时，按确认的中签金额，借记本科目（成本），贷记"证券清算款"科目；收到退回余款（未中签部分），借记"结算备付金"等科目，贷记"证券清算款"科目。老股东网上配售，配售数量与金额可确定的，其配售日即为中签日。

网下新股申购——按实际预交的申购款，借记"证券清算款"科目，贷记"银行存款"科目。申购新股确认日，按实际确认的申购新股金额，借记本科目（成本），贷记"证券清算款"科目；如果实际确认的申购新股金额小于已经预交的申购款的，在收到退回余款时，借记"银行存款"科目，贷记"证券清算款"科目；如果实际确认的申购新股金额大于已经预交的申购款的，在补付申购款时，按支付的金额，借记"证券清算款"，贷记"银行存款"等科目。

申购、赎回ETF基金——涉及对本科目的账务处理，比照"基金投资"科目的相关规定进行。

获得份额股利——应于除权除息日按股权登记日持有的股数及送股或转增比例，计算确定增加的股票数量，在本账户"数量"栏进行记录。

配股——应于除权日按所配的股数确认未流通部分的股票投资，借记本科目（成本），贷记"证券清算款"科目。配股部分应与已流通部分分别核算。

获得现金红利——应于除权除息日借记"应收股利""银行存款"或"结算备付金"等科目，贷记"投资收益（股利收益）"科目。

公允价值变动——估值日对持有的股票估值时，如为估值增值，按当日与上一日估值增值的差额，借记本科目（估值增值），贷记

"公允价值变动损益"科目；如为估值减值，做相反的会计分录。

卖出股票——在交易日按应收取的证券清算款，借记"证券清算款"科目，按应付的相关费用，借记"交易费用"科目，按结转的股票投资成本、估值增值或减值，贷记本科目（成本），贷记或借记本科目（估值增值），按应付的交易费用，贷记"应付交易费用"等科目，按其差额，贷记或借记"投资收益（股票投资收益）"科目。同时，将原计入该卖出股票的公允价值变动损益转出，借记或贷记"公允价值变动损益"科目，贷记或借记"投资收益（股票投资收益）"科目。资金交收日，按实际交收的证券清算款，借记"银行存款"或"结算备付金"等科目，贷记"证券清算款"科目。卖出股票的成本按移动加权平均法逐日结转。

- 本科目期末借方余额，反映产品持有的各类股票的公允价值。

（3）1103 债券投资。

- 对非货币市场产品，本科目核算债券投资的实际成本和价值变动（估值增值或减值）；对货币市场产品或证监会规定的特定基金品种，本科目核算实际利率摊余成本估算的公允价值，分别"面值"和"折溢价"进行明细核算。

- 非货币市场产品债券投资的主要账务处理。

买入债券——在交易日按债券的公允价值（不含支付价款中所包含的应收利息），借记本科目（成本），按应付的相关费用，借记"交易费用"科目，按支付价款中包含的应收利息（若有），借记"应收利息"科目，按应支付的金额，贷记"证券清算款"科目，按实际支付的金额，贷记"银行存款"科目，按应支付的交易费用，贷记"应付交易费用"等科目。资金交收日，按实际交收的金额，借记"证券清算款"科目，贷记"银行存款"或"结算备付金"科目。

计提债券利息——按票面利率及面值计算债券利息，借记"应收利息"科目，贷记"利息收入（债券利息收入）"科目。

债券派息——借记"证券清算款"科目，贷记"应收利息"科目；资金交收日，按收到的金额，借记"银行存款"或"结算备付金"科目，贷记"证券清算款"科目。如相关法规规定对基金收到的债券利息扣税的，在资金交收日，按收到的金额，借记"银行存款"或"结算备付金"科目，贷记"证券清算款"科目，差额贷记"利息收入"或"应交税金"。

公允价值变动——按当日（不含应收利息）与上一日估值增值的差额，借记本科目（估值增值），贷记"公允价值变动损益"科目；如为估值减值，做相反的会计分录。

卖出债券——在交易日按应收或实收的金额，借记"证券清算款"或"银行存款"科目，按应付的相关费用，借记"交易费用"科目，按结转的债券投资成本、估值增值或减值，贷记本科目（成本），贷记或借记本科目（估值增值），按应收或实收价款中包含的应收利息（若有），贷记"应收利息"科目，按应支付的交易费用，贷记"应付交易费用"等科目，按其差额，贷记或借记"投资收益（债券投资收益）"科目。同时，将原计入该卖出债券的公允价值变动损益转出，借记或贷记"公允价值变动损益"科目，贷记或借记"投资收益（债券投资收益）"。资金交收日，按实际交收的证券清算款，借记"银行存款"或"结算备付金"等科目，贷记"证券清算款"科目。卖出债券的成本按移动加权平均法逐日结转。

到期兑付——按实际收到或应收的金额，借记"银行存款"或"证券清算款"等科目，按债券投资成本，贷记本科目（成本），按结转的估值增值或减值（若有），贷记或借记本科目（估值增值），按应收回的债券利息（若有），贷记"应收利息"科目，按差额（若有），贷记或借记"投资收益（债券投资收益）"。同时，将原计入该到期收回债券的公允价值变动损益转出，借记或贷记"公允价值变动损益"科目，贷记或借记"投资收益（债券投资收益）"。

可转换债券转股——按可转换股票的公允价值，借记"股票投资（成本）"科目，按应收取的现金余额返还，借记"证券清算款"科目，按支付的相关费用，借记"交易费用"科目，按已计利息部分（若有），贷记"应收利息"科目，按结转的债券投资的成本和估值增值或减值，贷记本科目（成本）和本科目（估值增值），按应支付的交易费用，贷记"应付交易费用"等科目，按其差额，贷记或借记"投资收益（债券投资收益）"科目。同时，将原计入该转换债券的公允价值变动损益转出，借记或贷记"公允价值变动损益"科目，贷记或借记"投资收益（债券投资收益）"。资金交收日按实际收到的现金余额返还，借记"银行存款"或"结算备付金"科目，贷记"证券清算款"科目。

● 货币市场产品债券投资的主要账务处理。

买入债券——按债券的面值，借记本科目（面值），按支付价款中包含的应收利息（若有），借记"应收利息"科目，按应支付的金额，贷记"证券清算款"科目，按实际支付的金额，贷记"银行存款"科目，按应支付的交易费用，贷记"应付交易费用"等科目，按其差额，贷记或借记本科目（折溢价）（支付的交易费用，计入债券投资账面价值）。资金交收日，按实际交收的金额，借记"证券清算款"科目，贷记"银行存款"或"结算备付金"科目。

计提债券利息——借记"应收利息"科目，按摊余成本和实际利率计算确定的利息收入，贷记"利息收入（债券利息收入）"科目，按其差额，借记或贷记本科目（折溢价）。对贴现债，按摊余成本和实际利率计算确定的利息收入，借记本科目（折溢价），贷记"利息收入（债券利息收入）"科目。

债券派息——按应收利息，借记"证券清算款"科目，贷记"应收利息"科目；资金交收日，按收到的金额，借记"银行存款"或"结算备付金"科目，贷记"证券清算款"科目。

卖出债券——在交易日按应收或实收的金额，借记"证券清算款"或"银行存款"科目，按结转的债券投资面值和溢折价，贷记本科目（面值、折溢价），按应收或实收价款中包含的应收利息（若有），贷记"应收利息"科目，按应支付的交易费用，贷记"应付交易费用"等科目，按其差额，贷记或借记"投资收益（债券投资收益）"科目（支付的交易费用，计入当期损益）。资金交收日，按实际交收的证券清算款，借记"银行存款"或"结算备付金"等科目，贷记"证券清算款"科目。

计算偏离度——货币市场产品存续期间，产品管理人应定期计算货币市场产品投资组合摊余成本与其他可参考公允价值指标之间的偏离程度，并定期测试其他可参考公允价值指标确定方法的有效性。投资组合的摊余成本与其他可参考公允价值指标产生重大偏离的，应按其他公允价值指标对组合的账面价值进行调整，调整差额确认为"公允价值变动损益"，并按其他公允价值指标进行后续计量。如基金份额净值恢复至1元，可恢复使用摊余成本法估算公允价值。

到期兑付——按实际收到或应收的金额，借记"银行存款"或"证券清算款"等科目，按债券账面余额，贷记本科目（面值、折溢价），按应收回的债券利息（若有），贷记"应收利息"科目。

• 本科目期末借方余额，反映持有各项债券的公允价值。

（4）1105 基金投资。

• 本科目核算基金投资的实际成本和价值变动（估值增值或减值）。

• 基金投资的主要账务处理。

开放式基金申购——在申购日，借记"证券清算款"科目，贷记"银行存款"科目。在交易日（非上市交易的开放式基金的交易日为申购成功的确认日）按基金的公允价值，借记本科目（成本），按应付的相关费用，借记"交易费用"科目，按应支付或实际支付的金额，贷记"证券清算款"或"银行存款"科目，按应付的交易费用，贷记"应付交易费用"等科目。

申购 ETF 基金——在申购确认日，按基金的公允价值，借记本科目（成本），按应付的相关费用，借记"交易费用"科目，按结转的股票或债券投资成本、估值增值或减值，贷记"股票投资（成本）"或"债券投资（成本）"，贷记或借记"股票投资（估值增值）"或"债券投资（估值增值）"，按应支付的金额，贷记"证券清算款"科目，按应付交易费用，贷记"应付交易费用"科目，按其差额，贷记或借记"投资收益（股票投资收益）"或"投资收益（债券投资收益）"科目。同时，将原计入该股票或债券的公允价值变动损益转出，借记或贷记"公允价值变动损益"科目，贷记或借记"投资收益（股票投资收益）"或"投资收益（债券投资收益）"科目。资金交收日，按实际交收的证券清算款，借记"证券清算款"科目，贷记"结算备付金"或"银行存款"科目。

基金转换转入——参照开放式基金申购的处理，借记本科目（成本）等，贷记"证券清算款"等科目。

基金分红——于基金除息日借记"应收股利"科目，贷记"投资收益（股利收益）"科目。实际收到现金红利时，借记"结算备付金"或"银行存款"科目，贷记"应收股利"科目。如果选择红利再投资，应在份额确认日根据注册登记机构确认的金额，参照买入基金的账务处理，借记本科目（成本）等，贷记"应收股利"科目。

公允价值变动——估值日对持有的基金估值时，如为估值增值，按当日与上一日估值增值的差额，借记本科目（估值增值），贷记"公允价值变动损益"科目；如为估值减值，做相反的会计分录。

开放式基金赎回——在交易日（非上市交易的开放式基金的交易日为赎回成功的确认日）按应收或实际收到的金额，借记"证券清算款"或"银行存款"科目，按应付的相关费用，借记"交易费用"科目，按结转的基金投资成本、估值增值或减值，贷记本科目（成本），贷记或借记本科目（估值增值），按应付交易费用，贷记"应付交易费用"科目，按其差额，贷记或借记"投资收益（基金投资收益）"科目。同时，将原计入该卖出基金的公允价值变动损益转出，借记或贷记"公允价值变动损益"科目，贷记或借记"投资收益（基金投资收益）"。

赎回ETF基金——赎回确认日，按股票或债券的公允价值，借记"股票投资（成本）"或"债券投资（成本）"，按应收的金额，借记"证券清算款"科目，按应付的相关费用，借记"交易费用"科目，按结转的基金投资成本、估值增值或减值，贷记本科目（成本），贷记或借记本科目（估值增值），按应付交易费用，贷记"应付交易费用"科目，按其差额，贷记或借记"投资收益（基金投资收益）"科目。同时，将原计入该基金的公允价值变动损益转出，借记或贷记"公允价值变动损益"科目，贷记或借记"投资收益（基金投资收益）"。资金交收日，按实际交收的证券清算款，借记"结算备付金"或"银行存款"科目，贷记"证券清算款"等科目。卖出基金的成本按移动加权平均法逐日结转。

基金转换转出——参照卖出基金的处理，借记"证券清算款"等科目，贷记本科目（成本）等。

• 本科目期末借方余额，反映持有各类基金的公允价值。

会计报表格式

托管资产的会计报表应包含资产负债表、利润表和所有者权益（基金净值）变动表（见表6.2）。以证券投资基金为例，会计报表格式如表6.2～表6.5所示。

表6.2 会计报表

编号	会计报表名称	编报期
会证基01表	资产负债表	中期报告、年度报告
会证基02表	利润表	中期报告、年度报告
会证基03表	所有者权益（基金净值）变动	中期报告、年度报告

表6.3　资产负债表

编制单位：××××　××××－××－××至××××－××－××　　单位：元

资产	期末余额	年初余额	负债和所有者权益	期末余额	年初余额
资产：			负债：		
银行存款			短期借款		
结算备付金			交易性金融负债		
存出保证金			衍生金融负债		
交易性金融资产			卖出回购金融资产款		
其中：股票投资			应付证券清算款		
债券投资			应付赎回款		
资产支持证券投资			应付管理人报酬		
基金投资			应付托管费		
衍生金融资产			应付销售服务费		
买入返售金融资产			应付交易费用		
应收证券清算款			应付税费		
应收利息			应付利息		
应收股利			应付利润		
应收申购款			其他负债		
其他资产			负债合计		
			所有者权益：		
			实收基金		
			未分配利润		
			所有者权益合计		
资产合计：			负债与持有人权益总计：		

附注：基金份额净值_____元，基金份额总额_____份。

表 6.4　利润表

编制单位：××××　统计期间为××××－××－××至××××－××－××　　单位：元

项目	本期金额	本年累计金额
一、收入		
1. 利息收入		
其中：存款利息收入		
债券利息收入		
资产支持证券利息收入		
买入返售金融资产收入		
2. 投资收益（损失以"－"填列）		
其中：股票投资收益		
债券投资收益		
资产支持证券投资收益		
基金投资收益		
衍生工具收益		
股利收益		
基金红利收益		
3. 公允价值变动损益（损失以"－"填列）		
4. 其他收入（损失以"－"填列）		
二、费用		
1. 管理人报酬		
2. 托管费		
3. 销售服务费		
4. 交易费用		
5. 利息支出		
其中：卖出回购金融资产支出		
6. 其他费用		
三、利润总额		

表 6.5 净资产变动表

编制单位：××××　统计期间为××××–××–××至××××–××–××　单位：元

项目	本期金额			上期金额		
	实收基金	未分配利润	所有者权益合计	实收基金	未分配利润	所有者权益合计
一、期初所有者权益（基金净值）						
二、本期经营活动产生的基金净值变动数（本期净利润）						
三、本期基金份额交易产生的基金净值变动数（减少以"–"填列）						
其中：1. 基金申购款						
2. 基金赎回款						
四、本期向基金份额持有人分配利润产生的基金净值变动数						
五、期末所有者权益（基金净值）						

托管投资监督与信息披露

托管投资监督概述

托管投资监督是资产托管人作为专业第三人履行保护投资者权益的重要职责，是指在资产管理人的投资行为违背了相关法律法规与合同约定时，托管人对其进行提示或者向委托人、受托人或者监管机构报告的行为。

托管投资监督的依据分为两个层次。第一个层次，依据相关法律法规与监管机构的规定，我国的资产托管业务属于牌照业务，受到银监会、证监会、保监会、人力资源和社会保障部、中国人民银行和国家外汇管理局等金融监管机构的监督管理，对各类产品进行投资监督是托管人的重要职责，也是维护我国金融安全与稳定的手段之一。第二个层次，依据托管协议或资产管理合同、基金合同的约定，对相关的投资指标等内容进行具体的监督核查。

托管投资监督的内容

对资产的投资范围与投资对象进行监督

托管人依据相关法律法规与托管协议上列明的资产投资范围与投资对象进行监督。如股票型证券投资基金的投资范围与投资对象为：

本基金的投资范围为具有良好流动性的金融工具，包括国内依法发行上市的股票（包含中小板、创业板及其他经证监会核准上市的股票）、债券、货币市场工具、权证、股指期货、资产支持证券以及法律法规或证监会允许基金投资的其他金融工具（但须符合证监会的相关规定）。

本基金各类资产的投资比例范围为：本基金持有的股票市值和买入、卖出期货合约价值，合计（轧差计算）占基金资产的比例不低于80%，其中投资于股票的资产不低于基金资产的80%；每个交易日日终在扣除股指期货合约需缴纳的交易保证金后，本基金保持不低于基金资产净值5%的现金或者到期日在一年以内的政府债券。本基金投资股指期货以套期保值为目的，股指期货、权证及其他金融工具的投资比例依照法律法规或监管机构的规定执行。

法律法规或监管机构以后允许基金投资的其他品种，基金管理人在履行适当程序后，可以将其纳入投资范围。

对资产的投资比例进行监督

托管人依据相关法律法规与托管协议上列明的投资比例进行监督。如股票型证券投资基金的投资比例为：

- 本基金持有的股票市值和买入、卖出期货合约价值，合计（轧差计算）占基金资产的比例不低于80%，其中投资于股票的资产不低于基金资产的80%。

- 每个交易日日终在扣除股指期货合约需缴纳的交易保证金后，本基金保持不低于基金资产净值5%的现金或者到期日在一年以内的政府债券。

- 本基金持有的全部权证，其市值不得超过基金资产净值的3%。

- 本基金管理人管理的全部基金持有的同一权证，不得超过该权证的10%。

- 本基金在任何交易日买入权证的总金额，不得超过上一交易日基金资产净值的0.5%。

- 本基金投资于同一原始权益人的各类资产支持证券的比例，不得超过基金资产净值的10%。

- 本基金持有的全部资产支持证券，其市值不得超过基金资产净值的20%。

- 本基金持有的同一（指同一信用级别）资产支持证券的比例，不得超过该资产支持证券规模的10%。

- 本基金管理人管理的全部证券投资基金投资于同一原始权益人的各类资产支持证券，不得超过其各类资产支持证券合计规模的10%。

- 本基金应投资于信用级别评级为BBB以上（含BBB）的资产支持证券。基金持有资产支持证券期间，如果其信用等级下降、不再符合投资标准，应在评级报告发布之日起 3 个月内予以全部卖出。

- 基金财产参与股票发行申购，本基金所申报的金额不超过本基金的总资产，本基金所申报的股票数量不超过拟发行股票公司本次发行股票的总量。

- 本基金进入全国银行间同业市场进行债券回购的资金余额不得超过基金资产净值的 40%；本基金进入全国银行间同业市场的债券回购最长期限为 1 年，债券回购到期后不得展期。

- 本基金在任何交易日日终，持有的卖出期货合约价值不得超过基金持有的股票总市值的 20%；本基金在任何交易日日终，持有的买入股指期货合约价值，不得超过基金资产净值的 10%；本基金在任何交易日内交易（不包括平仓）的股指期货合约的成交金额不得超过上一交易日基金资产净值的 20%；每个交易日日终在扣除股指期货合约需缴纳的交易保证金后，本基金保持不低于基金资产净值 5% 的现金或者到期日在一年以内的政府债券；本基金在任何交易日日终，持有的买入期货合约价值与有价证券市值之和，不得超过基金资产净值的 95%。

- 本基金投资流通受限证券，基金管理人应事先根据证监会相关规定，与基金托管人在本基金托管协议中明确基金投资流通受限证券的比例，根据比例进行投资。

- 基金总资产不得超过基金净资产的 140%。

- 法律法规及证监会规定的和基金合同约定的其他投资限制。

因证券期货市场波动、上市公司合并、基金规模变动、股权分置改革中支付对价等基金管理人之外的因素致使基金投资比例不符合上述规定投资比例的，基金管理人应当在 10 个交易日内进行调整，但证监会规定的特殊情形除外。

基金管理人应当自基金合同生效之日起 6 个月内使基金的

投资组合比例符合基金合同的有关约定。在此期间，基金的投资范围、投资策略应当符合基金合同的约定。基金托管人对基金投资的监督与检查自基金合同生效之日起开始。

法律法规或监管部门取消上述限制，如适用于本基金，基金管理人在履行适当程序后，则本基金投资不再受相关限制。

对资产的投资禁止行为进行监督

托管人依据相关法律法规与托管协议上列明的投资禁止行为进行监督。如股票型证券投资基金禁止从事下列行为：

- 承销证券。
- 违反规定向他人贷款或者提供担保。
- 从事承担无限责任的投资。
- 买卖其他基金份额，但是国务院证券监督管理机构另有规定的除外。
- 向基金管理人、基金托管人出资。
- 从事内幕交易、操纵证券交易价格及其他不正当的证券交易活动。
- 法律、行政法规和证监会规定禁止的其他活动。

其他监督事项

托管人依据相关法律法规与托管协议，还应对资产的关联投资限制进行监督，对资产管理人参与银行间债券市场的行为进行监督，对资产投资流通受限证券进行监督，对资产投资中期票据进行监督，对资产管理人选择存款银行进行监督。

托管投资监督的业务流程

托管投资监督的业务流程依次为指标设置、事前监督、事后监督、违规提示、信息披露，具体如图 6.5 所示。

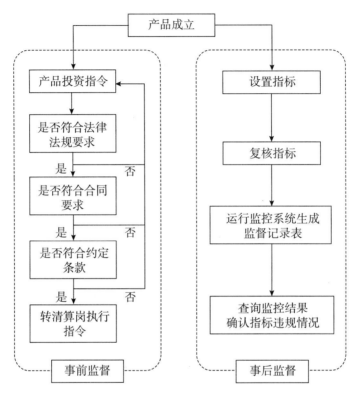

图 6.5 托管投资监督的业务流程

托管业务的信息披露

信息披露是指托管人就托管资产的运营情况向投资者进行披露的工作，信息披露应遵循真实性、准确性和完整性原则。公募证券投资基金和企业年金的信息披露制度较为完善，根据《证券投资基金信息披露管理办法》（证监会令第 19 号），基金信息披露义务人应公开披露的基金信息包括：

（1）基金招募说明书。

（2）基金合同。

（3）基金托管协议。

（4）基金份额发售公告。

（5）基金募集情况。

（6）基金合同生效公告。

（7）基金份额上市交易公告书。

（8）基金资产净值、基金份额净值。

（9）基金份额申购、赎回价格。

（10）基金定期报告，包括基金年度报告、基金半年度报告和基金季度报告。

（11）临时报告。

（12）基金份额持有人大会决议。

（13）基金管理人、基金托管人的基金托管部门的重大人事变动。

（14）涉及基金管理人、基金财产、基金托管业务的诉讼。

（15）澄清公告。

（16）证监会规定的其他信息。

公开披露基金信息，不得有下列行为：

（1）虚假记载、误导性陈述或者重大遗漏。

（2）对证券投资业绩进行预测。

（3）违规承诺收益或者承担损失。

（4）诋毁其他基金管理人、基金托管人或者基金份额发售机构。

（5）登载任何自然人、法人或者其他组织的祝贺性、恭维性或推荐性的文字。

（6）证监会禁止的其他行为。

资产管理人与资产托管人应当建立健全信息披露管理制度，指定专人负责管理信息披露事务。资产托管人应当按照相关法律法规、证监会的规定和托管协议的约定，对资产管理人编制的资产净值、资产份额净值、资产份额申购赎回价格、资产定期报告和定期更新的招募说明书等公开披露的相关资产信息进行复核、审查，并向资产管理人出具书面文件或者盖章确认。

其他营运增值服务

除了本章前述的各项托管营运职责外，托管人还能够根据客户的需求，为客户提供其他丰富的营运增值服务，例如投资绩效评估服务、会计代理服务、份额登记服务及其他各类定制类服务。在托管业务竞争日趋激烈的背景下，同质化的营运服务难以获得高附加值，而提供的增值服务，往往能够成为吸引客户并获得超额收益的关键。

投资绩效评估服务

投资绩效评估服务是指从专业的角度，在剔除了市场一般收益率水平、市场风险和盈利偶然性的前提下，对资产投资进行的客观评价。对于企业年金基金等涉及多个管理人的资产管理业务，受托人出于对多家管理人的投资业绩进行客观比较的考虑，可能需要投资绩效评估服务。

投资绩效评估是一个比较复杂的问题，不仅涉及衡量绩效的客观有效的度量方法，也关系到基金绩效的持续性和业绩归因分析等多方面的因素。我国在投资绩效评估方面的理论研究和实践非常有限。在国际上，20 世纪 60 年代的资产组合理论、资本资产定价模型和股票价格行为理论，奠定了现代基金评价理论的基石，近几十年的理论研究和实践表明，数量分析的方法被大量地引入投资绩效评估。目前，国际上相对成熟、使用较多的评价体系是夏普指数、特雷诺指数和詹森指数。

夏普指数

夏普指数源于美国经济学家威廉·夏普（William Sharpe）于 1966 年发表的《共同基金的业绩》（*Mutual Fund Performances*），提出用基金承担单位总风险（包括系统风险和非系统风险）所带来的超额收益来衡量基金业绩。夏普指数通过一定评价期内基金投资组合的平均收益超过无风险收益率部分与基金收益率的标准差之比来衡量基金的绩效。计算公式为：

$$S_p = (r_p - r_f) / \sigma_p$$

其中，S_p 为夏普指数，r_p 为基金组合的实际收益，r_f 为无风险收益率，σ_p 为基金收益率所对应的标准差。

夏普指数的理论依据是资本资产定价模型（Capital Asset Pricing Model，简称 CAPM），以资本市场线（Capital Market Line，简称 CML）为评价的基点，如果基金证券组合的夏普指数大于市场证券组合 M 的夏普指数，则该基金组合就位于 CML 之上，表明其表现好于市场；反之，如果基金投资组合 P 的夏普指数小于市场证券组合 M 的夏普指数，则该基金组合就位于 CML 之下，表明其表现劣于市场。因此，夏普业绩指数越大，基金绩效就越好；反之，基金绩效就越差。

特雷诺指数

特雷诺指数源于杰克·特雷诺（Jack Treynor）于 1965 年发表的《如何评价投资基金的管理》（*How to Evaluate the Management of Investment Funds*），认为足够的证券组合可以消除单一资产的非系统性风险，系统性风险可以较好地刻画基金的风险，即系统性风险与收益率变动相联系。因此，特雷诺指数采用在一段时间内证券组合的平均风险报酬与其系统性风险对比的方法来评价投资基金的绩效。特雷诺指数等于基金的超额收益与其系统风险测度 β 之比。

计算公式为：

$$T_p = (r_p - r_f) / \beta_p$$

其中，T_p 为特雷诺指数，β_p 表示基金投资组合的 β 系数，是投资组合要承担的系统风险。

特雷诺指数的理论依据也是 CAPM，但是是以证券市场线（Securities Market Line，简称 SML）为评价的基点，当市场处于平衡状态时，所有的资产组合都落在 SML 上，即 SML 的斜率就表示市场证券组合的特雷诺指数。当基金投资组合的特雷诺指数大于 SML 的斜率时，该投资组合位于 SML 之上，表明其表现优于市场；反之，当基金投资组合的特雷诺指数小于 SML 的斜率时，该投资基金组合位于 SML 之下，表明其表现劣于市场。所以，特雷诺指数越大，基金的绩效就越好；反之，基金的绩效就越差。

詹森指数

詹森指数源于美国经济学家迈克尔·詹森（Michael Jenson）于 1968 年发表的《1945—1964 年间共同基金的业绩》[*The Performance of Mutual Funds in the Period*（1945—1964）]，提出了一种评价基金业绩的绝对指标，即詹森指数。他认为基金投资组合的额外收益可以衡量基金额外信息的价值，因而可以衡量基金的投资业绩，其计算公式为：

$$J_p = r_p - [r_f + \beta_p (r_m - r_f)]$$

其中，J_p 为詹森指数。

詹森业绩指数，又称 α 值，它反映了基金与市场整体之间的绩效差异。詹森指数也是以（CAPM）为基础，根据 SML 来估计基金的超额收益率。其实质是反映证券投资组合收益率与按该组合的 β 系数算出来的均衡收益率之间的差额。当然，差额越大，詹森指数越大，反映基金运作效果越好。如果詹森指数为正值，则说明基金经理有超常的选股能力，被评价基金与市场相比，高于市场平均水平，投资业绩良好；如果詹森指数为负值，则说明基金经理的选股能力欠佳，不能跑赢指数，被评价基金的表现与市场相比较整体表现较差；如果詹森指数为零，则说明基金经理的选股能力一般，只能与指数持平。

会计代理与份额登记服务

会计代理与份额登记服务源于私募投资基金的相关服务业务。私募基金行业一直保持高速发展，截至 2017 年一季度，正式登记的私募管理人数量达 1.86 万家，备案的私募产品达 5.04 万只，由此也衍生出了大量的业务机会。私募基金的份额登记、估值核算、信息技术系统服务都可以由专业服务机构代理完成，市场上大量的私募基金管理机构都选择轻装上阵、精简机构，将投研作为业务核心，而将建设成本较高、占用人力较多的后台营运与账务等纯技术操作工作进行外包。

会计代理服务其实是估值核算，其基本职责包括开展基金会计核算、估值、报表编制，相关业务资料的保存管理，配合私募基金管理人聘请的会计师事务所进行审计以及法律法规及服务协议规定的其他职责。与托管人的估值核算职能不同的是，会计代理服务需要做的是代理管理人完成管理人的主会计职责。基金托管人由于具有先天的营运业务优势，从事该业务得心应手，因此各家托管机构也成为会计代理服务的主要市场参与者。但是，根据相关规定，如果托管人对同一支产品同时提供托管服务和会计代理服务，则不得由同一团队负责，负责两项业务的人员和系统必须完全隔离，例如采用不同的业务处室。

份额登记服务是接受私募基金管理人的委托，从事持有人份额信息登记的工作。份额登记服务的基本职责包括建立并管理投资者的基金账户、负责基金份额的登记及资金结算、基金交易确认、代理发放红利、保管投资者名册、法律法规或服务协议规定的其他职责。基金份额登记机构登记的数据，是投资者权利归属的根据。

托管机构开展会计代理与份额登记服务，需在中国证券投资基金业协会进行备案，通过备案后，方可开展业务。

其他增值服务

托管人还可以根据委托人、管理人、受托人的需求，定制各类个性化服务。例如，某股份制商业银行根据客户需求自主研发了商业银行理财母子账户体系，是另类托管增值服务的典型案例。

第七章

托管业务的系统

资产托管业务属于信息技术密集型行业。托管营运是托管业务所提供的核心服务，而托管业务系统是托管营运工作开展的基础。离开系统，托管将无所依存，业务将无从开展。通过系统建设能够达到提高效率、解放人力、改善客户体验、减少差错、突破营运瓶颈的目的，最终实现释放托管产能的效果。国外先进的托管银行无不重视系统的开发与升级，并投入大量经费进行托管 IT（信息技术）研发。

本章内容主要介绍托管业务的系统。

托管业务系统的重要性

系统是托管业务正常开展的基础

托管业务的营运离不开系统，系统是托管业务正常开展的基础。根据《证券投资基金托管业务管理办法的规定》，申请证券投资基金托管业务牌照时，机构必须具备安全高效的清算、交割系统，基金托管部门必须配备独立的托管业务技术系统，包括网络系统、应用系统、安全防护系统、数据备份系统。

托管人与管理人之间的指令接受、信息交互、核算对账都需要通过系统完成，托管人与交易所、登记公司、全国银行间债券市场等机构的信息传输与清算结算也完全依赖系统执行，托管人向监管机构进行日常报告与信息披露也是通过 XBRL（可扩展商业报告语言）信息进行的。

系统是营运承载能力提升的保障

随着资产托管业务的不断发展，各家托管机构的业务量不断增加。在业务增加的初级阶段，托管机构往往会通过增加人手化解业务压力，但当业务压力成几何量级增加时，仅通过增加人手已无济于事，只有通过系统升级才能从本质上解决问题，满足业务发展的需求。

我国各大托管银行的系统开发与更新升级历程，清晰地反映了托管业务系统水平与托管规模发展的相关程度，每一次托管业务规模实现实质性飞跃，都与托管业务系统的开发与升级直接相关，具体如表 7.1 所示。

表 7.1　托管业务系统与业务开展情况的关系

年代	托管系统开发	托管业务情况
1998—2000 年	第一代托管业务系统	五大行开始开展资产托管业务
2002—2005 年	第二代托管业务系统，中国工商银行启动自主研发托管业务系统项目，其他各家托管银行陆续升级赢时胜托管银行清算系统 V3.0	全国股份制商业银行陆续获得托管业务牌照，进入托管领域
2009—2011 年	五大行相继实现托管核心直联	五大行平均托管规模突破 1 万亿元

续表

年代	托管系统开发	托管业务情况
2012—2014 年	中国建设银行、中国银行、交通银行启动新一代托管系统研发	中国建设银行、中国银行、交通银行平均托管规模超 3 万亿元，城市商业银行开始进入托管领域
2015—2016 年	全国股份制商业银行启动与赢时胜的合作，开始新一代托管业务的系统建设	全国股份制商业银行平均托管规模超 3 万亿元
2017 年至今	托管机构开始注重系统升级，托管业务系统进入多元化发展轨道；招商银行发布全功能网上托管银行2.0；中信银行上线新一代托管营运系统；中国邮政储蓄银行上线区块链托管系统；光大银行上线"驾驶舱易智托管"平台	招商银行托管规模突破10万亿元，中信银行托管规模突破 7 万亿元，中国邮政储蓄银行、光大银行托管规模突破 4万亿元

　　由此可见，系统建设是托管业务的重中之重，优秀的系统能够大幅提升托管业务的承载能力，同时可以满足自动化、智能化、电子化和精细化管理水平，解放人力，减少人工操作的风险，并能够持续提升客户体验，最大程度地发挥系统产能。

　　从国际银行的经验来看，系统也是突破业务发展瓶颈的关键解决措施。2016 年年末，托管规模居全球第一的纽约梅隆银行建立了四个创新中心来开发前沿的托管业务 IT 系统技术，并通过名为"SM Mobile"的 iPad 程序在移动端为客户提供直观的资产组合与监管信息。纽约梅隆银行先进的 IT 技术也为承接资产管理机构的中后台外包服务提供了有力支持，2015 年，其获得了德意志银行的后台外包服务项目。2016 年年末，托管规模居全球第二的道富银行于 2010 年宣布了一项长期的信息技术改造项目，通过改进运营技术达到降低人工及租用成本的目的。道富银行每年的 IT 开发费用占其总费用的 20%～25%，新平台"企业服务平台"与其网站"我的道富"（MyStateStreet）整合后于 2014 年初上线，挖掘自身收集到的数据，帮助客户进行前台分析和风险管理，并提供合规报告。北美信托银行在核算流程中使用机器人对账，并通过 AI（人工智能）技术对机器人对账过程中重复出现的错误进行自动修复和更正处理，采用机器人技术较全部使用人力提高了 20%～40% 的工作效率。同时，北美信托银行已经开始在欧洲部分特定私募基金试点开展区块链托管服务①。

系统是提高托管服务水平的手段

系统是服务客户的窗口。随着技术的发展，托管人与管理人的交互越来越多地通过系统实现。系统是否友好，直接关系到客户体验。托管业务的初衷与基本职责虽然是保护投资者的利益，但直接服务的对象却是资产管理人或受托人，在很多情况下，决定托管业务合作的也是资产管理人与受托人。对于管理人来说，托管人服务品质的高低，很大程度上与系统相关。

例如，资产管理人非常关注指令的执行情况和账户资金余额的情况，在传统模式下，管理人需要通过电话向托管人查询确认，托管人在交易日的下午会满负荷运转，电话很可能占线，人人互动的服务只能实现一对一服务（见图 7.1），如果多次不能打通电话，则会影响管理人的业务处理效率。

通过引入托管网银，可以实现系统服务，管理人可以在任意时间自助进行指令执行情况和账户资金余额情况的查询。系统查询的优势是可以实现实时查询，不会出现因电话占线需要等待的情况，

---

① 本部分相关内容与数据来自北美信托银行于 2017 年 8 月在中国银行业协会国际托管业务交流会上分享的经验。

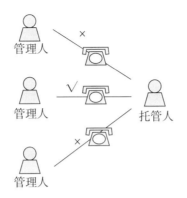

图 7.1　传统的一对一电话查询服务

而且可以实现一对多查询，即一套系统可以同时服务多个客户（见图 7.2），从而完全改变客户体验，提升服务效率。

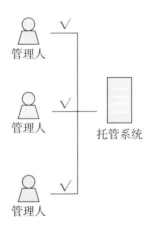

图 7.2　系统实现的一对多实时查询服务

系统是托管业务风险控制的防线

　　风险的防控可以通过制度来实现，也可以通过系统来实现。通过制度进行风险防控，可能会出现小概率的疏漏，操作风险在所难免。但是，通过系统进行监控，可以实现无死角的全方位监控，如果系统设计方案能够将各种风险情况考虑进去，理论上是可以杜绝操作风险的。

托管机构（尤其对于银行而言）设有分支机构的，如果不通过系统，则很难对分支机构进行实时监控，只能通过事后监督实现业务检查。但是，通过系统配置，则可以实现对各分支托管机构的实时监控。某股份制商业银行自主研发了一套全行资产托管营运实时监控系统，在总行资产托管部设有监控总中心，通过大屏幕实时对各分支机构的托管营运情况进行监控，开辟了托管业务全机构实时监控系统的先河。资产托管营运实时监控系统的相关内容将在第三部分的案例中进行详细介绍。

托管业务系统的建设方式

托管业务系统的建设方式主要有三种，一是外部采购，二是自主研发，三是外部采购与自主研发相结合。

外部采购

由于托管机构研发经费等资源和系统研发周期的限制，外部采购托管业务系统是比较理想的方案。目前，大部分托管机构都采用外部采购的方式建设托管业务系统。市场上较知名的托管业务系统提供商包括深圳市赢时胜信息技术股份有限公司（后简称"赢时胜"）、恒生电子股份有限公司（后简称"恒生"）和东软集团（后简称"东软"），其中赢时胜占有托管机构的主要市场份额，恒生则占有基金管理公司等资产管理人的主要市场份额。

外部采购系统有三点优势：一是系统上线速度快，可随时上线，无须等待开放周期；二是无须大量的 IT 人力投入研发；三是可获得专业服务机构对系统的及时更新。但是，外部采购也有一定的劣势：一是系统知识产权不归托管机构自身所有，受制于人；二是外部采购一般都是成型产品，难以满足个性化的需求。

外部采购模式适用于新获取托管业务牌照的托管机构。

自主研发

如果不考虑时间与资源成本，自主研发无疑是最佳的系统建设方案。自主研发能够使托管机构完全按照自己的需求设计系统功能，拥有自主知识产权，而且可以自主把握日后的改进与升级。但是，托管业务系统涉及多套子系统，设计须与多套外部系统对接，自主研发的难度非常大，除非有超级强大的信息技术研发力量支持，否则托管机构很难采用该方式建设系统。

自主研发模式适用于技术资源非常强大的托管机构，或者托管规模极为庞大，并且拥有巨大的分支机构网络的托管机构。目前，国际上托管规模排名居前的大型托管机构都采用了自主研发系统的模式。我国目前采用自主研发模式建设托管业务系统的，只有中国工商银行。

"外部采购＋自主研发"

多年以来，很多托管机构将提升产能寄希望于系统升级。但是，受制于资源与其他现实情况，无法自主研发，而不得不采用外部采购的系统，导致很多个性化需求不能实现。在这种矛盾中，衍生出了"外部采购＋自主研发"的系统建设方式，被我国很多大型托管机构所采用。"外部采购＋自主研发"的模式是以某家系统提供商（目前多为赢时胜）的现有系统为蓝本，通过向系统提供商提出个性化需求的方式，改良系统，逐渐使其适应托管机构自身的运营模式。这种模式属于折中方案，能够在有限的资源条件下，很大程度上解决托管银行的系统建设问题。

"外部采购＋自主研发"的系统建设方式适合在托管业务上已经取得一定市场份额，在托管营运上具有自身独特的需求，但又难以自建系统的托管机构。

托管业务系统的搭建

托管业务系统的搭建，一方面要接收来自交易所、全国银行间债券交易市场、管理人等机构的外部数据，另一方面要具备内部的清算、核算、投资监督等操作平台，同时要通过 XBRL 等系统对监管机构进行信息披露。其总体搭建逻辑如图 7.3 所示。

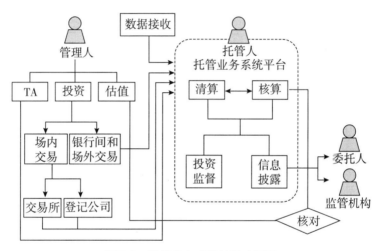

图 7.3　托管业务系统的搭建逻辑

其中最为核心的两个模块是清算模块与核算模块，这两个模块用于履行托管人资金清算与会计核算①的两项核心职能。

清算模块

托管业务营运系统的清算模块是集汇划、对账、清算、查询查复、监控等多项功能于一体的系统模块，应满足资金汇划与清算同

---

① 本部分内容参考了深圳市赢时胜信息技术股份有限公司官方网站（www. ysstech. com）的展示内容。

步进行，需具备快捷、安全、方便的特点。清算模块需能够完成与中国证券登记结算有限公司上海、深圳分公司，银行间市场等其他市场之间的清算业务，自动产生收付款指令，通过指令的方式将结算款项及时划付至指令指定的结算账户。

目前，我国各托管银行主流的清算模块都采用二级清算模式。二级清算即结算参与人（托管银行）与各明细资产先进行集中结算，然后中国证券登记结算有限公司直接跟结算参与人进行轧差的一级结算。二级清算 T 日交易，证券 T 日晚过户，T + 1 日资金交收。

清算模块应集中数据读入、调节表生成、划款指令生成等功能，其中资金调节表为清算模块的核心报表，直观地反映了资产各个账户现金流的情况。报表应支持穿透式操作，可以操作此组合当天的所有划款指令。

清算模块还应包括划款指令功能、网银接口功能以及资金流量表功能。划款指令功能提供全部划款指令的浏览、查询和打印功能，并支持多种文件格式的导出。网银接口功能可导出满足各种网银系统所需的电子划款指令文件，从而实现与网银系统的对接，完成批量划款。资金流量表功能可全面地展示每天资金流的汇总变化情况。

核算模块

核算模块主要用于对托管资产进行核算估值并生成会计报表。一个好的核算模块应满足以下特点：

（1）支持全球交易市场，实现真正意义上的多币种核算。

（2）支持多种会计准则。

（3）支持多种投资分类方式，包括交易性金融资产、可供出售金融资产、持有至到期金融资产、衍生贷款等。

（4）支持多种成本核算方式，包括移动加权平均、先进先出等。

（5）支持多种债券计息方式。

（6）支持多种实际利率计算公式。

（7）系统具有很高的自动化，具有良好的可拆卸性和可扩充性。从灵活性、实用性的角度考虑，先将各个功能模块封装化，然后对整个系统进行搭积木式的构筑，从而可以灵活地拆卸和扩充。

（8）高速数据处理，运用大量的数据库技术，节省数据上传、处理所花费的时间。

（9）系统界面美观，操作便利；操作流程清晰，与用户的业务流程结合紧密；支持批量化操作，减少重复工作。

（10）具备完善的复核功能，系统地提供审核、复核和高度的自我校验机制，从而最大限度地降低业务风险。

核算模块需要具备多组合处理、数据管理、估值处理、财务报表生成等基本功能。

第八章

托管业务的风险控制

对于商业银行而言，资产托管业务属于中间业务范畴，对于证券公司与其他托管机构而言，资产托管业务属于专业金融服务范畴，在经营过程中不占用风险资本，是一项典型的轻资本、轻资产、轻成本的业务，同时也是一项低风险业务。资产托管业务的主要工作内容包括接受客户委托，为所托管资产提供安全保管、资金清算、估值核算、投资监督等服务，既不会面临传统银行信贷业务具有的信用风险，又不会面临金融市场业务具有的市场风险。

虽然资产托管业务的低风险特性已经在国际上达成了共识，但低风险并不代表无风险，资产托管业务因其特有的服务内容与业务性质也可能面临操作风险和声誉风险。操作风险属于内部风险，声誉风险属于外部风险。资产托管机构应建立风险防范机制（见图8.1），从而有效防范托管业务的相关风险。

本章将围绕资产托管业务所面临的操作风险与声誉风险进行具体介绍，并研究相应的防范措施。

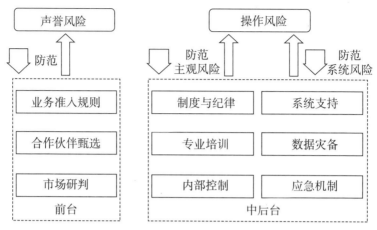

图8.1 托管业务风险防范体系

托管业务的操作风险与防控措施

托管业务的操作风险概述

操作风险是指由于不完善或有问题的内部操作过程、人员、系统或外部事件而导致直接或间接损失的风险。

具体到资产托管业务，操作风险主要是指在执行具体托管服务的操作过程中出现错误所导致的风险，造成资产托管业务操作风险的原因主要有主观错误、被动错误和系统问题三类。

主观错误导致的操作风险是指由于操作人员不够专业、对业务操作流程不熟悉或违反业务规章制度造成错误或形成损失的情况。例如，由于操作人员不熟悉相关市场交易时间安排或玩忽职守，在大额实时支付系统或银行间债券市场关闭后方才处理管理人的资金划付指令，导致资金划付失败，交易无法完成。

被动错误导致的操作风险是指由于操作人员在业务处理过程中由于失误造成风险或形成损失的情况。例如，操作人员在进行资金划付时错误输入了划付金额，导致交易出现差错。

系统问题导致的操作风险是指由于业务系统软硬件发生故障导致托管人出现错误或无法执行服务的情况。例如，托管人清算系统崩溃或基金估值系统崩溃导致无法进行业务操作，或者托管人因业务数据丢失导致无法按时出具托管业务报告等。

操作风险的防控措施

操作风险可以通过一定的机制与措施进行防控，如果应对得当，可以在很大程度上减少甚至杜绝操作风险的发生。

对于主观错误造成的操作风险，可通过以下三个方面的措施予以防范：

（1）建立全面的操作流程与操作规范，尤其要重点涵盖风险易发环节的操作细节，印发操作手册并严格执行。

（2）完善内控制度，设立多级审核机制和层级负责机制并明确责任，托管人也可聘请具备相应资格的会计师事务所依据 ISAE 3402 国际审计标准①对托管业务内控体系进行审查或提供咨询建议。

（3）通过对业务操作人员进行专业技能和安全意识的培训，提升操作人员的业务专业性，强化操作人员的责任意识与风险防范意识。

对于被动失误造成的操作风险可以通过以下三个方面的措施予以防范：

（1）通过提升系统自动化水平减少人工操作，国际先进托管银行多以电子指令系统取代纸质传真指令，即由客户向托管人发送电子指令并由托管人审核无误后予以划付，既可以方便客户操作，又可以避免托管人手工录入指令，还可以大幅度提高指令传输效率。

---

① ISAE 3402 国际审计标准是国际审计与鉴证准则理事会颁布的国际鉴证业务准则第 3402 号"服务机构控制的鉴证报告"，是 SAS 70 的继任标准。ISAE 3402 主要审核企业的业务处理管理、数据信息技术管理等方面的能力，对于企业数据安全管理方面的审计标准较高，也是目前最严格的 IT 安全审计标准。

（2）通过设置"经办－复核－审批"三级操作机制防范操作失误，尤其要强化和落实复核岗位的作用与责任。

（3）进行合理的人力资源配置与分工，避免因操作过于集中或操作人员压力过大导致失误。

防范系统问题造成的操作风险需要加强对业务系统软硬件的维护，提升业务承载力；同时应设置应急预案，在出现问题后及时采取应对措施保障业务的正常进行。

操作风险还包括托管人由于通信或电力中断、地震、水灾、火灾、恐怖袭击等原因导致的无法进行服务的情况，但该等情况下托管人一般会在托管协议等法律文件中免责。

托管业务的声誉风险与防范措施

托管业务的声誉风险概述

根据银监会发布的《商业银行声誉风险管理指引》，声誉风险是指由商业银行经营、管理及其他行为或外部事件导致利益相关方对商业银行负面评价的风险。

在资产托管业务中，托管人仅对所托管资产的安全及估值等附加服务负有责任。在管理人的投资行为合法合规且遵守合同约定的前提下，托管人无权干涉管理人的投资行为，托管人对产品投资本金及收益不负有任何责任。但是，由于管理人的不当宣传或者委托人的不当理解，在产品收益分配出现纠纷或者投资本金出现亏损的情况下，甚至在管理人非法占有委托人财产的极端情况下，委托人可能向托管人提出赔偿要求或对托管人进行负面评价。虽然在法律层面上托管人通常不对该等情况负有责任，但如果委托人有组织地在托管人办公场所聚集闹事，或者通过媒体或互联网等渠道制造舆论，则会对托管人声誉产生一定的负面影响。

较为典型的声誉风险的案例是，某银行与一家网络借贷平台开展 P2P 网络借贷资金存管业务合作，该网络借贷平台通过伪造交易数据非法侵吞投资者投入平台的资金，最终卷款跑路，导致平台投资者血本无归。平台借款人无法找到平台本身，便有组织地在存管银行的办公地点静坐，打出"还我血汗钱"的标语，并通过媒体舆论对存管银行施压，试图通过这些方式逼迫存管银行代为偿还其投资本金。虽然银监会发布的《网络借贷资金存管业务指引》，明确指出了存管人开展网络借贷资金存管业务，不对网络借贷交易行为提供保证或担保，不承担借贷违约责任；同时也明确了存管银行只需通过履行表面一致性的形式审核义务对客户资金及业务授权指令的真实性进行认证，防止委托人非法挪用客户资金，但平台的投资者并不会因此而放弃向存管银行追索自身债务的机会。在此类案件中，存管银行最终未必会有实质性的经济损失，但是其名誉将受到一定影响，对其业务经营与品牌价值带来负面效应，形成声誉风险。

声誉风险的防控措施

防范声誉风险可以采取以下三个方面的措施：

（1）甄选合作伙伴，做好项目准入，尽量选择资本雄厚、品牌优秀、管理规范的管理人进行合作，该类管理人发行的产品出现纠纷的可能性相对较小，即便出现纠纷也有能力解决，不会对托管人造成影响；对于规模过小、成立时间短、管理混乱的管理人，与之合作要谨慎。

（2）甄别产品，尽量选择法律框架明晰、监管规范明确、运作相对成熟、风险相对可控的产品。对于新产品和新业态的尝试，应先研究透彻，而不是盲目创新。

（3）做好舆情控制与应急预案，保持与媒体的良好沟通，建立出现不利影响时及时控制舆论传播的应对机制。

第九章

托管业务的人员

资产托管业务是一项专业性很高的新兴业务，对从业人员的专业素质要求较强。随着资产托管业务的不断发展，竞争越来越激烈，简单的托管正在成为同质化的业务。在托管业务的服务链条中，只有技术含量更高的增值服务才能够取得高额的中间业务收入，才能够获得更高的市场份额。这一切都依赖于托管业务的专业人员。

然而，由于资产托管业务在我国尚属一项新兴业务，人员储备还不充足。各大高校的相关专业中都没有专门的课程，专业的书籍也寥寥无几。托管业务的人员多依靠机构自身培养，同时从相关的领域（如资产管理行业）吸纳。本章将介绍托管业务人员的类别、来源、未来发展以及托管人员的外包。

托管业务人员的类别

前台市场人员

前台市场人员的职责

前台市场人员是托管业务市场营销、产品设计与业务推动的发起者和执行者。前台市场人员的主要职责包括：

（1）负责资产托管业务的市场营销、产品研究与方案设计。

（2）负责托管业务客户的开发与维护。

（3）负责资产托管业务相关合同、协议的拟订和相关法律文件的签署与管理。

（4）负责业务市场相关监管政策的研究。

（5）负责有关资产托管市场发展的日常管理、业务推动和培训。

（6）负责制定或执行托管业务的相关考核指标。

前台市场人员应具备的素质

前台市场人员应具备的素质包括：

（1）应具备金融专业的知识背景，熟悉相关业务逻辑。

（2）应熟悉资产托管业务的主要产品及相关监管政策。

（3）应具有良好的组织沟通、归纳总结、数据处理分析及公文写作能力。

（4）应具备基金从业资格。

后台营运人员

后台营运人员的职责

后台营运人员是托管营运业务的具体操作者和执行者。后台营运人员的主要职责包括：

（1）负责托管资产保管、会计核算与估值、资金清算、投资监督和信息披露的操作。

（2）负责托管营运操作风险的防范。

（3）负责托管业务的信息披露与相关监管数据的报送。

（4）负责与资产管理人等对手方进行日常业务的处理与问题的沟通。

（5）负责提出托管营运系统的建设与改进需求。

（6）负责与交易所、登记结算等机构的业务往来与关系维护。

后台营运人员应具备的素质

后台营运人员应具备的素质包括：

（1）应具备会计专业、金融专业的相关知识背景，熟悉相关业务逻辑。

（2）应熟悉资产托管业务各类产品的投资范围、投资限制等相关监管政策。

（3）应具有会计相关从业经验或具备会计操作技能。

（4）应具备基金从业资格。

中台支持人员

中台支持人员的职责

中台支持人员为托管业务的市场营销和托管营运提供相关支持，中台营运人员的主要职责包括：

（1）负责提供保障业务正常运转所需的场所、设备、系统和软件等工具。

（2）负责托管业务内部控制体系的建设与检查执行。

（3）负责维护托管业务核心系统的正常运行及研发、采购和升级。

（4）负责托管业务的相关数据统计、通报和分析。

（5）负责投资者服务工作的执行。

（6）负责资产托管机构或部门的综合管理。

中台支持人员应具备的素质

中台的职责较为分散，按照职责的不同，所需人员的素质要求也不尽相同。总体上可以分为：IT 系统人员、内控稽核人员、投资者服务人员与综合服务人员。IT 系统人员需要具备计算机软硬件相关的专业知识背景，并具备相关的系统开发与维护经验。内控稽核人员需要具备管理专业或审计专业的相关知识背景或经验。投资者服务人员与综合服务人员需要具备行政与文案的相关能力与经验。

托管业务人员的来源与发展

托管业务人员的来源

资产托管业务是一个新兴的业务领域，目前托管业务的人员非常匮乏，随着资产托管机构数量的不断增加，托管业务人员的需求不断增加，缺口巨大。托管业务人员除了从应届毕业生中选取进行培养外，也可以从相关的行业进行吸纳。但是，由于托管业务的专业性比较强，其人员来源也非常有限，主要来源于资产管理行业，包括商业银行、基金管理公司、证券公司、信托公司和保险资产管理机构等。

很多机构在建立资产托管部时，会采取先从内部调动人员的方式建立团队，再从外部招聘或自行培养。但是，即便是内部调动，也需要考虑业务的相关性，从相关的业务条线进行调动。对于商业银行而言，托管业务的前台市场人员可以来源于金融同业、资产管理、金融市场、投资银行等业务条线，托管业务的后台营运人员可以来源于会计和结算营运等业务条线，托管业务的中台支持人员可以来源于信息科技、行政管理等条线。对于证券公司而言，托管业务的前台市场人员可以来源于资产管理、固定收益等条线，托管业务的后台营运人员可以来源于清算条线，托管业务的中台支持人员可以来源于信息科技条线。

托管业务人员的职业发展

2017 年一季度末，我国资产托管业务的总规模已突破 100 万亿元，达到 126 万亿元，托管机构数量达到 42 家。随着行业的不断发展，托管业务人员未来的发展空间是非常广阔的。一方面，托管行业本身的人员需求量将越来越大；另一方面，托管机构的人员也会与资产管理行业和整个金融链条上的其他行业进行交互流通。

从托管行业本身的情况看，随着越来越多的机构申请资产托管业务牌照，托管业务本身的人员需求量将越来越大。其中以托管业务的后台营运人员最为稀缺。截至 2017 年一季度末，我国全行业托管银行（不含具备托管资格的证券公司）的专业人员仅有 1 946 人，含分支机构的人数仅为 5 046 人，其中专业托管营运人员仅有 919人。由于专业人员的稀缺，将会形成新人员的净流入，同时具备丰富托管业务经验的人员，将有可能逐渐成为本机构或其他托管业务机构的中高级管理人员，形成良好的人员晋升通道。

由于资产托管业务涉及业务对手方的范围非常广泛，涵盖了基金公司、商业银行、证券公司、保险公司、信托公司、私募基金、境外机构等，因此资产托管业务专业人员的未来发展方向也非常广阔。多年来，资产托管业务的人员流向主要以资产管理行业和私募投资行业为主，托管业务与资产管理相关领域的人员是双向流动的（见图 9.1）。

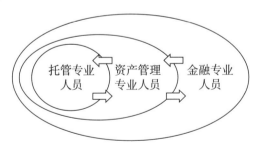

图 9.1　托管专业人员的流动方向

以基金管理公司为例，托管业务的市场人员同样被基金管理公司的市场部、渠道部和产品部所需要，托管业务的营运人员同样被基金管理公司的后台估值核算部门所需要，托管业务的中台 IT 与行政人员同样被基金管理公司的 IT 与行政部门所需要。

托管业务专业人员的管理

由于整体资产托管业务的营运人员极度稀缺，而托管营运又属于专业技术密集型行业，足够数量的专业人员是保障托管营运有序进行的关键。如果人员配置达不到标准配置，部分操作人员就有可能超负荷作业，操作风险的概率就会相应增加。一旦托管业务的安全无法得到保障，将可能给托管机构造成损失，甚至影响托管机构的声誉。

各家托管机构都面临同样的困境，2017 年一季度末，我国全部托管银行的托管业务套账数量已达到 16.6 万套，其中最标准化的公募证券投资基金的套账数达到 4 099 套，人均公募证券投资基金套账数达 4.46 套，而基金管理公司普遍按照每人不超过 4 套账的配比进行核算业务的分配，超过这一配比，将要考虑由于业务压力导致的操作风险。从这一角度来看，托管机构的人均套账数已经超过了基金管理公司的阈值标准。

为了解决人员问题，各家托管机构采取了不同的办法。中国建设银行和上海浦东发展银行在合肥市建立了托管营运中心，将托管业务的大后台建立在合肥市，一方面是人员成本较北上广深等金融发达城市更低，有利于建立较大规模的团队；另一方面可以避免人员频繁流动对业务带来的冲击。还有部分银行采取了合同制或者外包服务的办法增加托管营运人员。采用外包机制，可以将简单、基本的清算与核算业务交由具备清算或会计基础的人员进行操作，再由具备经验的人员进行管理与复核。这种制度可以将营运工作按照业务性质进行分级，有效减少核心专业人员的基础性和重复性劳动，从而可以集中精力处理更多的核心业务。

部分股份制银行在托管营运人员紧张、营运压力不断增大的情况下，一方面积极通过系统升级解放人力，另一方面在人员与岗位上进行了精细化管理。首先，按照职能将托管营运处分为七个功能小组（见图9.2），分别是账户管理组、资金清算组、估值核算组、投资监督组、系统需求组、营销支持组和机构管理组。其中，前四组为业务操作组，后三组为支持与管理组。每一组由业务骨干担任组长，并将托管营运处员工按照个人特点分配至不同小组，负责具体业务。前四组与后三组人员可交叉兼任，但前四组内不得交叉兼任。通过科学分组，可以使每个岗位的职能得以固化，在发生人员流动时，只要有新人能够顶上，就不会发生业务无法衔接的情况。同时，组长的任用能够达到培养人才的目的，也为日后的处级干部选拔储备了人选。通过精细化管理，优化了人力资源结构，有效防控了风险，保障了业务的健康良性发展。

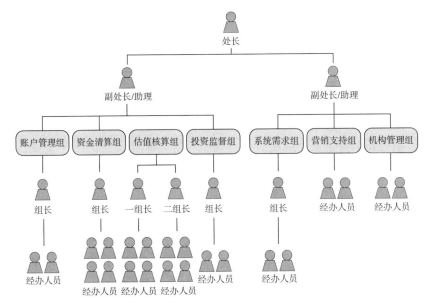

图9.2 托管营运的分组精细化管理

托管业务从业人员的职业道德

资产托管作为一项以托管机构的信用对社会信用进行补充的业务品种，其信用是自身业务生存和发展的基石。前文已经介绍，在一些观点中，托管人比管理人更加受到投资者和监管机构的信赖，在业务链条中也行使着监督的职责。因此，资产托管业务对从业人员的职业道德有着很高的要求。

职业道德是一般社会道德在职业活动和职业关系中的特殊表现，是与人们的职业行为紧密联系的符合职业特点要求的道德规范的总和。资产托管业务从业人员的职业道德，是一般社会道德和职业道德在托管行业的具体化，是基于托管行业及托管业务从业人员所承担的特定的职业义务和责任，在长期的托管业务实践中所形成的职业行为规范。托管业务人员的职业道德主要包括以下内容[①]：

守法合规

守法合规是对托管业务从业人员职业道德最基础的要求，托管业务从业人员不但要遵守国家法律、行政法规和部门规章，还要遵守与托管业务相关的自律规则及其所属机构的各种管理规范，并配合相关监管机构的监管。守法合规的基本要求包括：

熟悉法律法规等行为规范

守法合规的前提是熟悉相关的法律法规等行为规范，这里的法律法规包括所有涉及托管业务领域的法律、行政法规、部门规章以及自律性规则等。

---

① 资产托管业务的从业人员需要具备基金从业资格，也需要遵守相关的职业规范。本部分内容参考了基金业协会 2014 年发布的《基金从业人员执业行为自律准则》。

遵守法律法规等行为规范

（1）托管业务从业人员应当严格遵守法律法规等行为规范。

（2）托管业务从业人员应当具备相应的从业资格①，自觉遵守从业人员行为规范。

（3）基金从业人员应当积极配合相关监管机构的监管。

（4）负有监督职责的托管业务从业人员，要忠实履行自己的监督职责，及时发现并制止违法违规行为，防止违法违规行为造成更加严重的后果。

（5）普通的托管从业人员，尽管不负有监督职责，但是也应当监督他人的行为是否符合法律法规的要求。一旦发现违法违规行为，应当及时制止并向上级部门或者监管机构报告。

诚实守信

诚实守信是调整各种社会人际关系的基本准则，具体表现为不弄虚作假、不隐瞒欺诈，讲信用、重信用、守信用。诚实守信是托管业务职业道德的核心规范，具体表现是不得利用托管人职责的特殊性，进行内幕交易。

内幕交易是指利用内幕信息进行证券交易，以为自己或者他人牟取利益。内幕交易违反了证券市场公开、公平、公正的原则，破坏了证券市场的诚信和秩序，损害了投资者的合法权益，社会危害性极大，是《中华人民共和国证券法》明确规定的禁止性行为。

内幕信息是指能够影响证券价格的重要非公开信息。内幕信息由三个要素构成：一是来源可靠的信息；二是重要的信息，即该信息对证券价格的影响重大。三是非公开的信息。托管业务的后台营运操作人员能够看到大量资产管理机构的产品交易情况与持仓情况，

---

① 托管业务从业人员应具备基金从业资格，并接受相应的职业继续教育。

能够接触和获取非公开信息，作为托管业务从业人员，应严格律己，不得利用内幕信息牟利。

专业审慎

专业审慎是指托管业务从业人员应当具备与其执业活动相适应的职业技能并保持和提高专业胜任能力，勤勉审慎开展业务，提高风险管理能力，不得做出任何与专业胜任能力相背离的行为。如果托管业务从业人员从事力所不能及的工作，就不符合职业道德的要求。专业审慎的具体要求包括：

持证上岗

持证上岗是指托管业务从业人员应当具备从事相关活动所必需的法律法规、金融、财务等专业知识和技能，必须通过基金从业人员资格考试，取得基金从业资格，并由所在托管机构向基金业协会申请执业注册后，方可执业。

持续学习

持续学习是指托管业务从业人员应当热爱本职工作，努力钻研业务，注重业务实践，积极参加基金业协会和所在机构组织的后续职业培训。

审慎开展执业活动

审慎开展执业活动要求托管业务从业人员牢固树立风险控制意识，主动防范操作风险和声誉风险。同时在具体操作上，托管业务从业人员必须记载和保留适当的记录。

客户至上

客户至上是指托管业务从业人员的一切执业活动应从投资者的

根本利益出发。对托管人而言，其客户既包括委托人，也包括管理人。具体要求如下：

（1）不得从事与客户利益相冲突的业务。

（2）应当采取合理的措施避免与客户发生利益冲突。

（3）在执业过程中遇到自身利益或相关方利益与客户利益发生冲突时，应以客户利益优先，并及时向所在机构报告。

（4）不得侵占或者挪用基金委托人的交易资金。

（5）不得在执业活动中为自己或他人牟取不正当利益。

（6）不得利用工作之便向任何机构或个人输送利益，损害客户的利益。

忠诚尽责

忠诚尽责是指托管业务从业人员应当忠实于所在机构，避免与所在机构的利益发生冲突，不得损害所在机构的利益，同时应当像对待自己的事情一样来对待所在机构的工作，尽职尽责。具体要求如下：

廉洁公正

（1）不得接受利益相关方的贿赂或对其进行商业贿赂，如接受或赠送礼物、回扣、补偿或报酬等。

（2）不得利用托管资产或者所在机构固有财产为自己或者他人牟取非法利益。

（3）不得利用职务之便或者机构的商业机会为自己或者他人牟取非法利益。

（4）不得侵占或者挪用托管资产的财产或者机构固有财产。

（5）不得为迎合客户的不合理要求而损害社会公共利益、所在机构或者他人的合法权益。

（6）不得从事可能与客户或所在机构之间产生利益冲突的活动。

（7）抵制来自上级、同事、亲友等各种关系因素的不当干扰，坚持原则，独立自主。

忠诚敬业

（1）托管业务从业人员应当与所在机构签订正式的劳动合同或其他形式的聘任合同，保证托管业务从业人员在相应机构对其进行直接管理的条件下从事执业活动。

（2）托管业务从业人员有义务保护公司财产、信息安全，防止所在机构资产损坏、丢失。

（3）托管业务从业人员应当严格遵守所在机构的授权制度，在授权范围内履行职责；超出授权范围的，应当按照所在机构的制度履行批准程序。

（4）托管业务从业人员提出辞职时，应当按照聘用合同约定的期限提前向公司提出申请，并积极配合有关部门完成工作移交。已提出辞职但尚未完成工作移交的，从业人员应认真履行各项义务，不得擅自离岗；已完成工作移交的从业人员应当按照聘用合同的规定，认真履行保密、竞业禁止等义务。

（5）托管业务从业人员本人、配偶、利害关系人进行证券投资，应当遵守所在机构有关从业人员的证券投资管理制度，办理报批或报备手续。

保守秘密

保守秘密是指托管业务从业人员不应泄露或者披露客户和所属机构向其传达的信息，除非该信息涉及客户或潜在客户的违法活动，或者属于法律要求披露的信息，或者客户或潜在客户允许披露此信息。托管业务从业人员在执业活动中接触的秘密主要包括三类：一是商业秘密；二是客户资料；三是内幕信息。保守秘密的要求包括：

（1）托管业务从业人员应当妥善保管并严格保守客户秘密，非经许可不得泄露客户资料和交易信息。无论是在任职期间还是离职后，均不得泄露任何客户资料和交易信息。

（2）托管业务从业人员不得泄露在执业活动中所获知的各相关方的信息及所属机构的商业秘密，更不得用以为自己或他人谋取不正当的利益。

（3）托管业务从业人员不得泄露在执业活动中所获知的内幕信息。

第十章

托管业务的牌照

资产托管业务在我国属于牌照业务，开展资产托管业务需要先行具备相应的业务资质。目前，资产托管业务的主要牌照包括证券投资基金托管业务牌照、企业年金托管业务牌照、全国社保基金托管业务牌照、QFII 托管业务牌照、保险资产托管业务牌照。本章将重点介绍几类托管业务牌照的申请条件与相关办法。

公募证券投资基金托管资格申请

公募证券投资基金托管资格概述

公募证券投资基金托管资格是我国最早出现的托管业务资格，也是覆盖范围最广、影响力最大的一项托管业务牌照，除了从事公募证券投资基金的托管业务需要该资格之外，从事证券公司资产管理计划、资金信托计划、商业银行理财产品、特定客户资产管理计划及私募投资基金等产品的托管业务均需要具备公募证券投资基金托管资格。因此，一家机构如果具备了公募证券投资基金托管资格，从广义上讲，就可以被称为托管机构。

《中华人民共和国证券投资基金法》第三十三条规定，基金托管人由依法设立的商业银行或者其他金融机构担任。商业银行担任基金托管人的，由国务院证券监督管理机构会同国务院银行业监督管理机构核准；其他金融机构担任基金托管人的，由国务院证券监督管理机构核准。

基金托管人资格申请应参照《中华人民共和国证券投资基金法》和《证券投资基金托管业务管理办法》。未取得基金托管资格的机构，不得从事基金托管业务。

基金托管人应具备的条件

基金托管人应当具备下列条件：

（1）最近3个会计年度的年末净资产均不低于20亿元，资本充足率等风险控制指标符合监管部门的有关规定。

（2）设有专门的基金托管部门，部门设置能够保证托管业务运营的完整与独立。

（3）基金托管部门拟任高级管理人员符合法定条件，取得基金从业资格的人员不低于该部门员工人数的1/2；拟从事基金清算、核算、投资监督、信息披露、内部稽核监控等业务的执业人员不少于8人，并具有基金从业资格，其中，核算、监督等核心业务岗位人员应当具备2年以上托管业务从业经验。

（4）有安全保管基金财产、确保基金财产完整与独立的条件。

（5）有安全高效的清算、交割系统。

（6）基金托管部门有满足营业需要的固定场所，配备独立的安全监控系统。

（7）基金托管部门配备独立的托管业务技术系统，包括网络系统、应用系统、安全防护系统、数据备份系统。

（8）有完善的内部稽核监控制度和风险控制制度。

（9）最近 3 年无重大违法违规记录。

（10）法律、行政法规规定的和经国务院批准的证监会、银监会规定的其他条件。

基金托管人的系统与硬件要求

基金托管业务的申请人应当具有健全的清算、交割业务制度，清算、交割系统应当符合下列规定：

（1）系统内证券交易结算资金及时汇划到账。

（2）从交易所、证券登记结算机构等相关机构安全接收交易结算数据。

（3）与基金管理人、基金注册登记机构、证券登记结算机构等相关业务机构的系统安全对接。

（4）依法执行基金管理人的投资指令，及时办理清算、交割事宜。

基金托管业务申请人的基金托管营业场所、安全防范设施、与基金托管业务有关的其他设施和相关制度，应当符合下列规定：

（1）基金托管部门的营业场所相对独立，配备门禁系统。

（2）能够接触基金交易数据的业务岗位有单独的办公场所，无关人员不得随意进入。

（3）有完善的基金交易数据保密制度。

（4）有安全的基金托管业务数据备份系统。

（5）有基金托管业务的应急处理方案，具备应急处理能力。

基金托管资格的申请

申请人应当向证监会报送下列申请材料，同时抄报银监会：

（1）申请书。

（2）具有证券业务资格的会计师事务所出具的净资产和资本充足率专项验资报告。

（3）设立专门基金托管部门的证明文件，确保部门业务运营完整与独立的说明和承诺。

（4）内部机构设置和岗位职责规定。

（5）基金托管部门拟任高级管理人员和执业人员基本情况，包括拟任高级管理人员任职材料，拟任执业人员名单、履历、基金从业资格证明复印件、专业培训及岗位配备情况。

（6）关于安全保管基金财产有关条件的报告。

（7）关于基金清算、交割系统的运行测试报告。

（8）小公场所平面图、安全监控系统设计方案和安装调试情况报告。

（9）基金托管业务备份系统设计方案和应急处理方案、应急处理能力测试报告。

（10）相关业务规章制度，包括业务管理、操作规程、基金会计核算、基金清算、信息披露、内部稽核监控、内控与风险管理、信息系统管理、从业人员管理、保密与档案管理、重大可疑情况报告、应急处理及其他履行基金托管人职责所需的规章制度。

（11）开办基金托管业务的商业计划书。

（12）证监会、银监会规定的其他材料。

企业年金基金托管资格申请

企业年金基金托管资格概述

根据《企业年金基金管理办法》的相关规定，企业年金基金的托管人是指接受受托人委托保管企业年金基金财产的商业银行。企业年金基金的托管人目前只能由商业银行担任，由人力资源和社会保障部审批认定。企业年金基金的托管人资格的申请，应遵循《企业年金基金管理机构资格认定暂行办法》的相关规定。《职业年金基金管理暂行办法》规定，职业年金基金的托管机构应在具有相应企业年金基金管理资格的机构中选择。

企业年金基金托管人应具备的条件

申请成为企业年金基金托管人，应当具备下列条件：

（1）经国家金融监管部门批准，在我国境内注册的独立法人。

（2）注册资本不少于 50 亿元，且在任何时候都维持不少于 50 亿元的净资产。

（3）具有完善的法人治理结构。

（4）设有专门的资产托管部门。

（5）取得企业年金基金从业资格的专职人员达到规定人数。

（6）具有保管企业年金基金财产的条件。

（7）具有安全高效的清算、交割系统。

（8）具有符合要求的营业场所、安全防范设施和与企业年金基金托管业务有关的其他设施。

（9）具有完善的内部稽核监控制度和风险控制制度。

（10）近 3 年没有重大违法违规行为。

（11）国家规定的其他条件。

企业年金基金托管人资格的审批流程

（1）申请企业年金基金托管人资格的机构应按照《企业年金基金管理机构资格认定暂行办法》准备相应申请材料递交人力资源和社会保障部。

（2）人力资源和社会保障部受理申请人申请后，组建专家评审委员会对申请材料进行评审。

（3）人力资源和社会保障部认为必要时将指派 2 名以上工作人员，根据申请人的申请材料对申请人进行现场检查。

（4）人力资源和社会保障部根据专家评审委员会评审结果及现

场检查情况，会商相关监管部门后，认定企业年金基金托管人资格，向申请人颁发资格证书。

（5）企业年金基金托管人的资格证书有效期为 3 年，期限届满前 3 个月应当向人力资源和社会保障部提出延续申请。

QFII 托管资格申请

QFII 托管资格概述

QFII 托管资格必须经证监会和国家外汇管理局审批，相关申请材料应先行递交证监会审理，由证监会会签国家外汇管理局做出托管资格许可。QFII 托管资格的申请应按照《合格境外机构投资者境内证券投资管理办法》的相关要求进行办理。开展 RQFII 托管业务，也需要具备 QFII 托管资格。

QFII 托管人应具备的条件

申请成为 QFII 托管人应当具备下列条件：

（1）设有专门的资产托管部。

（2）实收资本不少于 80 亿元。

（3）有足够的熟悉托管业务的专职人员。

（4）具备安全保管合格投资者资产的条件。

（5）具备安全、高效的清算、交割能力。

（6）具备外汇指定银行资格和经营人民币业务资格。

（7）最近 3 年没有重大违反外汇管理规定的记录。

外资商业银行境内分行在境内持续经营 3 年以上的，可申请成为 QFII 托管人，其实收资本数额条件按其境外总行的计算。

DFII 托管人职责

QFII 托管人应当履行下列职责：

（1）保管合格投资者托管的全部资产。

（2）办理合格投资者的有关结汇、售汇、收汇、付汇和人民币资金结算业务。

（3）监督合格投资者的投资运作，发现其投资指令违法、违规的，及时向证监会和国家外汇管理局报告。

（4）在合格投资者汇入本金、汇出本金或者收益 2 个工作日内，向国家外汇管理局报告合格投资者的资金汇入、汇出及结售汇情况。

（5）每月结束后 8 个工作日内，向国家外汇管理局报告合格投资者的外汇账户和人民币特殊账户的收支和资产配置情况，向证监会报告证券账户的投资和交易情况。

（6）每个会计年度结束后 3 个月内，编制关于合格投资者上一年度境内证券投资情况的年度财务报告，并报送证监会和国家外汇管理局。

（7）保存合格投资者的资金汇入、汇出、兑换、收汇、付汇和资金往来记录等相关资料，其保存的时间应当不少于20年。

（8）根据国家外汇管理规定进行国际收支统计申报。

（9）证监会、国家外汇管理局根据审慎监管原则规定的其他职责。

全国社保基金托管资格申请

全国社保基金托管资格概述

全国社保基金托管人是指取得社保基金托管业务资格、根据合同安全保管社保基金资产的商业银行。社保基金托管资格的申请应符合《全国社会保障基金投资管理暂行办法》和《全国社会保障基金条例》的相关规定。社保基金托管人由全国社保基金理事会确定。申请社保基金托管业务时，申请人需向全国社保基金理事会提交申请书及由中国人民银行批准其从事社保基金托管业务的证明。全国社保基金理事会按照招标原则评选社保基金托管人，评选办法及评选结果报财政部、人力资源和社会保障部及中国人民银行备案。

全国社保基金托管人应具备的条件

申请办理社保基金托管业务应具备以下条件：

（1）设有专门的基金托管部。

（2）实收资本不少于 80 亿元。

（3）有足够的熟悉托管业务的专职人员。

（4）具备安全保管基金全部资产的条件。

（5）具备安全、高效的清算、交割能力。

全国社保基金托管人的职责

社保基金托管人应履行下列职责：

（1）尽职保管社保基金的托管资产。

（2）执行社保基金投资管理人的投资指令，并负责办理社保基金名下的资金结算。

（3）监督社保基金投资管理人的投资运作，发现社保基金投资管理人的投资指令违法违规的，向理事会报告。

（4）完整保存社保基金会计账簿、会计凭证和年度财务会计报告 15 年以上。

（5）社保基金托管合同规定的其他职责。

保险资产托管资格申请

保险资产托管资格概述

根据《保险资金运用风险控制指引（试行）》的相关规定，保险公司应建立第三方托管机制。托管机构的资格应符合保监会的有关规定。保险资产托管最早源于保监会于2005年印发的《保险公司股票资产托管指引（试行）》，要求托管银行对保险资金的运用进行监督管理。

2014年，保监会与银监会发布了《中国保监会 中国银监会关于规范保险资产托管业务的通知》，制定了保险资产托管业务的具体规则，该通知要求保险集团（控股）公司、保险公司应当建立和完善保险资产托管机制，选择符合规定条件的商业银行等专业机构，保险资金运用形成的各项投资资产全部实行第三方托管和监督，切实提高投资运作的透明度，防范资金运用的操作风险。

保险股票资产托管人应具备的条件

根据《保险公司股票资产托管指引（试行）》的规定，保险公司股票资产托管人是指符合该指引托管人条件、根据托管协议履行托管职责的商业银行或者其他专业金融机构。托管人应当具备下列条件：

（1）具有完善的公司治理结构、内部稽核监控制度和风险控制制度。

（2）设有专门的托管部门。

（3）具有一定数量的从事托管业务的专职人员。

（4）具有承办托管业务的专门信息系统和安全高效的清算、交割系统。

（5）具备法律、行政法规和保监会规定的托管保险公司股票资产的投资监督和绩效评估能力。

（6）具有符合有关监管机构要求的营业场所、安全防范设施和与保险公司股票资产托管业务有关的其他设施。

（7）近3年托管业务没有重大违法违规行为，没有受到有关监管机构处罚。

（8）保监会规定的其他条件。

商业银行担任托管人的实收资本不低于 80 亿元，并具有 3 年以上托管经验，外国银行分行的实收资本按其总行计算。商业银行或者其他专业金融机构担任托管人，按照规定需要相关监管机构批准或者需要向监管机构备案的，应当按照相关监管机构的规定办理。

保险资产托管人的职责

托管机构应当至少履行下列职责：

（1）安全保管托管的保险资产。

（2）根据托管合同约定，代理或协助保险机构开立托管资金账户和证券账户。

（3）根据保险机构或专业投资管理机构的有效指令，及时办理资金划转和清算交割。

（4）对托管保险资产进行估值和会计核算。

（5）根据托管合同约定，向保险机构提供托管资产报告、有关数据、报表和信息。

（6）完整保存保险资产托管业务活动的记录、账册、报表和其他相关资料自合同终止之日起至少 15 年。

（7）对托管的保险资产投资信息和相关资料负有保密义务，不得擅自将上述信息和资料泄露给其他商业机构或个人。

（8）按照法律法规及保险资金运用相关规定，监督托管保险资产的投资运作，向保监会提交监督报告和有关数据、报表，并配合保监会对保险机构投资运作进行监督检查等。

我国托管业务市场机构的持牌情况

根据 Wind（万得信息技术股份有限公司）金融终端的数据，本部分内容详细整理了截至 2017 年 6 月 30 日我国托管业务市场上 48 家资产托管机构的托管业务持牌情况，涵盖了中资与外资银行，具体如表 10.1 所示①。

表 10.1　我国托管业务机构的持牌情况

序号	托管人	证券投资基金	企业年金	社保基金	QFII	保险公司股票资产
1	中国工商银行	●	●	●	●	●
2	中国建设银行	●	●	●	●	●
3	中国农业银行	●	●	●	●	●
4	中国银行	●	●	●	●	●
5	交通银行	●	●	●	●	●
6	中信银行	●	●	●	●	●
7	招商银行	●	●	●	●	—
8	中国民生银行	●	●	●	●	●
9	中国光大银行	●	●	●	●	●
10	浦发银行	●	●	●	●	—
11	华夏银行	●	—	●	●	—
12	兴业银行	●	—	●	●	—
13	平安银行	●	—	—	●	—
14	中国邮政储蓄银行	●	—	—	—	●
15	北京银行	●	—	—	—	●
16	渤海银行	●	—	—	—	●
17	南京银行	●	—	—	—	●

① 资料来源：Wind。

序号	托管人	证券投资基金	企业年金	社保基金	QFII	保险公司股票资产
18	宁波银行	●	—	—	—	●
19	浙商银行	●	—	—	—	●
20	广发银行	●	—	—	—	—
21	广州农商行	●	—	—	—	—
22	杭州银行	●	—	—	—	—
23	恒丰银行	●	—	—	—	—
24	包商银行	●	—	—	—	—
25	徽商银行	●	—	—	—	—
26	江苏银行	●	—	—	—	—
27	上海银行	●	—	—	—	—
28	国泰君安	●	—	—	—	—
29	国信证券	●	—	—	—	—
30	海通证券	●	—	—	—	—
31	恒泰证券	●	—	—	—	—
32	中信证券	●	—	—	—	—
33	华泰证券	●	—	—	—	—
34	兴业证券	●	—	—	—	—
35	招商证券	●	—	—	—	—
36	证金公司	●	—	—	—	—
37	中国银河证券	●	—	—	—	—
38	中国证券登记结算公司	●	—	—	—	—
39	中金公司	●	—	—	—	—

续表

序号	托管人	证券投资基金	企业年金	社保基金	QFII	保险公司股票资产
40	中泰证券	●	—	—	—	—
41	中信建投证券	●	—	—	—	—
42	广发证券	●	—	—	—	—
43	德意志银行（中国）	—	—	—	●	—
44	花旗银行（中国）	—	—	—	●	—
45	汇丰银行（中国）	—	—	—	●	—
46	三菱东京日联银行（中国）	—	—	—	●	—
47	星展银行	—	—	—	●	—
48	渣打银行（中国）	—	—	—	●	—

注：●表示该机构截至统计期末已具备相应托管业务牌照。

—表示该机构截至统计期末尚未具备相应托管业务牌照。

下篇： 驾驭

托管实战与特色案例

第十一章

零距离揭秘余额宝[①]

余额宝，一个世界金融史上的现象级产品，在成立当年年底就荣登我国第一大公募证券投资基金的宝座，并在其后几年不断刷新我国公募证券投资基金单只产品管理规模与参与投资者数量的纪录，引领了互联网基金的创新热潮。余额宝集多项改善客户体验的增值服务于一身，甚至改变了人们的消费与投资习惯。凭借余额宝，天弘基金管理有限公司（后简称"天弘基金"）上演了我国公募证券投资基金行业的惊天逆袭，由一家中小型基金管理公司摇身成为我国基金行业的王者；而中信银行，也成为我国公募证券投资基金的第一大托管银行[②]。

中信银行作为余额宝这只"巨无霸"基金的托管银行，有幸见证了余额宝的诞生，参与了余额宝的普惠创新，助力了余额宝的功

---

① 本案例内所有数据与内容均来源于公开渠道。对于余额宝部分未披露数据与细节性流程，由于托管人需要恪守保密义务，未在本案例进行详细介绍，望读者谅解。

② 天弘基金管理公司公募证券投资基金管理资产规模于 2017 年 6 月 30 日排名我国 117 家基金公司首位；中信银行公募证券投资基金托管资产规模于 2017 年 6 月 30 日排名我国 42 家托管机构首位，数据来自 Wind。

能完善，陪伴了余额宝的茁壮成长，与支付宝、天弘基金共同经历了余额宝的每一次蜕变。

本案例将回顾余额宝的孕育与诞生，介绍余额宝逐步壮大的过程，讲述托管银行在每一个创新功能实现时所付出的努力，从托管银行的零距离视角揭开余额宝的神秘面纱。

案例看点：

（1）余额宝为什么能在成立后半年的时间内成为我国规模最大的公募证券投资基金？

（2）中信银行为什么能够成为余额宝的托管银行？

（3）余额宝的托管运作与其他产品有何不同？

桃园结义

人有十月怀胎，余额宝的诞生，也经历了数月的孕育。场景、运作、托管，缺一不可。作为场景提供方的支付宝，为余额宝带来了与生俱来的互联网"基因"，提供了获取长尾客户的平台，勾勒了集消费与投资于一身的"骨架"。在2013年以前，天弘基金还没有展露出如今的"王者之气"，但正是这平凡的出身，给予这个团队无与伦比的创新精神和工匠之魂。支付宝和天弘基金的合作，是天作之合。

在设计之初，还没有"余额宝"这个名字。在支付宝和天弘基金内部，将余额宝项目称为"贰号工程"。2013年初，通过货币市场基金实现"贰号工程"功能的雏形已经搭建完毕，要想实现这一设想的全部功能，还缺少一个重要的角色——托管银行。

"贰号工程"集多项创新计划于一身，在设计之初被赋予了每日收益结转、1元起申购、T+0日赎回等颠覆性的功能。这些功能，无论在基金行业还是托管行业，都是闻所未闻的。虽然"贰号工程"

本质上是一只货币市场基金，但却远远不只是一只普通的货币市场基金。因此，"贰号工程"的托管也绝不是随意找一家托管银行就能解决的问题。"贰号工程"初期的功能需要托管银行在各项流程上予以特殊处理，对托管运营的效率要求极高，甚至要对托管银行的内部系统进行改造。承接余额宝的托管银行，必须为这个产品一路开绿灯，甚至需要投入包括产品、营运和系统人员在内的专门的团队参与整个工程的流程设计。大型银行的优势在于庞大的机构网点数量带来的强劲的销售能力，但余额宝不需要银行销售，而且大型银行托管的公募证券投资基金产品众多，在没有看清"贰号工程"的未来之前，很难做出为一只基金轻易更改整个托管系统的决策，更难以拉出一个团队来专门投入到个体产品的研发。那么小型银行呢？新兴的小型托管银行大多是乐于创新的，但是小型银行的托管运作经验相对较少，更重要的是，小型银行的头寸难以支撑"贰号工程"巨额的资金吞吐量，进而可能影响产品投资和赎回的划款。相对理想的托管银行，应该是既能够配合"贰号工程"进行创新改造，又具有比较雄厚实力的中型全国股份制银行。

中信银行是中国中信集团有限公司（后简称"中信集团"）旗下最大的子公司，是我国在改革开放进程中最早成立的新兴商业银行之一，是我国最早参与国内外金融市场融资的商业银行，并以屡创我国现代金融史上多个第一而蜚声海内外。中信银行秉承了中信集团的优秀"基因"，创新精神深入骨髓。要体量，有体量；要创新，有创新；在几家股份制银行中，中信银行无疑是一个理想的合作伙伴，非常适合成为承载"贰号工程"这个梦想飞船的托管母舰。中信银行与阿里巴巴集团已有战略合作，相关团队也与天弘基金进行了接洽。

天弘基金与中信银行的商谈比想象中简单得多、顺利得多、默契得多。中信银行骨子里的创新精神让"贰号工程"的团队深受感动。中信银行资产托管部快速反应，组建了托管专项小组，直接加入"贰号工程"的开发,解决"贰号工程"所有涉及托管业务的问题。同时,由专人配合天弘基金拟定包括基金合同、托管协议、招募说明书等在内的产品书面材料,仅用了不到一周的时间就完成了材料起草、业务审查、法律审查、内部签报的全部流程,而当时在托管行业内一套标准基金文案的准备时间平均至少需要三周,这样的效率让支付宝和天弘基金在满意之余还有惊喜。余额宝的实体基金——天弘增利宝货币市场基金①,在 2013 年 3 月末,承载着一批创新者的梦想,被报送到了证监会。

就这样,场景、运作、托管,三位一体。

就这样,支付宝、天弘基金、中信银行,桃园结义。

就这样,"贰号工程"的雏形,在癸巳之春,悄然孕育。

宝宝诞生

余额宝实质上是支付宝为实名认证客户提供的账户余额资金的资产管理服务,具体实现的方式是对接由天弘基金管理的同名货币市场基金,客户向余额宝转入资金,即购买了天弘余额宝货币市场基金,并享有天弘余额宝货币市场基金的投资收益。

之所以选择货币市场基金作为对接产品,有四个主要原因。第一是标准化,货币市场基金是公募证券投资基金的一种,由具备资格的专业管理人和托管人进行投资管理和资产托管,透明度高、监管严格、标准化程度高。第二是风险较低,货币市场基金主要投资于短期货币工具如国库券、商业票据、银行定期存单、银行承兑汇票、政府短期债券、企业债券等短期有价证券,风险较低,出现亏

---

① 天弘增利宝货币市场基金是余额宝货币市场基金的曾用名称,余额宝则是在支付宝用户端的产品名称。为了与余额宝统一称谓,后将基金名称更改为余额宝货币市场基金。

损的可能性非常小。第三是流动性高，货币市场基金是开放式基金，每日可申购赎回，且赎回到账的效率在各类金融产品中最高。第四是收益每日分配，有别于其他类型基金单位净值累加的收益结转方式，当时的货币市场基金只有一种分红方式，即红利转投资[①]。货币市场基金每份单位始终保持在 1 元，超过 1 元后的收益会按时自动转化为基金份额，拥有多少基金份额即拥有多少基金资产，这样可以使投资者每天都能直观地看到自己的资产与收益情况。作为对接余额宝的投资产品，货币市场基金再合适不过。

既然是货币市场基金，就要按照相关的法律法规进行运作。所有的公募证券投资基金都需要证监会的审核，获得通过后才能依法募集。天弘增利宝货币市场基金报送到证监会之后，很快获得了"准生证"。天弘基金作为余额的管理人，在此期间与证监会进行了多次沟通，时值证监会大力推动普惠金融和产品创新，这只产品也得到了证监会的鼓励与支持。

在产品报送证监会审核期间，各项工作也在同时推进。余额宝在设计之初，就被"贰号工程"的设计师赋予了客户体验至上的核心定位。在发展过程中，客户体验成了余额宝产品的"灵魂"。一切设计工作（包括托管）都在围绕"客户体验至上"这一核心定位进行着。

余额宝不是一只普通的货币市场基金。托管银行对普通基金的操作要求一般是"安全运营无差错"。但是对余额宝，显然不止如此，还要保证客户体验至上。具体而言，每日的清算划款、估值核算、投资监督都要特别对待，不能有任何偏差，而且效率要极高。为了做到这一点，中信银行的托管业务团队与天弘基金的团队在基金设立之前进行了多轮测试与磨合，包括各种日常运作和突发情况

---

① 2017 年之后，市场上已有货币市场基金开始尝试采用净值法进行运作，但在余额宝诞生的时期，还只有红利转投资一种运作方式。

的模拟。在那段时间，支付宝、天弘基金和中信银行的团队披星戴月地工作，终于为余额宝的"诞生"做好了准备。

为了让客户体验达到最佳，"贰号工程"采用完全真实的交易环境进行了一段时间的内测。2013 年 5 月 29 日，天弘增利宝货币市场基金悄然成立，内测工作正式开始。在内测过程中，基金的规模只有 2.01 亿元，用户数量只有 200 多人。为了全面保障余额宝的运作，中信银行为余额宝成立了由 15 人组成的专项小组，资产托管部总经理亲自挂帅，前后台负责人分别担任副组长，组员包括 2 名清算人员、2 名核算人员、1 名督查人员、1 名产品人员、1 名账户人员、1 名系统人员和总行营业部①的 4 名业务人员。这个团队的组员各个是极具创新精神的托管精英，他们与支付宝和天弘基金的团队共同努力，为追求极致的客户体验，相继攻克了一个个棘手的难题。

万事俱备，只欠东风。

东风来时，席卷华夏。

2013 年 6 月 13 日，支付宝正式宣布推出余额宝，余额宝开始全面服务所有支付宝用户。2013 年 6 月 17 日，"贰号工程"项目组在北京正式召开了余额宝产品的发布会，"宝娃"应运而生。

"三头六臂"

余额宝问世后，其规模的增长速度很快，出乎了大多数人的预料。余额宝的规模和用户数量不断刷新着我国公募证券投资基金的历史纪录。这个刚刚出世的"宝娃"，向人们展示着他的"三头六臂"，引领着互联网居民的投资观与消费观，并逐渐向更多的用户群体扩张。余额宝的"三头六臂"，是指其以客户体验至上为原则，所

---

① 中信银行的总行营业部是指北京市分行。

开发出来的各项颠覆性的创新功能。

收益日结

人们理财的目的是赚取收益。在传统的理财模式下，人们要在理财到期时才能知道投资收益情况，在理财到期之前，投资者只能根据本金与收益率或者基金净值测算收益。但是，余额宝的收益会每日进行结转，转入余额宝的资金会在第二个交易日由天弘基金进行份额确认，对已确认的份额，每天所产生的投资收益会于次日下午 3 点之前在余额宝的用户终端显示。在余额宝的用户终端，用户可以实时查看自己每天通过余额宝赚了多少钱。看到投资的产品每日为自己带来的收益，是一种非常好的体验。

1 元起投

在余额宝出现以前，证券投资基金的申购门槛大多是 1000 元起投，而彼时银行理财产品的申购门槛则是 5 万元起。余额宝的出现消除了申购门槛，将投资起点设置为 1 元，几乎可视为无门槛申购。在客户群的选择上，余额宝与银行采取了完全相反的策略。银行重视客户质量，偏好高净值客户，出于服务成本的考虑，几乎所有银行都会将客户按照资产净值进行等级划分，如资产在 5 万元以下的为普通客户，5 万元到 50 万元之间的为金卡客户，50 万元到 500 万元的为白金客户，500 万元以上的为私人银行客户。客户所处的级别越高，享受的服务越多、越好，而且相应门槛的理财产品享受的收益可能越高。银行按照资产净值的差异化客户服务使低净值客户对银行产生距离感，导致用户体验不佳。余额宝则恰恰相反，1 元起的投资门槛，使任何人都能参与其中。这使余额宝极为亲民，加之互联网的应用平台，余额宝完美地获得了"长尾效应"，奠定了其庞大客户数量的基础。

"存花一体"

传统意义上，理财和消费是两个相互矛盾的功能。钱，要么存起来，要么花掉。而支付宝通过余额宝颠覆性地实现了"存花一体"的客户体验。客户可以将资金放在余额宝内，获取等同甚至超过一年期定期存款的货币基金收益，同时完全不耽误消费支付，余额宝的份额可以随时通过支付宝转化成消费支出，而无须用户额外发起取款或赎回的操作。支付宝把理财和消费两个对立的事物融合起来，使流动资金也能获得一定的收益，直接为客户获取了利益，改变了人们的理财消费习惯。

T+0 赎回[①]

T+0 日赎回是余额宝的标志性创新优势之一。传统货币市场基金的赎回到账时间多数在 T+2 日，部分渠道可以做到 T+1 日。在传统赎回时效下，货币市场基金只能作为一类低风险、低收益的投资品种，其赎回实效与股票类等公募证券投资基金并无特别显著的差异。余额宝设计了基金快速赎回功能，即从余额宝到支付宝可实现实时到账。到银行卡可实现 T+0 日快速到账（即当日转出，当日2 小时内到账）。这一功能的意义非常重大，它将货币市场基金的流动性提高到了活期存款的级别，但是货币基金的收益却远远超过活期存款，甚至达到或超过了同时期一年期定期存款的收益。至于 T+0 赎回是如何实现的，作为托管银行的中信银行在其中扮演了什么样的角色，后文将会详细介绍。

余额宝的创新还不止于此，并且仍在不断演化变革。这些创新

---

① T+0 赎回，其中"T"指的是用户发起赎回的交易日，"T+1"指的是发起赎回交易日的下一个交易日，而"T+0"是发起赎回交易日的当日，"T+0"赎回是发起赎回交易日的当日赎回资金就可到账。

功能，打破了过往资产管理产品的管理人导向，完全以客户需求和体验为导向设计研发，充分灌注了互联网精神。时任天弘基金副总经理的周晓明先生曾在余额宝发布会当日刊文提出了"SAVE"营销理论①，完美诠释了余额宝的"三头六臂"。组成"SAVE"这一单词的四个字母分别代表了不同的功能与含义，其中，"S"是指 Solution（解决方案），不再只关注客户需求的一个点而是关注其需求的一个链条，不仅要"管买"还要"管用"，为客户提供实用的可选择的应用场景和方式；"A"是指 Access（入口），产品和服务要有简单呈现和便捷体验，以流量、入口、交互、体验等代替过去对渠道的单一认识以及对客户便利性的概念性理解；"V"是指 Value（价值），即顺应自然需求、服务客户的内在价值。理财并非人的自然需求，而是为了更好地满足衣食住行等自然需求，应对生老病死等人生问题而产生的衍生需求，这一需求实际上有物质和精神两层意义，即更有钱或者更快乐、更自信；"E"是指 Education（教育），此教育并非居高临下的说教和要求，而是进行完整的呈现，并帮助客户去选择和习惯。

天量交易

截止 2016 年年底，余额宝的规模超过 8 000 亿元，用户数量达到 2.95 亿人，已经成为我国规模最大和全球用户数量最多的公募证券投资基金。2017 年一季度，余额宝的规模突破 1 万亿元，用户数量突破 3 亿人②（见图 11.1）。时任蚂蚁金服财富线运营总经理的祖国明先生在接受采访时介绍，经历了爆发式增长后，余额宝进入稳

---

① 参考周晓明先生于《中国证券报》2013 年 6 月 17 日第 4 版发表的《互联网金融时代打造"SAVE"基金》。

② 资料来源：基金规模取自基金年度报告，参与人数取自证券日报文章以及天弘基金官方微博。

定增长期，客户群体开始向三四五线城市和农村延伸，"农村普惠"和"场景化"将成为余额宝新的增长动力。

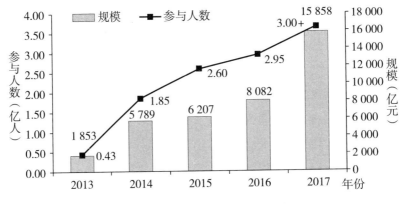

图 11.1　余额宝的规模与参与人数

体量如此庞大的基金，自然需要非同寻常的运营体系才能驱动其正常运作。无论是支付宝、天弘基金，还是中信银行，虽然测试时各方已经考虑了运行时可能遇到的各种困难和问题，但是在实际上线后，基金规模和投资者数量的快速增长为后台运作带来了无法想象的压力。例如，传统基金的 TA（中国结算公司开放式基金登记结算）系统面对的是以理财为目的的申购和赎回，因此每天清算的交易笔数要求也只有几万到几十万。但余额宝已经成为一种类似活期账户的工具，支付宝用户的每一笔消费，都会在后台自动转化为一次基金的赎回，加之上亿客户的基数，每日清算笔数将会是传统模式下的千倍甚至万倍，对系统造成的压力不言而喻。如果各方都采用传统的营运系统而不加以改造升级，是很难维持运转的。

为了解决余额宝天量交易的技术难题，支付宝和天弘基金摒弃了原有的传统系统平台，选择了支撑海量互联网企业及阿里集团自身业务的云计算平台——阿里云。在经历了系统水平拆分、换 Oracle 为 MySQL、数据迁移、直销和 TA 的再次分离、金额扩容性保证等工程后，余额宝的系统承载与计算能力脱胎换骨，达到了一个更高的水平[①]。

支付宝和天弘基金通过"上云"（数字化的转型）解决了余额宝天量交易的技术问题，那么中信银行呢？当时国内没有一家托管银行有过千亿基金的托管经验，中信银行不得不顶住压力，在摸索中前行。余额宝是全球投资者数最多的公募证券投资基金，事关众多投资者的利益，来不得半点含糊。中信银行总行资产托管部在系统和团队两方面进行了大刀阔斧的改革与组合。在系统上，进行改造升级，并上线电子传真，对余额宝的指令加注标签进行特别处理，保证指令第一时间到达专属处理人员的工作系统中，并提示立即处理。在人员上，成立专项组，并细分为清算、核算、账户、监督、协调、系统6个小组，各组职责划分清晰，具体如下：

（1）清算组负责确保余额宝的每一笔交易在限定的时间内执行并确认。

（2）核算组负责每日日终及时对余额宝进行准确的估值。

（3）账户组负责与天弘基金的人员配合共同完成实物存单等票据的妥善处理。

（4）监督组负责做好余额宝投资范围、投资比例与资产久期的严格核查。

（5）协调组负责与天弘基金方面的沟通以及产品设计、基金合同修订事宜。

（6）系统组负责系统升级与调试以及运作期间 7×24 小时的系统保障。

伴随着余额宝的成长，中信银行资产托管业务条线的参与人员也在不断成长，专业性不断提高。在几年的时间里，余额宝的各项运营工作均保持了"零差错"的记录，即使在国际托管行业中，这

[①] 资料来源：余额宝是如何一步步建立云计算架构的（http://www.aliyun.com）。

也是一个值得夸耀的记录。

真正的 T + 0 赎回

2013 年是互联网基金的元年，而 T + 0 赎回到账则是互联网基金的主要创新点。根据开放式证券投资基金的运作规则，T 日的日终需要对基金进行估值，T 日的赎回申请，会在 T + 1 日依据 T 日的净值计算实际赎回金额，而后返回到投资者账户。货币市场基金的赎回效率在各类公募证券投资基金中是最高的，投资者最快可在 T + 1 日就可以收到赎回金额。

余额宝的核心定位是客户体验至上，要确保客户获得集购物、投资、转账于一体的最佳体验，流动性自然是其中非常重要的一个环节，T + 0 赎回到账也是必备的功能。一些互联网货币市场基金通过基金公司垫付资金实现了 T + 0 功能，一般几百万元的垫资资金便可以支撑十亿元左右的货币基金，而对于超出基金公司垫资资金覆盖范围的部分，基金公司一般会关闭 T + 0 赎回功能。但余额宝不一样，一是余额宝体量上千亿元，百千万元的资金无法覆盖；二是余额宝以客户体验为首要原则，如果因垫资资金不足而导致投资者无法实现 T + 0 赎回，将有悖该原则。如何实现 T + 0 赎回，成了余额宝亟待突破的重点课题。

首先，将余额宝作为支付手段用于阿里巴巴旗下各电子商务平台进行购物支付结算的操作，是可以无缝对接余额宝实时支付到账的。通过电子商务平台进行交易不同于当面交易，无法实现一手交钱、一手交货。最早的电子商务交易规则要么是见货付款，要么是见款发货，但无论哪种方式，都将有一方承担风险。支付宝创新性地扮演了交易资金监管第三者的角色，实现了消费者先行付款，但货款不立即打给卖方，而是在支付宝暂行存放，待消费者收到货物并验货确认之后，支付宝再将存放的交易资金打给卖方。这一创新大大化解了交易过程中可能存在的风险，同时打消了买卖双方的顾虑，促进了电子商务的健康发展。在这种模式下，余额宝实际上是不需要立即赎回到账的。

　　而对于提现或转账，是需要实质性资金转出的。货币基金的赎回效率最快为 T + 1 日到账，如果要实现 T + 0 甚至实时到账，就涉及垫付资金的问题。垫付资金简称垫资，是在货币基金赎回到账之前，使用垫资账户中的资金先行完成用户的转账或者支付，待货币基金赎回到账之后，再将货币基金的赎回金额用于偿还垫付的资金。具体流程如图 11.2 所示。

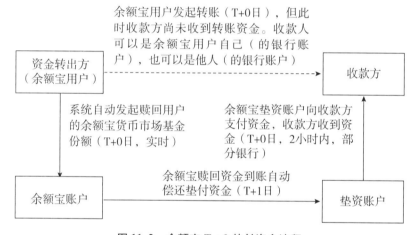

图 11.2　余额宝 T + 0 垫付资金流程

　　T + 0 垫资的实质是通过隔夜拆借资金弥补 T + 1 赎回的时间差，让本应 T + 1 日到账的资金提前到 T + 0 日到账。这其中就涉及拆借资金，拆借资金找商业银行自然是最佳选择。但是，把资金垫付给货币基金持有人这种事情尚无先例，甚至在海外也没有可借鉴的经验，对于"安全第一"的商业银行来说，没有谁愿意吃这"第一只螃蟹"。而中信银行作为余额宝的托管银行，在与支付宝和天弘基金"桃园结义"之初，就已经开始探讨垫资的方案了。而最终，也是中信银行把这"第一只螃蟹"给吃了，中信银行成为余额宝的最终垫资人。

为什么别的银行不能做的业务而中信银行能做呢？这其中会不会有什么风险存在呢？外界的诸多猜测正是中信银行在探索业务的过程中重点研究的问题。首先，根据对货币市场基金连续 7 年的数据测算，单日收益为负（即亏损）的概率极低，低到可以忽略不计，而绝大多数情况下，货币基金的单日收益率通常会略高于 SHIBOR（上海银行间拆放利率）隔夜利率，可以覆盖垫付资金的成本。其次，由于中信银行是余额宝的托管银行，余额宝的全部投资券种与资金均在中信银行的账户体系内闭环运作，这就形成了基金份额的全程监控。第三，从法律的角度看，无论是针对法人还是投资者个人，授信业务都是商业银行最基本的业务之一。经过一系列的研究与测试，中信银行最终攻克了垫资授信的难题，成了行业内首家"T+0"基金托管银行。

乘风破浪

随着 2017 年年报的披露，余额宝货币市场基金的总规模已经达到 1.58 万亿元的规模，开户人数超过 4 亿人，成为我国金融市场上规模最大、用户数量最多的金融单品。在全球范围内，余额宝货币市场基金是亚洲第一大共同基金，也是全球用户人数最多的共同基金。

凭借余额宝，天弘基金上演了我国公募证券投资基金行业的惊天逆袭，由一家中小型基金管理公司摇身成为我国基金行业的"王者"。作为余额宝托管机构的中信银行，在 2017 年一季度也以 1.48 万亿元的公募证券投资基金托管规模首次荣登我国公募证券投资基金托管行业的"王位"。截至 2017 年年末，中信银行公募证券投资基金托管规模达到 2.1 万亿元，除余额宝外，其他公募证券投资基金托管规模也实现了大幅飞跃，中信银行稳稳地保住了公募证券投资基金托管行业的王者地位，在我国基金行业与托管行业发展 20 周年之际，成了行业的引领者。

多年来，余额宝在中信银行的业务早已不仅限于托管业务，而是以托管业务为核心，衍生出更多元的业务合作。中信银行为余额宝提供服务的部门也不仅限于资产托管部，还包括了总行营业部（北京分行）、公司银行部、金融同业部、零售银行部、金融市场部、授信审批部和信息技术管理部等。

未来，中信银行将继续与支付宝、天弘基金精诚合作，全力保障余额宝产品的健康运作，并继续寻求为投资者提供便利的创新服务。余额宝必将乘风破浪，在世界金融史上谱写更加灿烂辉煌的篇章。

附录： 余额宝的成长历程

☞ 2013 年 5 月 29 日
余额宝货币市场基金正式成立并开始内测（原名为天弘增利宝货币市场基金）。

☞ 2013 年 6 月 13 日
支付宝正式宣布推出余额宝。

☞ 2013 年 7 月 1 日
仅仅 18 天，余额宝用户突破 250 万人，支付宝钱包上线余额宝服务。

☞ 2013 年 11 月 11 日
余额宝经历首个"双十一"大考。

☞ 2013 年 11 月 15 日
余额宝规模突破 1 000 亿元。

☞ 2014 年 1 月 15 日
余额宝收益率达到 6.763 0%，为截至 2016 年年末的历史最高值。

☞ 2014 年 2 月 21 日

余额宝规模超过 2 500 亿元，客户数量超过 4 900 万人。

☞ 2014 年 3 月 6 日

天弘基金管理有限公司成为我国资产管理规模最大的基金管理公司。

☞ 2014 年 3 月 31 日

余额宝规模达到 5 413 亿元，用户数量超过 8 100 万，为用户累计赚取收益 75 亿元。

☞ 2014 年 12 月 31 日

余额宝规模达到 5 789 亿元，用户数量超过 1.85 亿人。

☞ 2015 年 12 月 31 日

余额宝规模达到 6 207 亿元，用户数量超过 2.6 亿人。

☞ 2016 年 6 月 12 日

余额宝三周岁，用户数量超过 2.95 亿人，近 8 000 万用户开通余额自动转入功能。

☞ 2017 年 3 月 31 日

余额宝规模突破一万亿元，达到 1.14 万亿，用户数量超过 3 亿人。

☞ 2017 年 12 月 31 日

余额宝规模达到 1.58 万亿，用户数量超过 4 亿人。

案例点评

余额宝自 2013 年问世以来，已经成为一个备受全社会关注的产品，引领了一批互联网基金的热潮。余额宝的托管，不仅仅是凭借同质化的托管服务就可以承揽的，还需要全套营运的配套服务，大幅度的系统改造，以及全面的快速赎回增值服务解决方案；除此之外，更需要对市场的先觉判断和对产品高瞻远瞩的视野，以及敢于创新的决断力和勇于决策的魄力。

透过现象看本质，余额宝本身是一只货币市场基金，通过与支付宝和网络消费场景的结合，实现了嵌入式的基金销售模式。余额宝的特点是规模体量庞大，涉及人数众多，申赎交易频繁，清算效率要求极高，核算账务繁多，系统承载巨大。作为托管银行，必须完全满足产品的上述特点及要求，通过一系列管理上和系统上的改造，协调一切资源满足产品的快速赎回等增值服务需求，只有这样，才能够真正做好产品的服务工作。这些服务，正是本书前篇"托管业务金字塔模型"里的顶端增值服务，是对托管差异化竞争、规模化发展的完美诠释。

第十二章

修建托管营运系统的高速公路

营运服务是托管业务的核心竞争力。

对于基金公司等资产管理机构而言，投资是管理人提供给委托人的实质服务；而对于托管机构而言，营运是托管人提供给委托人的实质服务。资产管理机构的投资业绩决定了管理人的服务质量，托管机构营运服务的效率、便利和安全则决定了托管人的服务质量，而营运服务的效率、便利和安全取决于系统。

本章主要介绍中信银行托管营运系统的升级改造历程，即中信银行是如何从老旧的系统跨越式地实现"操作简便化"的，以及如何自主研发了行业首创的全行托管营运实时监控系统和领先的ACE·π中信托管智能机器人。

案例看点：

（1）托管营运系统的操作简便化、流程智能化、配置一体化、监控实时化。

（2）通过全行托管营运实时监控系统实现多地业务实时监控。

（3）人工智能与机器人技术在托管业务上的应用。

营运系统的全面升级与革新

在本书中篇"托管业务的系统"一章已经详细地介绍了系统对于资产托管业务的重要性。笔者常把托管营运系统比作公路，指令就像在公路上行驶的汽车。如果托管营运系统不通畅、不便利，就会造成交通拥堵，这样每一名司机的体验都不会太好。但是，如果修建一条多车道的高速公路，车辆就能够在路上飞驰，司机的体验当然会很好，于是会有更多的司机选择来这条高速公路上行驶。

由于托管业务在我国只有20年的发展史，不少托管银行的托管业务营运系统都是在自身的清算系统上改造而来的。然而，我国金融市场发展日新月异，托管业务也经历了高速发展的过程。如果托管业务的系统升级跟不上业务的高速发展，就会像大量的汽车拥挤在狭窄的公路上一样，出现诸多问题。中信银行与不少同业托管银行一样，其营运系统曾成为制约业务发展的瓶颈。2016年以前，中信银行使用的老旧营运系统已有十年没有根本性的改造升级，用员工的话说就是："执行指令靠吼、核算操作靠手、投资监督靠瞅"，系统早已不能满足托管业务快速发展的需求。

托管营运系统的落后，会造成非常严重的后果。对于托管人自身而言，如果托管营运系统操作过于复杂和冗余，会直接影响工作效率，甚至产生操作风险。对于客户而言，如果托管指令不能以客户舒服、便捷的方式进行发送和查询，且效率不能领先于人，就会给客户带来不好的体验，长此以往，就会失去市场。

笔者在中信银行资产托管部任职后，通过一段时间的调研，认为托管业务的营运系统升级改造是迫在眉睫的头等大事，系统绝非影响"一城一池"的得失，而是事关整个托管业务的未来。

那么，系统升级改造应当如何进行呢？在同业中，有的托管机构选择自主研发，有的托管机构选择直接采购第三方成品，两者各有利弊。权衡之后，笔者决定采用在第三方系统的基础上进行个性化开发的方式。

那么，系统升级改造应该改成什么样子呢？

首先，营运系统应该是简单易用的。重复、冗余的动作应该交给系统自动完成，而不是浪费昂贵的人力资源。人机互动应该是简便的、易用的、体验良好的。减少人工操作，不但能够提高效率，还可以在一定程度上减少操作风险。这就是操作简便化。

其次，营运系统应该是顺畅的、智能的。系统是为人服务的，系统应该能够根据业务的各类规章制度、操作流程进行自动处理，在一个动作之后，应该能够自动触发下一个与之相关的环节，使用者只需要用键盘鼠标"点点点"即可完成整个工作流程。这就是流程智能化。与操作简便化一样，流程智能化也能够提高效率，防范风险。

再次，营运系统不是一个简单的模块，而是由多个模块和子系统构成的集合体，包括清算、核算、投资监督、台账和大数据，也包括总行、分部、分行之间的系统与信息交互。如果各个子系统与模块之间是割裂分离的，同一个工作就需要做很多遍，而且子系统之间的信息交互也需要人工不断地推动与维护，从而产生很多问题。一个好的系统，应该能够整合所有的子系统和模块，统一进行一次性配置，所有相关参数全部生效，而不需要人工逐一维护。这就是配置一体化。

最后，对于托管机构尤其是托管营运业务庞大的机构而言，对营运工作的监控非常重要。当大量的划款指令需要处理时，如果某一笔被遗漏，导致错过了标准清算时间，将是托管机构的重大失职，由此可能导致托管产品对某个资产的投资失败，进而直接影响委托人的利益。为了避免这种情况的发生，各家托管机构都建立了相应的制度与监控体系，但大多是事后监控，很难做到实时化。当出现海量指令或者需要对众多分支机构的运作情况进行监控时，第一时间了解情况并解决问题，是防范风险于未然的最佳方案。这就是监控实时化。

"操作简便化、流程智能化、配置一体化、监控实时化"便是笔者对托管营运系统的要求，简称为"四化"。为了使中信银行的托管营运系统达到"四化"的要求，中信银行资产托管部启动了"1027·扬帆计划"工程，针对系统开启了一场升级改造的革命。

在一年多时间里，中信银行资产托管部在信息技术部等相关部门的配合下，从系统着手，采取了一系列改进举措，全面规划、多点发力、纵深推动，使托管营运系统实现了脱胎换骨的改变。

一是营运系统全面升级。结合中信银行托管营运业务自身的特点，通过自动化任务及系统直连方式，减少人工处理环节，提高托管营运的整体效能。同时，系统加强了对客户个性化需求的应变能力，通过灵活的配置等方式，满足不同客户的差异化需求。估值模块实现工作任务自动调度，整体流程"一键处理"。非估值模块，通过将托管账户流水与业务类型关联，实现了自动生成会计凭证、自动进行账务管理的功能，简化分行业务人员操作，处理效率得到大幅提升。

二是分级体系立体推进。通过"总行－分部－分行"三级营运体系和总行基础营运外包两种模式，按照产品营运的专业度和复杂度实现分层处理，缓解人员压力，提高服务效率。公募类证券投资基金和跨境资产托管业务集中在总行运作，以保证产品的专业服务；其他估值类资产管理产品，集中在托管营运分部运作，在保证专业化的同时，分散压力，提高容量，提升效率；非估值类产品则由各分行直接营运，可以直接面对客户实现"点对点"服务，优化客户体验。

三是营运管理精益求精。实施专业化分组，按流程模块分设清算、核算一、核算二、监督、账户、需求管理、分行管理、营销支持八个专业小组，实行流程上墙，印发制度汇编和业务流程图，指导全行营运规范化。

四是多维度配置提升服务。营运的升级，要让操作人员用着方便，但更重要的是让客户体验好。通过网银客户端，实现客户实时账户余额与清算指令查询，免去了电话查询账户余额与指令执行的烦琐流程，提升营运服务效率，优化客户体验。

五是创新开发实时监控。实时监控的相关内容将在下文进行详细阐述。

行业首创的营运实时监控系统

托管业务，无论是集中营运还是分散下放营运，都需要对全流程进行监控，防范发生操作风险。对于集中营运，出现任何问题尚可较快发现并处理，但对于分散下放营运，就未必能够第一时间发现问题，如处理不及时，就有可能导致指令的延误，造成托管营运事故。如何在托管营运流程中建立一个全流程、实时化的监控系统，随时反映所有营运环节的操作处理情况，是托管业务的内控需要解决的重要问题。虽然中信银行已经获得 ISAE 3402 国际内控体系的认证，但笔者还是希望能够建立更加严密的监控体系，实现对总行、分部和分行所有营运操作执行情况的监控。

通过自主设计和与服务商共同研发，中信银行资产托管部于 2017 年 10 月搭建了全行托管营运实时监控系统。通过系统专线直联，系统可以直接监控总行、各分部和各分行的实时清算指令的执行及运转情况，从而提升效率、防控风险。该实时监控系统是由笔者首先提出构想，并在和技术与业务人员多次研究论证的基础上自主研发的创新系统。据了解，该系统属于我国托管行业首创，极具前瞻性。

托管营运实时监控系统的优势在于可以实现营运监控的实时化、

可视化、全流程和全覆盖。实时化是指系统可以直接显示营运工作的实时处理进程，每15秒刷新一次，而不是事后监控。可视化是指该系统使用一个大型液晶显示屏进行展示，以地图显示全国各分部、分行的营运情况，并同时以图形显示指令处理效率和总量。全流程是指系统对整个营运执行的流程进行完整监控。全覆盖是指系统监控覆盖到所有的分部与分行。

通过托管营运实时监控系统，总行托管营运中心可以实时监测全行的营运处理情况。一旦有任何问题出现，例如，指令执行不及时或者出现积压，总行会比客户更早发现，并采取相应措施进行处理，很可能在客户没有发觉的情况下，问题就已经得到了妥善解决。

该系统得到很多国际先进托管银行同业的肯定，也展现了我国托管业务的创新性与前瞻性。短短20年，我国的托管行业蒸蒸日上，在整体托管规模和技术创新上以惊人的速度追赶着全球领先的托管同业。

ACE·π 中信托管智能机器人

近几年，随着人工智能、大数据、分布式部署等技术的成熟，资产管理行业开始探索利用机器人流程自动化方案（RPA）建立"估值机器人"，但目前尚未在资产托管业务领域应用。笔者通过深入研究，并与信息技术和人力资源专家充分讨论，认为资产托管业务具备嵌入机器人作业的可行性。

以机器人作为虚拟劳动力替代资产托管业务流程中部分基础类、规律性的人工操作环节，通过人机交互、协同作业，实现多维度、全流程的应用，将可以从多方面解决资产托管业务面临的问题：一是显著提升托管业务系统的自动化和智能化程度，提高业务运作效率，增强业务承载负荷，提升流程监控和风险防控的精细化管理水平；二是节约人力成本，加速产能释放，引入机器人可以替代部分重复业务执行环节，在控制人力成本投入的同时还将释放可观的业务人员生产力，用以承载高速增长的业务增量并投入到高技术含量、高附加值、高创新价值的业务中；三是可以打造托管银行资产托管业务科技领先、智能高效、服务一流的品牌形象，助力市场营销与开拓。

ACE·π（中文名为"爱思派"）的命名蕴含了中信银行资产托管系统建设的理念和愿景。ACE 取网球运动中发球方在对手无触球的前提下直接获得胜分的意思，表示"一流领先，一击即中"，其中，每个字母分别代表：

A——Artificial Intelligence（人工智能）

C——CITIC Custody（中信托管）

E——Excellence（非凡卓越）

希腊字母 π 是一个无限不循环小数，代表了"无限可能，面向未来"。

"ACE·π 中信托管智能机器人"项目是利用机器人流程自动化方案（RPA）、图像识别技术（OCR）及深度学习在自然语言处理（NLP）的应用等，根据资产托管业务的流程和特点，在现有资产托管业务系统平台上，开发不同功能属性的机器人，将其嵌入到各类业务环节，以此替代部分人工操作环节，提升托管营运效率，增强业务处理能力，提升资产托管业务系统的自动化和智能化水平。

"ACE·π 中信托管智能机器人"家族包括多个日常作业机器人、多个数据挖掘机器人、多个智能客服机器人、1~2 个质量监督机器人、1~2 个风险监控机器人及 1 个总管机器人（见图 12.1）。

根据设定的业务程序和处理规则，这六类不同功能的机器人将各司其职，与现有用户系统在托管业务"生产线"上形成"人机交互"、协同作业。"ACE·π 中信托管智能机器人"将率先应用于托管业务流程中的 5 个自动化场景和 5 个智能化场景，实现数据获取

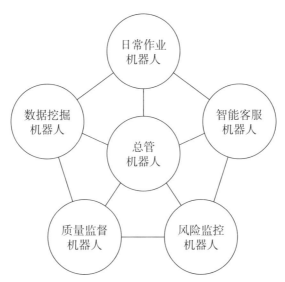

图 12.1　"ACE·π中信托管智能机器人"家族

与同步校验、作业调度与脚本执行、图像识别与信息挖掘、异常分析与监测预警、绩效评估与智能客服等多环节、多维度、全流程的应用。

日常作业机器人

日常作业机器人负责资金清算、估值核算、投资监督等日常托管操作流程中简单、重复、规律性的环节，业务人员仅负责审核机器人的执行结果，实现标准化、集约化管理，提高托管系统自动化和智能化水平，降低操作风险，控制人员成本。

日常作业机器人能够自动调度下载各类数据，依据业务规则将数据导入系统指定位置，保证及时获取和实时更新，提高效率和准确性，降低操作风险；能够通过自动化的任务调度由机器人触发整个操作流程，并根据业务量动态分配任务，均衡各机器人的操作负载。在一台电脑终端上对所有作业进行实时管理、监控和干预，确保业务全程可控；还能够运用图像识别技术抓取指令关键信息，利用人工智能对指令进行分类、拆分，为保证数据的准确性，可根据业务规则实现对抓取信息的系统自动验证，对非规则要素配套人工验证。同时，配套的审核流程完全通过系统进行线上流转，可实时查询当前的处理环节和执行状态，从而有效防止指令丢失。日常作业机器人的功能块、功能点与技术应用见表 12.1。

表 12.1　日常作业机器人的功能块、功能点与技术应用

机器人	功能块	功能点	技术应用
	数据准备	公用数据下载、放置	RPA 影像识别 自动任务调度 智能分类
		产品数据下载、放置	
	清算指令	指令要素识别－指令分类－印鉴抓取比对－系统验证－人工验证（同屏录入）－大额号匹配－交易信息录入	
	核算处理	核算业务流程（11 项）、清核联动处理	
	信息披露	电子对账、自动校验并回签正确结果	
	投资监督	监督信息萃取	
		交易事中监督	

数据挖掘机器人

数据挖掘机器人负责业务数据的搜索、获取、整理、统计和加工，通过深度挖掘资产托管"大数据"，实现绩效评估、风险定价、业务分析和客户筛选等多元化、智能化功能。

数据挖掘机器人能够通过整合中信银行资产托管业务多年积累的核算、清算、投资监督、信息披露等内部数据，以及财汇、Wind、工商、主流媒体等外部数据，进行数据过滤、信息分类和统计分析，实现对管理人投资行为的监督预警以及对管理人投资收益的绩效评估。利用机器人进行深度数据分析，使托管产品的定价精准匹配该产品的风险特征与营运成本。基于托管"大数据"的挖掘与利用，为客户提供投融资综合解决方案、现金管理、流动性支持等增值服务，同时更好地把握市场热点，发掘新兴产品，定制化地满足客户的个性化需求，助力资产托管业务的市场营销与开拓。数据挖掘机器人的功能块、功能点与技术应用如表 12.2 所示。

表 12.2　数据挖掘机器人的功能块、功能点与技术应用

机器人	功能块	功能点	技术应用
	绩效评估	绩效评估服务	大数据
	非标产品舆情分析	非标产品舆情分析	
	业务分析	FTP（文件传送协议）定价、业务预测分析等	

智能客服机器人

智能客服机器人负责为托管客户提供快速便捷、自动智能的咨询、查询和对账服务，从而建立多维度的客户服务渠道，提升托管业务的效能。

智能客服机器人能够通过语音识别等技术，对客户及分行集中咨询的常规问题进行自动识别、答案匹配和语音应答；对于非常规问题，转接至业务人员进行人工应答。智能客服机器人的功能块、功能点与技术应用如表 12.3 所示。

表 12.3　智能客服机器人的功能块、功能点与技术应用

机器人	功能块	功能点	技术应用
	智能客服	智能问答	NLP 呼叫中心 IVR （交互式语音 应答）
		产品信息查询	
		智能对账	

质量监督机器人

质量监督机器人负责对业务场景进行智能化分析，实现操作准确性监督和异常问题自动化分析。

质量监督机器人能够利用业务逻辑对交易、行情、对账等各类数据的完整性进行校验和核对，对托管营运中各风险点进行监控，并对由此导致的异常信息予以提示，同时建立自动处理和修复机制。质量监督机器人的功能块、功能点与技术应用如表 12.4 所示。

表 12.4　质量监督机器人的功能块、功能点与技术应用

机器人	功能块	功能点	技术应用
	数据校验	数据完整性校验	自动任务调度
	结果校验	估值结果审查	

风险监控机器人

风险监控机器人负责监测预警异常数据，精准管控业务风险，形成多层面、多维度、多类型的托管智能监控管理体系。

风险监控机器人能够对整个营运体系的关键指标、实时状况进行全流程监控，并对异常交易进行预警，提升托管营运风险管控水平，增强风险防范能力；还能够运用文件萃取技术抓取合同中的关键条款信息，生成监督管理要素并自动录入系统，依据系统规则完成对产品事前、事中、事后的投资监督职能。风险监控机器人的功能块、功能点与技术应用如表 12.5 所示。

表 12.5　风险监控机器人的功能块、功能点与技术应用

机器人	功能块	功能点	技术应用
	实时监控	估值运作情况监控	自动任务调度
		非估值运作情况监控	
		账务完成情况监控	

总管机器人

总管机器人采用"机器人管机器人"的理念，负责综合管理其他各类机器人，智能式统筹、安排、调度机器人，全程监控机器人执行作业，提升整体运作效率，保障信息安全。总管机器人的功能块、功能点与技术应用如表 12.6 所示。

表 12.6　总管机器人的功能块、功能点与技术应用

机器人	功能块	功能点	技术应用
	操作管理	机器人管理	自动任务调度
		智能调度	

　　我国托管业务自诞生以来获得了蓬勃的发展，规模急速扩张，托管营运的业务量也呈几何倍数增长。各家托管机构都在寻找可行的方案以解决迅速增长的业务与日益匮乏的人力资源之间的矛盾。托管机器人的上线，可以显著实现业务替代、营运能力替代和人员替代的效果，自动处理大量高频率、重复性强的基础性营运工作，以技术替代劳动，降低托管业务不断增加带来的人员压力，提高业务处理效率，减少人工操作风险，是新时代托管业务发展的完美解决方案。

案例点评

　　这个案例并不是单一产品的营销案例，而是对托管营运整体环境的改善。这种改善能够在整体上提高托管银行的服务能力，进而有效提升托管机构的品牌影响力。托管营运系统的全面升级将对所有托管产品产生正向影响，深远程度远远超过单品的影响力。

　　在同质化的市场竞争中，价格往往是决定产品和服务销售成功与否的关键因素。但是，当产品与服务本身的品质出现差异时，价

格便不再成为决定性因素，客户愿意为更优质的产品和服务支付更多的成本。在托管业务中，营运是服务的核心，是托管业务向客户提供的实质性产品。全方位、多角度改善托管营运能力，也能够直接提高服务效率，优化客户体验，增强客户黏性，当客户体真正认可这种优质的营运服务时，就愿意支付相应的费用。营运能力的提升与改进，使托管机构具有了核心竞争力，并以此占有更多的市场份额。

第十三章
评审会虎口夺食转托管

转托管一般是因为一些特殊的原因，例如管理人与托管人之间存在直接股权关系，按照相关法律法规的禁止性要求，不得已而为之。由于管理人对前任托管人的服务不满意而引发转托管的，在我国托管行业中实属罕见。说来也巧，中信银行就碰到了这么一例。一家创业投资合伙企业因为与前任托管人在投资范围的理解上存在分歧，最终转由中信银行托管。管理人同时接洽的几家希望转托管的银行都认为这是个"烫手的山芋"，而中信银行之所以勇敢地承接下来，是本着对投资者呵护和负责的态度，本着对法律法规及相关协议的深入理解，也是托管业务评审委员会集体研究决策的结果。

案例看点：

（1）低风险的托管业务为何设有业务评审会？

（2）投资新三板是否等同于投资上市公司？

（3）托管银行应如何防范声誉风险？

"烫手的山芋"

2016 年的一天，中信银行总行资产托管部业务处室接到某分行的托管业务请示，这一单业务有些特殊，是私募投资基金的转托管业务。这只私募投资基金当时已经在某家大型国有商业银行（此处隐去名称，以 C 银行指代）托管上线运作了 3 年，但由于该托管人拒绝执行管理人的交易指令，导致管理人无法进行相关投资操作，于是管理人提出了转托管的要求。该私募投资基金项目的主要信息如表 13.1 所示。

表 13.1 项目的主要信息

要素	具体内容
管理人	W 创业投资合伙企业
基金规模	约 3 亿元
存续期限	共 7 年（截至项目上报时已托管 3 年）
原托管人	C 银行（某大型国有商业银行）
管理人资质	2011 年成立，注册资本 100 万元，实缴 100%
投资范围	主要投资于未上市企业股权

转托管在我国托管行业中还是比较少见的，即便有，也是出于某些特殊原因。举一个真实的案例，ABC 保险公司原在 G 银行托管，此后由于 G 银行收购了 ABC 保险公司的股权，成为 ABC 保险公司的第一大股东。根据相关法规要求，因托管银行与被托管的资产管理人之间存在直接股权关系，ABC 保险公司的资产将不得再由 G 银行进行托管。于是，通过竞标，ABC 保险公司的资产最终转托管到中信银行。

而这一单私募投资基金的转托管，竟是由于托管人拒绝执行管理人的交易指令，实属罕见。总行产品经理立即联系了分行和该基金的管理人，详细询问了原委。经了解，C 银行拒绝执行管理人交易指令的原因是，C 银行的托管营运人员在投资监督环节发现该指令是投资于新三板某公司股权转让的指令，而该合伙企业的《合伙协议》与《托管协议》都明确了合伙企业的经营范围，具体如下：

W 创业投资合伙企业的经营范围为创业投资业务，代理其他创业投资企业等机构或个人的创业投资业务，创业投资咨询业务，为创业企业提供创业管理服务业务。

合伙企业不得从事下列业务：

- 以任何方式公开募集和发行基金。
- 吸收或变相吸收存款，发放贷款，资金拆借（但是合伙企业对被投资企业一年以上的企业债券和以可转换为所投资企业股权的债券性质的投资不在此限）。
- 投资上市交易的股票（被投资公司上市后，合伙企业所持股份未转让部分及其配售部分除外）。
- 投资期货和其他金融衍生产品。
- 抵押和担保业务。
- 投资于房地产业以及国家政策限制类行业。
- 法律法规禁止从事的其他业务。

由于当时没有相关法律法规明确定义新三板是否属于上市交易的股票，因此 C 银行与 W 创业投资合伙企业管理人对于拟投资于新三板的指令出现了争议。C 银行认为，在协议中明确约定了合伙企业禁止投资于上市交易的股票，而新三板挂牌的股票应当属于上市交易的范畴，因此 C 银行拒绝执行该投资指令，最终导致交易无法达成。W 创业投资合伙企业管理人认为法不禁止即可行，托管人拒绝执行交易指令的行为是没有法律依据的。托管人拒绝执行交易指令的行为引起了 W 创业投资合伙企业管理人的强烈不满，于是要求转托管。

　　转托管的目的是获得新任托管人的认可，进而能够执行其投资于新三板某公司股权转让的指令。据了解，W 创业投资合伙企业的管理人同时接触了几家托管银行，其他托管银行都认为这是一个"烫手的山芋"，他们的判断大多与 C 银行一致，或者说虽然他们认为其中存在一定的"弹性空间"，但从审慎的角度，保守地拒绝执行是不会出错的。即便从法律上看，W 创业投资合伙企业的投资行为可能是合法合规且符合相关协议约定的，托管银行也不愿意冒这个风险。

　　当时，中信银行认为，对于确实违反法律法规的投资指令，一经投资监督环节查实，必须禁止，这是托管人的职责所在，对此毫无商议余地。但如果托管人与管理人在指令的合法合规性的理解上存在分歧，虽然从严执行是一种相对"不会出错"的处理方法，但也有可能损害客户甚至投资者的利益。本着保护投资者权益和客户利益至上的原则，托管人也不应断然拒绝。

　　这烫手的山芋，接还是不接？——上会决定。

业务评审会

　　在本书的中篇，介绍了托管业务的声誉风险。在我国的托管业务市场上，私募投资基金和 P2P 网络借贷等业务，都曾发生过基金管理人或网络借贷平台恶意卷款跑路的案例，这些行为直接导致投资者血本无归，严重损害了投资者的合法利益。投资者利益受损后，必然会想尽办法进行追偿，而基金管理人或网络借贷平台已经跑路，无处追偿，一些投资者就把目光转向托管人。实际上，这类跑路行为与托管人并无直接关系，托管人有义务按照法律法规和协议约定进行操作，但并没有义务防止基金管理人或网络借贷平台跑路。如果投资者抛开法律法规，执意要找托管银行的麻烦，也会为托管银行带来一定的声誉风险。

虽然这类业务存在一定的声誉风险，但对于托管银行的经营机构（如支行）而言却是一块"肥肉"，因为这类业务能够为经营机构带来丰富的存款，而且不需要经营机构费力营销，大多是客户自己找上门来合作的。为什么客户会找上门呢？因为对于一些自身品牌不够响亮的私募基金管理人和网络借贷平台来说，能够由银行担任托管人或存管人，无疑是对自己的产品提供了一道"增信"措施，甚至有些机构直接借用银行的信誉对投资者进行不法宣传，宣称其产品会由托管银行"兜底"（当然，实际上不会有银行做"兜底"）。如果与这类机构合作，自然就存在声誉风险了。

出于防范声誉风险的考虑，部分托管银行对私募投资基金的托管业务采取了非常审慎的态度。但是，2016 年年末，私募投资基金认缴规模达 10.24 万亿元，已经超过了同期公募证券投资基金 9.18 万亿元的总资产规模①，私募基金已经成为托管业务的一片"蓝海"，失去这个市场的话，实在可惜。但如果不进行禁止，经营机构出于利润考虑就会不断地与这类客户开展合作，至于合作机构的质量，是难以控制的，自然就会存在声誉风险。那么如何能够在有效防范声誉风险的前提下开展业务呢？

中信银行的做法是有管控地开展业务，对私募投资基金托管业务设置了三道防线（见图 13.1）。

第一道防线是通过培训和指导，使经营机构了解业务潜在的声誉风险，引导经营机构识别合作伙伴的优劣，并通过建立白名单的形式，列出行业最优质的若干家私募基金管理人，直接告诉经营机构理想的客户在哪里。

第二道防线是出台业务准入管理办法，通过一系列指标的设置，在管理人资质、股东背景、项目经验、资金来源、主要投向、产品

---

① 资料来源：第一财经日报，《2016 年私募基金规模"超越"公募 增至 10 万亿元》。

结构等方面设置准入门槛，由经营机构参照筛选合作伙伴。

第三道防线是托管业务评审会。评审会由资产托管部各级负责人与业务、产品、营运、监督、内控等相关处室的业务骨干组成，通过项目陈述、风险雷达模型分析及集体讨论等环节进行最终决策。托管业务评审会每周举行一次，对每周上会评议的项目进行集体决策。

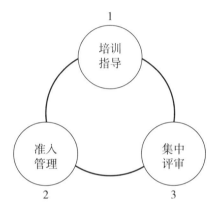

图 13.1　托管业务声誉风险防范的三道防线

通过这三道防线，能够对项目形成梯次过滤，甄选出资质较好的私募基金合作伙伴，从而有效地防范托管银行的声誉风险，促进业务的持续发展。托管业务评审会的设立，不但不会阻碍业务的发展，反而会加速推动业务良性循环和不断优化。在中信银行托管业务评审会制度设立的第一年，私募投资基金的托管规模增长率达到105%，实现了翻番。

虎口夺食

W 创业投资合伙企业转托管的项目最终由托管业务评审会集体评议。在会上，按照程序研究了项目的基本情况和风险雷达模型，这一项目符合准入条件。于是，讨论的焦点集中在了该合伙企业是否能够投资新三板股权转让的问题上。

投资监督岗的同事对相关法律法规做了专题研究，并在会上做了陈述。实际上，在研究的过程中，投资监督岗的同事已经得出结论，即 W 创业投资合伙企业管理人拟投资于新三板股票交易的指令是符合相关法律法规与《合伙协议》约定的，托管银行应予以执行。判断依据主要包括法律法规与实际操作两个层面。

首先，从法律法规层面讲，《国务院关于全国中小企业股份转让系统有关问题的决定》（国发〔2013〕49 号）在第二条"建立不同层次市场间的有机联系"中，有如下表述：

> 在全国股份转让系统挂牌的公司，达到股票上市条件的，可以直接向证券交易所申请上市交易。在符合《国务院关于清理整顿各类交易场所切实防范金融风险的决定》（国发〔2011〕38 号）要求的区域性股权转让市场进行股权非公开转让的公司，符合挂牌条件的，可以申请在全国股份转让系统挂牌公开转让股份。

本条法规说明了我国对股权转让市场有层次性的划分，分别是：

（1）区域性股权转让市场。

（2）全国股份转让系统（新三板）。

（3）上市股票交易市场。

这三个层次的市场之间可以有机联系，公司在满足更高层次市场交易条件的，可以申请进入更高层次的市场。因此，新三板的股份转让系统实际上不属于上市股票交易市场的范畴。

在第三条"简化行政许可程序"中，《国务院关于全国中小企业股份转让系统有关问题的决定》有如下表述：

> 挂牌公司依法纳入非上市公众公司监管，股东人数可以超过 200 人。

挂牌公司依法纳入非上市公众公司监管也说明了在全国中小企业股份转让系统挂牌转让的新三板挂牌公司属于非上市公司。

《中国证监会关于进一步推行全国中小企业股份转让系统发展的若干意见》（证监会公告〔2015〕26号）在第一条"充分认识加快发展全国股转系统的重要意义和目标任务"中，有如下表述：

> 三是坚持独立的市场地位，公司挂牌不是转板上市的过渡安排，全国股转系统应逐步完善服务体系，促进挂牌公司成长为优质企业，同时着眼建立多层次资本市场的有机联系，研究推出全国股转系统挂牌公司向创业板转板的试点，建立全国股转系统与区域性股权市场的合作对接机制。

以上内容与《国务院关于全国中小企业股份转让系统有关问题的决定》的第二条所阐述的精神是一致的，但进一步明确了新三板"独立的市场地位"，指出"公司挂牌不是转板上市的过渡安排"，因此在新三板挂牌并非意味着上市交易。

在第六条"持续加强投资者权益保护工作"中，《中国证监会关于进一步推行全国中小企业股份转让系统发展的若干意见》有如下表述：

> 全国股转系统应督促挂牌公司按照《公司法》《证券法》和《非上市公众公司监督管理办法》以及全国股转系统自律规则的规定，完善公司治理机制，提高信息披露质量，建立健全投资者关系管理制度，保障投资者参与权、知情权和异议股东合法权益。

本条直接指出了全国中小企业股份转让系统所依据的法律，其中《非上市公众公司监督管理办法》也明确了新三板挂牌公司属于非上市公众公司。

其次，从实际操作层面讲，新三板挂牌与上市交易在审核机构、募集对象、交易模式、成交模式、平均申请时间及费用方面也有着较大的不同，具体如表 13.2 所示。

表 13.2　新三板挂牌与上市交易的主要区别

主要事项	挂牌	上市
审核机构	证券业协会备案	证监会审核
募集对象	特定注册投资者	全社会投资者
交易模式	场外交易	场内交易
成交模式	协议 + 做市	竞价成交
平均时间	6 个月左右	至少 2 ~ 3 年
平均费用	200 万元 ~ 300 万元	1 500 万元 ~ 2 500 万元

　　部分文献也对新三板市场的定位进行了论述，例如王力在其主编的《从企业家到资本家——中小企业新三板挂牌操作指南》一书中详细研究了新三板与创业板、主板的区别。

　　综合来看，新三板挂牌交易实际上是在全国中小企业股份转让系统中进行场外交易（OTC），与在上海证券交易所和深圳证券交易所进行的场内交易在法律和操作上均有较显著的区别，因此投资新三板挂牌公司的股票并不违反《合伙协议》中"不得投资于上市交易的股票"的约定，托管人应当执行该指令。

　　最终，该项目通过了托管业务评审会，并实现了由 C 银行向中信银行的转托管。中信银行为该项目开立了托管账户，制订了完整的转托管方案，顺利完成了资金及证券的转托管。

案例点评

　　这是一个转托管案例，基金管理人与原托管人不能就一项投资指令的合规性达成一致意见，导致原托管人拒绝执行基金管理人的投资指令，最终基金管理人提出更换托管人的要求。导致该情况发生的根本原因是基金管理人与原托管人在针对新三板挂牌企业是否属于上市公司的判断上不能达成一致，各自站在自身的利益角度进行了进一步的判断。基金管理人是基金业绩结果的直接承担者，需要依靠投资项目获取收益，因此会坚持其投资决策。而对于原托管人而言，业绩与之并无直接关系，原托管人更关注指令的合规性，最终在不能确定的事项上，做出了保守的判断，从而保证自己不存在合规风险。但是，基金托管人除了有义务安全保管基金资产，也有义务保护投资者的权益，如果因为托管人的错误判断，导致基金未能成功投资，由此造成了损失，是否也是托管人的渎职呢？

解决这一问题，不应仅站在自身的角度进行简单的判断，而是应寻求专业的、合法的解决方案，去研判管理人的指令是否真的不合规，而不是在对业务的认知模棱两可时就做出不执行的决策。在这一案例中，新的托管人（中信银行）能够同意基金管理人的投资要求，并非是"拍脑袋"做出的决定，而是基于专业性的判断。这里的专业性体现在两个方面，一是专业的机制，二是专业的团队。专业的机制即项目评审委员会机制，通过专业委员集中讨论，前中后台多人参与决策的方式，对业务进行科学判断。专业的团队即托管从业人员除了具备基本从业资格和专业知识，还要不断对新生的业务和产品进行学习与研究，以对市场形成正确的判断。

第十四章

我国首只期间债券基金

　　1998 年至 2008 年，是我国公募证券投资基金的第一个十年。当时，公募证券投资基金的产品类型还比较单一，按照是否开放申购赎回分为开放式和封闭式两类基金，按照投资品种分为股票型基金、债券型基金、混合型基金和货币市场基金。为了促进公募证券投资基金的良性发展，从 2008 年起，证监会开始鼓励基金管理公司设计和申报创新型公募证券投资基金，并在当时对基金管理公司限制申报产品数量①的背景下，为创新型基金单独开辟了"绿色审批通道"。

　　因此，不少创新型基金脱颖而出，我国首只分级指数基金就是在 2009 年诞生的。在 2012 年之后的几年，定期开放式基金风靡市场。定期开放实际上是介于封闭式与开放式之间的一种形式，既可

---

① 　2007 年，我国证券市场经历了历史上的一次大牛市，在 2008 年转为熊市。期间大量投资者开始购买公募证券投资基金，然而当时的投资者教育并不完善，很多投资者对基金的风险并不了解。为了保护投资者的利益，证监会在熊市已经确立的一段时间内对基金管理公司发行公募证券投资基金产品的数量进行了较严格的审批控制，多数基金管理公司一年内只能发行 2 只左右的公募证券投资基金。

以在一定程度上满足投资者申购赎回的需要，使基金具备一定的流动性，同时又可以在封闭期完全规避赎回可能带来的影响，放心地采用长久期和加杠杆的策略，从而获取更高的债券收益。这类基金后来演变成为理财类证券投资基金，实现了 7 天、21 天、1 个月、3 个月等多种期限的类似银行理财产品循环发行的公募证券投资基金。而定期开放式基金的鼻祖——全国首只期间债券基金，是于 2012 年年初由国联安基金管理公司与中信银行联手打造的国联安信心增长定期开放式基金①。

本案例将详细介绍我国首只定期开放式基金的诞生历程。

案例看点：

（1）我国首只定期开放式基金的创新历程是怎样的？

（2）托管银行是如何与基金公司配合开发基金产品的？

（3）"托管 + 销售"是怎样一种业务发展模式？

公募证券投资基金托管的 "游戏" 规则

2009 年，笔者时任中信银行总行零售银行部总经理助理，分管全行的零售产品销售业务，虽然彼时还未直接负责资产托管业务，却已经与托管业务有了诸多交集。因为要论商业银行中哪项业务与托管业务的关系最为密切，非零售业务莫属。

在本书的"资产托管业务的经营魔方"一章，已经介绍了"销售 + 托管"的业务发展模式。对于基金管理人来说，基金的募集规模直接关系到管理人的资产管理规模与管理费收入，因此募集规模

---

① 全称是国联安信心增长定期开放式债券型证券投资基金。经过若干个封闭期后，该基金通过变更名称与基金合同，现已转换成为一只普通的开放式债券型基金，名称为国联安信心增长债券型基金，代码不变。

会受到基金管理人的特别关注。商业银行要想获得公募证券投资基金的托管业务，基金销售自然是必备的交换条件，"以销定托"早已是全球托管行业的"游戏"规则。然而，证监会为了保护投资者利益，在 2007 年 6 124 高点之后大熊市的几年里，刻意放缓了对公募证券投资基金的审批节奏，基本上每家基金管理公司每年只能获批两只公募证券投资基金。在这样的背景下，每只产品都关乎基金管理公司的利润与发展，显得弥足珍贵，基金管理公司也特别重视产品的发行工作，使出浑身解数将每只产品的规模最大化。5 家大型国有商业银行由于具有众多的机构网点，其销售能力自然比全国股份制银行和地方性商业银行更胜一筹，因此成为众多基金管理公司选择的对象。5 家大型国有商业银行的资产托管部门庭若市，排队等档期的公募证券投资基金"络绎不绝"。相比之下，全国股份制银行则是门可罗雀，"一基难求"。

作为全国股份制银行之一，中信银行也不例外，从 2007 年到 2010 年就没有新的公募证券投资基金托管上线。好不容易谈妥的几只公募证券投资基金，临到申报，基金公司方面却变了卦，有的是迫于股东压力，有的是不敢冒险，最终都改投了 5 家大型国有商业银行。2009 年，在资产托管部的不懈努力下，中信银行与国联安基金管理有限公司就一只债券型公募证券投资基金产品达成了合作意向。

国联安基金管理有限公司是我国首家获准筹建的中外合资基金管理公司，由国泰君安证券股份有限公司与德国安联集团（Allianz Group）共同发起设立。当时，国联安基金管理公司主管基金发行的副总经理王峰先生对时局有着相当犀利和独到的判断。他认为虽然五大国有商业银行机构网点众多，但基金产品的发行过于集中，不少基金产品在同一档期拥挤发行，需要付出昂贵的发行费用，但最终成立规模不过几个亿，在基金封闭期过后还会遭遇赎回潮。当时的全国股份制银行，虽然机构网点数量有限，但发行档期十分宽裕，可以集中力量专注于一只产品的发行，况且股份制银行对于公募证券投资基金托管无不是枯苗望雨、翘首跂踵，其重视程度自然也非同一般。当时，恰逢中信银行登门拜访，在经过调研之后，王峰先生赴京与中信银行资产托管部时任总经理刘勇先生敲定了一只债券型基金的合作意向。

中信银行资产托管部对这只基金非常重视，并与中信银行零售银行部做了多次沟通，希望能够借助这只产品打开公募证券投资基金托管的局面。这是一只标准的债券型公募证券投资基金，国联安方面希望中信银行对这只基金在首发募集期间能够保证5亿元的销量，而中信银行零售银行部给出的销售计划是10亿元。见到了零售银行部的诚意，基金托管协议落印，产品定名为"国联安信心增益债券型证券投资基金"，时隔4年，中信银行终于拿到了一只公募证券投资基金托管业务。

经过数月的筹备，基金于2010年4月底开始发行。发行期间，中信银行的零售银行部和资产托管部组成两队人马，奔赴全国各个分行，与国联安基金的销售人员一并路演，获得了非常不错的效果。北京总行每日日终发送销售战报，抄报托管业务分管副行长，可见重视程度之高。在短短20天的发行期内，中信银行为这只基金贡献了13亿元的销量，其中11亿元对个人销售，2亿元对机构销售，加上国联安基金管理公司直销的6亿元，这只基金以19亿元的规模成立，超过了同期五大国有商业银行不少托管基金的成立规模。这只基金打破了中信银行多年来公募证券投资基金托管业务举步维艰的僵局，诠释了"销售＋托管"的托管业务发展模式，并为下一只创新型基金产品——"国联安信心增长定期开放式基金"奠定了坚实的基础。

期间债基，量身定制

在中信银行与国联安基金管理公司合作的第一只债券基金大获

成功之后，双方马上开始筹备下一只基金的发行。发行基金，可以简单地复制，也可以尝试创新。实际上，当时很多基金公司都在想方设法地尝试各种各样的创新，但要想做出真正的创新，并非易事。国联安副总经理王峰先生对创新有着独特的思路，他认为与其主动设计产品，不如让市场来设计产品，通过不断收集市场需求的相关信息，在当时的法律框架下，设计出符合市场需求的产品，或许是一条创新的出路。

中信银行的前身是中信实业银行，曾经只做对公批发银行业务，没有零售银行业务，是一家"写字楼银行"。在上市前，中信银行开始铺设零售银行网点，大力发展零售银行业务。由于对个人金融市场介入较晚，中信银行必须有针对性地做一些特色业务才能快速打开局面。中信银行的这个"蹊径"就是个人理财业务，2007—2009年期间，中信理财卖得如火如荼。一些以"打新股"为特色的产品深入人心，在市场上大获好评，"支支打""月月打"等一些产品更是创下了多个"日光"销售记录。在几家分行，出现了客户早晨五点多在支行门口排队等待购买理财产品的情况，甚至还出现了客户为了购买理财产品把支行银行大厅的玻璃门挤破的情况。

当时理财产品卖得很好，甚至单只产品每日能突破50亿元的销量，为什么很多公募证券投资基金却难以获得理想的发行规模呢？难道只是因为渠道没有足够重视、资源配备不够充分、考核力度不够到位等主观原因吗？实际上，更关键的原因在于产品本身。相比公募证券投资基金而言，银行理财产品有几个非常显著的特征：一是银行理财具有银行信用背书，对于客户而言就意味着"刚性兑付"，当然，事实上这并非必然；但公募证券投资基金则没有任何机构背书，盈亏几何，都由投资者自己买单。二是银行理财有固定的收益率，虽然不一定比公募证券投资基金高，但是在一定的期限内收益十分确定；而公募证券投资基金则无法保证收益，净值的波动性也会增加收益的不确定性。三是银行理财有固定的期限，如30

天、60 天、90 天、180 天等，投资者可以根据自身需求选择一个合适的期限，而理财产品在这个期限内是封闭运作的，可以将全部资产用于投资，并在法规允许的范围内使用投资杠杆扩大收益；而公募开放式基金的期限不确定，虽然可以随时赎回，但对投资者而言，选择离场时间绝非一件容易的事，而对基金管理人而言，每天还要为开放式基金准备充足的流动性资金，不能将基金资产物尽其用。总的来说，银行理财产品更适合老百姓长期以来形成的投资习惯。

研究了银行理财产品的特点，把客户的需求抽离出来，打造成一只公募证券投资基金，这不也是一种创新吗？"国联安信心增长定期开放式基金"就是这样诞生的。投资者更偏爱相对稳健和有确定收益的产品，固定收益类的债券型基金可以满足这一点。但是，在固定期限内满仓操作却不符合开放式基金的规定，而纯粹的封闭式基金又缺乏流动性，封闭期太久会使基金丧失吸引力。有没有一种方式可以采开放式基金与封闭式基金之长，却又能规避两类基金的弊端，达到同银行理财产品一样的效果呢？定期开放——每封闭 6 个月，开放一次。封闭期内，基金不能申购赎回，可以完全像银行理财产品一样加杠杆进行债券投资；而在开放期，投资者又可以自由地申购赎回，在一定程度上保证了基金的流动性，与银行理财产品非常相似。如此，"国联安信心增长定期开放式基金"的产品模式，就这么诞生了。

由于是全市场的首只定期开放式基金，成立后会有一年的封闭期。本着创新实践的心态，国联安基金管理公司和中信银行没有把发行规模定得太高，起初直接将规模锁定在公募证券投资基金的成立门槛。该基金的成立规模是 2.46 亿元。虽然成立规模受到了控制，但由于封闭期间可以全仓并加满杠杆进行债券投资，这只定期开放式基金比同期同类型债券基金的收益高出不少。业绩为王，一年后在这只基金首次开放时，规模迅速膨胀到 19.52 亿元。

席卷全国的理财基金

2012 年，在"国联安信心增长定期开放式基金"推出后，定期开放式基金的创新产品模式正式进入了我国市场。这种基金类似于美国共同基金市场上的期间基金（Interval Fund），具有封闭式基金锁定规模和对投资操作的易控性，又使投资者在一定的期限享有开放式基金的申购赎回权利，可谓是一只将鱼和熊掌混搭共烹的"美食"基金。

现如今，在经历了几个周期之后，按照合同约定，这只曾经的全国首只定期开放式基金已经由定期开放式转型为普通开放式，并变更了基金名称，去掉了"定期开放"四个字。回首 2012 年，"国联安信心增长定期开放式基金"引领了一股定期开放的潮流，开启了一个基金理财化的时代。在之后的几年里，定期开放概念的理财类基金层出不穷，仅 2012 年继"国联安信心增长定期开放式基金"之后就有 15 只定期开放型的创新基金成立（见表 14.1）①，到 2016 年年末，数量更是超过了 400 只。

表 14.1　继"国联安信心增长定期开放式基金"之后成立的定期开放式基金

基金全称	基金成立日	投资类型（二级分类）
富国新天锋定期开放债券型证券投资基金	2012/05/07	混合债券型一级基金
华安月月鑫短期理财债券型证券投资基金	2012/05/09	货币市场型基金
南方金利定期开放债券型证券投资基金	2012/05/17	中长期纯债型基金

---

① 资料来源：Wind。

基金全称	基金成立日	投资类型（二级分类）
华安季季鑫短期理财债券型证券投资基金	2012/05/23	货币市场型基金
华安月安鑫短期理财债券型证券投资基金	2012/06/14	货币市场型基金
易方达永旭添利定期开放债券型证券投资基金	2012/06/19	中长期纯债型基金
工银瑞信纯债定期开放债券型证券投资基金	2012/06/21	中长期纯债型基金
广发理财年年红债券型证券投资基金	2012/07/19	短期纯债型基金
汇添富季季红定期开放债券型证券投资基金	2012/07/26	混合债券型一级基金
浦银安盛幸福回报定期开放债券型证券投资基金	2012/09/18	中长期纯债型基金
嘉实增强收益定期开放债券型证券投资基金	2012/09/24	中长期纯债型基金
光大保德信添天盈月度理财债券型证券投资基金	2012/10/25	货币市场型基金
融通岁岁添利定期开放债券型证券投资基金	2012/11/06	中长期纯债型基金
民生加银平稳增利定期开放债券型证券投资基金	2012/11/15	中长期纯债型基金
博时安心收益定期开放债券型证券投资基金	2012/12/06	中长期纯债型基金

我国的公募证券投资基金发展到今天，经历了一次又一次的创新浪潮，产品形式从封闭到开放，产品种类从单一到多元，陆续推出了指数基金，分级基金，定期开放基金，挂钩黄金、原油、天然气的基金，互联网"T+0"赎回的货币市场基金、REITs基金、沪港通与深港通基金以及基金中基金。公募证券投资基金的创新历程，

承载着监管机构对基金行业的呵护与期望，凝聚着基金管理公司从业人员的创新与梦想，同时托管业务战线上同志的智慧与辛劳也不可缺少。

案例点评

公募证券投资基金是各家托管机构争夺的核心产品。由于公募证券投资基金的监管要求非常高，产品本身的运作也是高度标准化的，因此各家托管机构在营运上的差异并不大。公募证券投资基金的托管市场，很大程度上还是"以销定托"的格局。

在本书前篇已经介绍，5家大型国有商业银行由于具有庞大数量的营业网点，在零售银行业务上具有先天优势，因此采用了"销售＋托管"的业务模式，将销售的优势与红利直接转化为对公募证券投资基金、保险等托管业务的拉动。而其他托管机构在开展公募证券投资基金托管业务时，无法与五大行正面竞争，只能集中力量和资源，对部分基金公司和产品进行重点突破。在本案例中，托管银行（中信银行）选择托管一只创新模式的基金，并以此为切入点，在基金托管业务上取得了突破。

在托管业务的市场竞争中，无论什么样的托管机构，只有充分考虑自身的资源与优劣势，选择合适的模式、合适的策略、合适的产品，才能够在市场中获得一席之地。

第十五章
与国酒茅台缘结企业年金

2004 年，为建立多层次的养老保险制度，更好地保障企业职工退休后的生活，完善社会保障体系，劳动和社会保障部全面推进了企业年金相关制度的实施。各家金融机构对大型企业开展了"跑马圈地式"的营销，在企业年金市场上掀起了激烈的业务争夺战。

茅台是贵州省的一张名片，也是我国的民族精品，香飘神州，名扬世界，被公认为"国酒"。茅台集团的企业年金，自然也成了各家金融机构争夺的对象。中信银行作为首家入黔的股份制商业银行，积极参与了茅台集团企业年金托管人的营销与投标，最终通过不懈的努力，在激烈的竞争中脱颖而出，获得了茅台集团企业年金托管人资格。

本案例将详细阐述中信银行在茅台集团企业年金托管业务营销过程中所做的工作，介绍企业年金托管业务营销的主要流程。

案例看点：

（1）商业银行如何向企业提供年金业务的全方位服务？

（2）股份制银行如何在托管业务营销中建立独特优势？

（3）国酒茅台的企业年金营销历程是怎样的？

首家入黔的股份制银行

贵州省地处我国西南腹地，是西南重要的交通枢纽，下辖6个地级市和3个自治州，人口由汉、苗、布依、侗、水、彝族等多个民族组成。贵州省是世界知名山地旅游目的地和我国山地旅游大省，壮观的黄果树大瀑布、温暖的西江千户苗寨、浪漫的梵净山等名扬海内外。但是，贵州省虽然风光旖旎、山水多姿，却并非一个富裕的省份。2009年之前，贵州省人均GDP排名全国倒数第一，有句谚语形容贵州："天无三日晴，地无三尺平，人无三分银"，这句谚语中的"人无三分银"，形象地描述了贵州省的经济状况。金融机构尤其是看重效益的股份制商业银行，都是追着钱走的。2009年以前，没有一家股份制商业银行落户贵州省，在贵州省进行金融服务的，只有几家大型国有商业银行、城市商业银行和农村信用社。

长期以来，贵州经济一直头顶"金融紧箍咒"，金融机构的匮乏使得贵州省的融资手段相对单一，实体经济得不到资金的"灌溉"，从而难以改变"人无三分银"的状况。"引银入黔"成为贵州省政府的一个重要的工作方向，而解决问题的方法，就是吸引金融机构到贵州省扎根落户。

2009年，中信银行响应贵州省委、省政府"引银入黔"的号召，决定进驻贵州省，开辟当地的金融业务，为贵州的实体经济与百姓提供服务。中信银行贵阳分行的开业，得到了贵州省委、省政府的重视与大力支持。笔者接到聘任通知，由中信银行总行调任贵阳分行筹备组组长，继而担任贵阳分行第一任党委书记、行长长达6年多时间。经过数月的筹备工作，中信银行贵阳分行于2009年7月正式开业，成为贵州省第一家"引银入黔"的全国股份制商业银行。

在分行开业前后，笔者与贵州省委、省政府相关领导建立了密切沟通，每年均出席贵州省的经济工作会议、金融工作会议及省政府常务会议。贵州省政府向笔者表达了他们希望通过金融机构为当地经济提供多元化服务的诉求。笔者也向政府表示，中信银行会尽快进入角色，对公，要解决为实体经济灌溉资金的问题，对私，要为老百姓提供优质的金融服务。

"理想是丰满的，现实是骨感的"。在实际工作的开展中，中信银行贵阳分行还是遇到了很多的问题。当地的老百姓基本都将资金存放在五大行，由于当时个人存贷款利率是由中国人民银行统一制定的，初来乍到的股份制银行很难吸引老百姓进行"存款搬家"，甚至个人开户都举步维艰。不过这种状态不到两年时间就得到了彻底的扭转，扭转的关键在于将中信银行能够提供优质服务的形象植入百姓心中。中信银行贵阳分行地处贵阳市市中心，附近有一所中学。高考期间，考生的家长就在路口等待。由于高考期间正值暑期，酷热难当，家长们顶着烈日，个个儿脸上都挂满汗珠。笔者见状安排员工准备了绿豆汤和一次性纸杯，让大堂经理把在烈日下守候的家长都请进大厅（当时刚刚开业的贵阳分行一层营业大厅还没有太多客户），并给每人递上一杯绿豆汤，同时在分行营业部临街的 LED 大屏上打上了"中信银行祝愿莘莘学子金榜题名"的字样。这微不足道的关心换来了很多学生家长的称赞，拉近了学生家长与银行的距离。一名学生家长说如果孩子考上大学了，就来这里汇学费。高考的第二天，来营业厅避暑的家长增加了很多，将整个营业厅占得满满的。有些家长闲来无事，看到大厅摆放的宣传折页，就现场办理了借记卡。在高考过后，绿豆汤的供应并没有停止，无论是辛勤的环卫工人，还是路过歇脚的通勤市民，随时都能在中信银行贵阳分行的营业厅喝到一杯免费的绿豆汤。这种公益服务，当时在贵阳市是独家服务，给很多市民留下了非常好的印象，

357

也为营业厅和各支行招揽了不少人气。当时机成熟时，笔者让零售银行部门适时推出了适合市民购买的理财产品，获得了良好的营销效果。贵阳分行的个人金融业务，就是这样凭着优秀的口碑，逐渐从无到有地开展起来的。

对公灌溉实体，对私造福于民，中信银行贵阳分行就是凭借这样的理念，在贵州大地上扎根发展，靠着服务打响了中信品牌，赢得了社会的广泛赞誉，并获得了贵州省委、省政府的认可。

借力营销茅台集团

茅台赤水酿，国酒五洲名①。

提到贵州，很多人最先想到的是贵州茅台酒。一个世纪以来，贵州茅台酒先后荣获各种国际金奖，蝉联历次国内名白酒评比之冠。

中国贵州茅台酒厂（集团）有限责任公司总部位于贵州省北部风光旖旎的赤水河畔茅台镇，是一家集国家一级企业、国家特大型企业、国家优秀企业（金马奖）、全国质量效益型先进企业等荣誉于一身的白酒生产企业，拥有全资子公司和控股公司30家，参股21家公司，员工3万多人。多年来，茅台集团在税金、人均创利税、人均上缴税金、股票总市值、品牌价值和主导产品的营业收入、利税、利润等指标上稳居我国白酒行业榜首。

茅台集团这样的一流企业对于商业银行来说无疑是"钻石"级别的客户。金融资源富足，存款资源庞大，上下游产业链优质。与多数渴望银行信贷支持的普通企业不同，茅台集团因自身财务状况非常充盈，对商业银行的主动需求很少。银行对茅台的主体业务是吸收集团以及各子公司的存款，通过延伸服务，争夺下游经销商的货款汇划。而经销商与当地的几大国有商业银行已经建立了比较牢固稳定

---

① 引自刘章《饮茅台酒》，茅台酒官方网站。

的合作关系，对于中信银行贵阳分行而言，想切入合作绝非易事。

作为贵州优质企业的代表，茅台集团也是商业银行对公业务的试金石。通过多方面营销、考察、研究、思考，笔者最终决定寻求政府的帮助。中信银行是响应贵州省委、省政府"引银入黔"号召在贵州设立分行的第一家股份制银行，为贵州的经济带来了活力，做出了贡献，也希望能够在关键节点得到政府的支持。中信银行贵阳分行向贵州省政府分管国资委的副省长汇报了向茅台集团提供综合融资服务的愿望，希望在茅台集团这一优质客户的营销上，得到省政府的帮助与支持。贵州省政府对中信银行在贵州所做的工作是高度认可的，也愿意促进银企合作，进而促进经济发展。不过政府也明确指出：政府可以牵线搭桥，但是涉及商业上的合作事宜，还需商业银行与企业通过市场化的方式自行商谈。

在省政府的关心与支持下，中信银行与茅台集团建立了联系，笔者带队拜访了茅台集团，介绍了股份制银行的优势与特点，并拿出了中信银行具有市场竞争力的金融产品和服务方案。在经过一番考察与了解之后，茅台集团决定尝试与中信银行这家股份制银行开展合作，一次性向中信银行转入了10亿元存款。在政府的大力支持下，中信银行与茅台集团终于实现了合作，但与大型银行相比，中信银行与茅台集团合作的资金规模可谓九牛一毛。笔者清楚地知道，打铁还需自身硬，要想与茅台集团展开深入合作，必须拿出对方真正需要的产品和服务。

像茅台集团这样优质的企业，几乎什么都不缺，拥有一流产品，资金丰沛如泉，文化底蕴深厚。那么，什么样的金融产品才能够契合茅台集团的需求呢？

为茅台集团定制年金方案

企业年金是企业及其职工在依法参加基本养老保险的基础上，

依据国家政策和企业经济状况，经过必要的民主决策程序建立的，享受国家税收优惠支持的养老保障计划。随着我国老龄化现象的不断深化，养老体系需要不断丰富和完善，才能保证人们在退休后的生活水准。企业年金是对国家基本养老保险的重要补充，是我国正在完善的城镇职工养老保险体系的"第二支柱"。企业年金又称"企业退休金计划"或"职业养老金计划"，企业年金能够解决企业员工的"后顾之忧"，在培养员工的幸福感和忠诚度方面有着重要的作用。现如今，很多人才在就业选择时，除了考虑企业所提供的绝对收入，也会考虑企业是否为员工建立了企业年金机制。

2008 年，中信银行取得企业年金业务托管资格。在接下来的几年里，在全行范围内大力推动企业年金托管业务的开展，屡屡拿下大单，企业年金托管业务规模迅猛增长。

2013 年，茅台集团拥有近 3 万名员工，员工待遇与福利非常可观，其员工养老体系也在逐步建立和完善的过程中。对于茅台集团这样优质的企业，企业年金早晚是其必然之选。托管一家企业的"养老钱"，无疑是与企业达成长期稳固合作的绝佳切入点。笔者意识到，企业年金可能是当时茅台集团最迫切需要的业务，也是撬动中信银行进一步扩大与茅台集团全面合作的支点。

通过多方考察与调研发现，其他银行并非没有向茅台集团营销过企业年金业务，只是营销方式要么过于直接，没有将企业年金的意义正确地传导给企业；要么不够透彻，就事论事，没有设计好全套的服务方案，最终都无功而返。针对这种情况，中信银行贵阳分行一方面请求总行的专业支持，制订专业的全方位、全流程的企业年金服务方案；另一方面，以与茅台集团日常的业务合作为切入点，不断向其传递企业年金的优点与必要性，并重点与茅台集团的高层管理者及人力资源部门进行沟通。在此期间，中信银行了解到茅台集团没有急于设立企业年金的几个原因：一是茅台集团旗下的机构和人员数量众多，设立企业年金将会是一项非常烦琐的工作，全面推动并非易事；二是茅台集团员工的收入在贵州当地已经非常具有竞争力，作为一项补充福利制度，企业年金对员工的吸引力并不大；三是企业年金的投资虽然稳健，但仍有不确定性，一旦投资出现亏损，将难以向员工交代。基于这几点考虑，茅台集团没有急于设立企业年金。

针对茅台集团的情况，中信银行总行资产托管部制订了详细的企业年金服务方案。在正式营销之前，当务之急是让茅台集团的决策者认可企业年金的必要性，同时打消其关于企业年金的各种顾虑。笔者记得对口服务茅台集团的宝山支行行长曾反复向茅台集团的领导宣导传递的话："像茅台这样优质的企业集团，如果引进科学的企业年金管理，对外有助于树立完美的公司形象，对内更能够为员工谋求福利、凝聚人心。企业年金在国际上是一种非常科学的养老保障制度，国外很多知名公司和国内多数央企都实行了企业年金制度。对于年金风险方面的担忧，其实只要把专业的事交给专业的人来做，配以合适的投资方案，一定能够达到预期的要求，而且年金业务是一项长期投资，完全不需要计较一时得失，从长期来看，企业年金的收益是相当稳定的。引进企业年金制度，是顺应时代发展的必然选择，何必不响应国家政策，顺势而为呢？"

一流企业对于国家政策的解读和对信息的分析响应速度是极快的。茅台集团的领导在双方关于企业年金的沟通中汲取了有价值的信息，并进行了分析与评估，用了很短的时间就在内部形成了推动企业年金的决议。茅台集团于2014年初决定将年金业务工作纳入当年的年度工作目标，力争在年内实现年金业务上线。这对于一家体量庞大的企业来说实属不易，充分体现了企业的高效管理和与时俱进。

营销进入了关键时期。中信银行由总行直接派出专家小组，与贵阳分行联合对茅台集团进行企业年金业务的专业营销。由于方案是针对茅台集团之前所顾虑的问题而精心设计的，整个方案涵盖了企业年金业务从设立到企业内部推广再到投资计划的方方面面。茅台集团初步认可了中信银行提出的企业年金计划方案。此后，中信银行反复与茅台集团探讨其在企业年金上的种种特定需求，按照茅台集团的特点"量体定制"服务方案，并对关键问题进行了引导、解释和沟通，最终拿出了一套可操作性极高的专属计划。

群雄逐鹿鏖战茅台年金

本以为获得初步认可的方案能够使中信银行顺利获得茅台集团这一超优质客户，但事情远没有想象得那么简单。

茅台集团内部高度重视企业年金工作的推动，制订了实施企业年金管理的工作计划，并于2014年9月成立了年金管理委员会，由公司有关领导及人事社保部、财务部、财务公司、审计部、法律部和工会等主要负责人组成，并决定通过市场化招标的形式确定企业年金业务的托管银行。

中信银行的营销团队意识到，这场"攻坚战"才刚刚开始，前期初步获得认可的服务方案只是先发优势。要想化优势为胜势，还需继续努力。中信银行发动了总、分、支三级联动营销机制，成立联合营销小组，对前期方案进行进一步优化，制订了《企业年金管理方案》，赴茅台集团做了专场汇报，现场进行了专业讲解和答疑，获得了茅台集团年金管理委员会成员的认可。但茅台集团年金管理委员会的相关负责人表示，最终能否中标，还要看最终的综合评标情况。

为了争夺茅台集团的年金业务，中信银行总行副行长带队到茅台集团拜访和交流，笔者作为分行行长也曾多次赴茅台集团开展业务营销工作。

茅台集团企业年金管理的基础工作在继续推进，招标事宜提上日程。中信银行对此时刻保持密切关注，与茅台集团年金业务有关部门和人员保持深度交流。与此同时，贵州省的其他各家银行及金融机构也开始纷纷涌向茅台集团，积极开展年金业务的交流与营销。中信银行将面对10家金融机构参与的激烈竞争。

对于企业年金的服务机构而言，除投资管理人外，其他当事人的选择具有唯一性和排他性。中信银行在企业年金管理人资格中同时具备"账管人"和"托管人"两块牌照，但是在激烈的竞争中要想同时参与和获得两个角色的胜出基本不太可能。为此，中信银行将目标确定为争取成为"账管人"和"托管人"其中之一。由于历史原因，茅台集团的社保账户早已经在中国建设银行开设，员工的个人账户也在建设银行开设，加之其他业务的合作往来，建设银行是最有希望成为茅台集团年金"账管人"的竞争者。中信银行要想在茅台集团年金业务中夺标，只有集中力量向"托管人"资格进行攻坚。

确定"战术"之后，中信银行对标书的制作进行了反复斟酌。当时，中信银行总行资产托管部正在研发一套行业独有的企业年金查询系统，该系统能够让中信银行的企业年金客户通过网页、网银、手机银行及微信四种方式查询企业年金的余额与收益情况。网页、网银已经开发完毕，手机银行和微信正在开发过程中。该系统完成后，中信银行将是行业内首家推出微信平台查询年金账户情况的银行，也是提供查询渠道最多的银行。这一独特优势，也在交标之前紧急加入了标书之中。

随着茅台集团企业年金工作的继续推进，各家参与竞标的金融机构纷纷发力，动用各种手段和资源开展营销工作，一场激烈的"争夺战"已围绕茅台集团的年金业务打响。

茅台集团内部紧锣密鼓地开展年金各当事人的遴选准备工作，但由于是第一次开展企业年金的招标，没有相关经验，对如何选择评估投标机构没有详细的量化标准。中信银行贵阳分行了解到该情况，立即联系总行，根据以往的投标经验，草拟了详细的关于企业年金"管理人""托管人"和"账管人"的量化评分标准，提供给茅台集团参考。茅台集团对中信银行细致的服务表示了认可。随后，茅台集团要求其他机构也提供相关方案并进行了多方比较，进而形成了自己的一套量化方案。最终，茅台集团在召开了多轮会议之后，决定以内部会议的形式，采取"遴选准入，议标打分，高分选择"的方案，确定年金业务的各当事人。

夺标国酒， 大获全胜

精诚所至，金石为开。

2014 年 11 月，茅台集团终于通过会议的形式确定了企业年金的各家参与机构。在后续的合作过程中，笔者了解到，当时在茅台集团的会议上对年金管理人的选择争论非常激烈，但是对于中信银行担任托管人一案，评委全票通过。中信银行通过不懈的努力，终于在激烈的竞争中脱颖而出，赢得了这场攻坚的最终胜利，获得了国酒茅台企业年金托管人资格。

茅台集团的成功营销，为中信银行酒类企业的年金营销奠定了坚实的基础。成为茅台集团企业年金的托管人，极大地稳固了中信银行与茅台集团的合作关系，全面促进了双方在其他各项业务上的合作。

与茅台集团合作的不断深入，也加强了中信银行贵阳分行在贵州省金融业的地位。中信银行贵阳分行作为首家入黔的股份制商业银行，为贵州省的"引银入黔"开了一个好头，为贵州省的经济发展做出了应有的贡献。

案例点评

这是一个非常典型的企业年金营销案例。客户是茅台集团——

我国白酒行业龙头企业，企业本身财务情况非常优质，传统的银行服务并不是客户的主流需求，客户的需求更多地体现在特色化的服务上，如员工福利。在本案例中，托管银行（中信银行）提前介入，通过深入研究分析客户的潜在需求，想客户之所想，急客户之所急，帮助客户量身定制了详细的企业年金计划方案，最终获得了客户的认可。

这一案例体现了在年金托管业务中托管银行为客户提供个性化、定制化服务的重要性。安全的保管、便捷的清算、精确的核算、严格的监督和稳定的系统固然是年金客户在选择托管银行时的重要考虑因素，但除此之外，企业也会关注年金计划的方案本身，如果托管银行能够为客户提供量身定制的服务方案，将更有助于托管银行在市场竞争中获得年金客户的认可。

第十六章

创新服务， 鏖战理财托管

2004 年，我国首只商业银行理财产品问世。截至 2017 年，我国的理财规模已突破 30 万亿元。短短十几年，银行理财产品市场成了我国资产管理行业中规模最大的一类产品。2009 年，银监会发文明确商业银行理财产品需建立托管机制，由具备证券投资基金托管资格的商业银行进行托管。随着托管银行的增多，商业银行理财产品的托管市场陷入了"价格战"。

中信银行凭借为城商行和农商行量身定制的理财母子账户体系以及"投顾＋托管＋年金"的综合服务模式逐步摆脱了"价格战"的束缚，在托管业务"金字塔"的上端寻找到业务机会，为 70 余家地方性商业银行提供了理财产品的托管服务。

案例看点：

（1）银行理财托管业务陷入"价格战"，出路在何方？

（2）为城商行和农商行量身定制的理财母子账户体系有何独特功能？

（3）何为"投顾＋托管＋年金"综合服务？

规范理财，引入托管

商业银行的代客理财业务，实质上是商业银行的资产管理业务。这项业务最早起源于银行业高度发达的瑞士。18世纪，金融市场在工业革命之后获得了快速发展，资产阶级的家族财富快速集聚，出现了旺盛的资产管理需求。瑞士的金融机构顺应市场趋势，开始对客户推出资产管理服务。

"二战"结束后，随着城市建设与工业化的高速发展，欧美的金融业从复苏走向繁荣，金融市场传统的银行存贷业务竞争激烈，很多银行开始引入资产管理业务。受当时法律环境的制约，彼时的银行理财业务还非常简单，业务规模有限，主要集中在提供简单的委托贷款服务及投资顾问服务等。

1973年，布雷顿森林体系瓦解后，以美元为首的主要货币的汇率波动增大，大宗商品价格持续飙升，股票市场持续低迷，客户缺乏稳定的投资渠道，对银行提供的"专业理财"的服务需求迅速扩张。美国的商业银行抓住机遇，开始向客户提供与如今类似的理财服务，接受客户的委托，进行资产管理，并提供投资咨询等业务。1999年，美国颁布了《金融服务现代化法案》（Financial Services Modernization Act of 1999），混业经营使得金融市场的各类产品与投资工具迅速丰富起来，商业银行的资产管理业务也获得了更加多元化和综合化的发展。很多银行开始转型，将重心由传统的存贷业务向资产管理业务发展，资产管理业务成为很多银行的主要转型方向。

我国的商业银行理财产品起源于2004年，光大银行推出了我国市场上第一款人民币理财产品——"阳光理财B计划"。2005年以后，各类本外币银行理财产品开始在我国金融市场上迅速繁荣起来。起初，只有五家大型国有商业银行和全国股份制商业银行推出了理财产品的服务，但很快理财业务就在全国各类银行机构铺开，大量的城市商业银行和农村商业银行也开始发行理财产品。

由于有商业银行的品牌作支撑，加之理财产品的收益较储蓄有着太大的优势，理财业务在我国以惊人的速度发展铺开。很多购买理财产品的银行客户并不了解理财产品与储蓄在法律上有哪些本质区别，只是认为凡是银行发行的都能够刚性兑付，因此也积聚了一定的风险。在高速发展的同时，商业银行理财业务也出现了一些不规范的现象，例如早期理财的期限错配、资产池操作，都是十分普遍的现象。为了有效地防范风险，银监会于 2009 年发布《中国银监会关于进一步规范商业银行个人理财业务投资管理有关问题的通知》（银监发〔2009〕65 号），规定商业银行只能向有投资经验的客户发行，并且起点金额不得低于 10 万元人民币或等值外币；商业银行发售理财产品，应委托具有证券投资基金托管业务资格的商业银行托管理财资金及其所投资的资产。自此，商业银行理财产品强制托管成了行业标配。

2009 年，我国仅有 17 家商业银行具备证券投资基金托管业务资格，这些银行可以自行托管其发行的理财产品。然而，市场上大量不具备托管业务牌照的商业银行，亟待寻找托管银行托管其发行的理财产品。

在价格战中攀登 "金字塔"

自银监会 65 号文件颁布的当月起，中信银行就迅速启动了商业银行理财托管业务的市场营销工作，抢占了一定的市场先机，与几十家地方性商业银行开展了理财托管业务的合作，中信银行除自身理财外的商业银行理财产品托管规模迅速突破 2 000 亿元。然而，几家较大的客户因自身获得了证券投资基金托管业务牌照而将他们的理财产品从中信银行撤出，转由其自身托管；另一方面，早期的银行理财产品大多是非标类资产，不需要估值核算，相对于公募证券投资基金而言，是非常简单和基础的托管业务，同质化竞争非常严重，甚至有些托管银行为争夺市场直接免收托管费，使得商业银行理财产品托管业务陷入恶性竞争的局面。

"价格战"作为一种市场竞争手段，具有杀伤力强、见效快等特点，著名经济学家曼昆（N. Gregory Mankiw）在其著作《经济学原理》（*Principles of Economics*）中从经济学的角度证明了"价格战"是消费者选择的必然，价格竞争是市场经济下最基本的竞争形式，也是最容易应用的竞争形式。对于刚刚获取牌照的托管人来说，受限于技术、资源等客观条件，很难开展高附加值的公募类证券投资基金、QDII、QFII等跨境托管业务，而早期的商业银行理财产品成为其"开疆拓土"的最佳选择。然而，托管业务需要专业的人员与系统，同时托管银行的品牌积淀也是获取业务的隐性条件。要想突破以上客观条件限制迅速获取市场，"价格战"是不二之选。

在"价格战"打响之后，商业银行理财托管费的平均费率迅速由1‰以上降至0.4‰左右，2015年进一步降低至0.3‰的水平。对于非托管银行本行发行的理财，为了抢夺资源，零托管费的产品层出不穷。面对"托管新生代"掀起的残酷价格竞争，一些老牌托管银行选择加入其中，将托管费一降到底；还有一些以大型银行为主的托管银行直接退出了"价格战"，选择隔岸观火。中信银行作为商业银行理财产品托管业务市场最早的参与者之一，受到了"价格战"的影响，很多已经合作的商业银行客户要求降低理财产品的托管费率。中信银行为了留住客户，"有底线"地适度降低了托管费，但未接受"零收费"，也因此损失了部分客户。中信银行之所以没有加入"价格战"的行列，是因为低于业务成本的"价格战"只是短期抢夺市场的策略，而市场本身有其定价机制。"价格战"起因于新的竞争者的出现，打破了原有市场寡头形成的平衡，在"价格战"之后，市场会在合理的价格区间重新找到平衡。新的平衡必然会低于原有寡头市场的价格平衡点，但却不会突破业务本身的成本。在形成新的价格平衡后，降价将不再有效，毕竟多数商业银行不会因为万分之几的费率优惠而影响其对托管银行品牌与服务的选择，彼时获取业务的关键不再是价格，而是托管业务的服务品质。

在本书的第四章"资产托管业务的经营魔方"中，介绍了托管服务的金字塔模型，将托管服务分为低、中、高三个层次。金字塔的低层是基础资产保管，是严重同质化的服务，技术含量不高，哪家托管人做都一样，是"价格战"最为激烈的争夺区域。进入金字塔的中层，则会出现营运增值服务，尤其是一些能够满足客户需求的"人无我有"的定制化服务，将使托管银行摆脱同质化竞争。而在金字塔的顶端，为客户提供综合增值服务，包括综合金融方案、产品设计方案、资源对接以及流动性支持等服务，则会使托管银行脱颖而出，客户甚至愿意为此支付更多的费用。

中信银行为了保持自身在商业银行理财托管业务上的优势，就从"金字塔"的中端和顶端入手，分别研发出了"商业银行理财母子账户"服务与"投顾+托管+年金"的一揽子综合服务，从而远离了短兵相接、硝烟弥漫的托管"价格战"，并获得了客户的认可。

商业银行理财母子账户

对于商业银行发行的系列理财产品，可以开立系列理财托管专用账户，用于同一系列不同期次理财产品的运作。目前，很多商业银行的理财产品都是采用系列理财托管的模式进行运作，采用该模式可以避免为每一期理财产品开立单独的账户，从而有效地提升了理财产品的管理与运作效率。但是，这种模式有一个突出的问题，即同一系列的各期理财产品会在同一个实体账户中运作（见图16.1），发行理财的商业银行需要维护好各期理财产品的到期情况与收益分配。大中型商业银行由于理财资产管理体量庞大，大多会通过自身研发的资产管理系统对各期理财进行管理，但中小型商业银行则不一定拥有独立的理财资产管理系统，而是运用记账的方式进行管理。在多期理财同时到期时，非系统的记账管理方式很容易造成混乱和错误。如果遇到理财产品经理休假则更容易使工作陷入僵局。

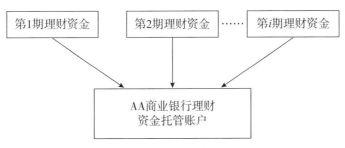

图 16.1　传统托管账户体系

中信银行与 70 多家商业银行开展了理财产品托管业务的合作，并不时举办商业银行理财专题研讨会，邀请合作的商业银行客户参加。中信银行第一届商业银行理财业务研讨会是于 2012 年在贵州省贵阳市举办的，笔者时任中信银行贵阳分行行长。在贵阳的会议上，有一家客户提出如果托管银行能够协助他们提供多期理财的管理服务，将极大地解决他们的问题。

客户的需求是创新的动力。经过一年多的研究，中信银行于 2015 年初步研发了一套商业银行系列理财托管母子账户体系，并于 2016 年正式投入使用。商业银行系列理财托管母子账户体系的原理很简单，即在系列理财的实体母账户下，为每一期理财产品开立独立的虚拟子账户（见图 16.2）。这样既不会增加投资运作的步骤，又能够实现对每期理财资金的单独管理，将各期理财区分开，即便在多期理财同时到期的情况下也不会出现混乱，使管理简单化、分离化。

商业银行系列理财托管母子账户体系得到了部分客户（尤其是

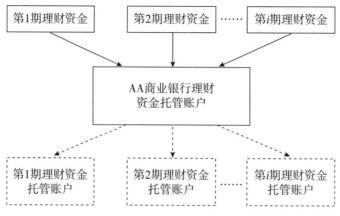

图 16.2 商业银行系列理财托管母子账户体系

自身不具备理财资产管理系统的商业银行）的青睐，该系统解决了他们的实际问题。商业银行系列理财托管母子账户体系入选 2016 年中信银行内部的年度创新项目。中信银行沿着客户的实际需求，通过对托管账户进行创新改造，形成了独特的营运增值服务，以"人无我有"的姿态，逐步摆脱了"价格战"带来的冲击。

"投顾＋托管＋年金" 综合服务

"委外"是 2016 年资产管理行业出现频率最高的术语，委外业务成了证券公司、基金公司和信托公司争夺的对象。委外是指商业银行、保险公司、财务公司等机构将自身或其管理的资金委托给外部的资产管理机构进行投资管理的业务模式。委外业务起源于城商行和农商行的自营资金和理财资金规模迅速增长，但城商行和农商行依托自身的投资团队难以进行管理，因此采取了委托外部机构投资的办法。在该模式形成后，不少股份制银行和保险公司也加入了委外的行列，通过证券公司资产管理、信托计划甚至公募证券投资基金的形式进行委托投资，先约定一个固定的收益率，如果能实现超额收益，则被委外的资产管理机构还能够获得收益分成。

在委外热潮掀起之前，中信银行其实已经开展了类似的业务，即商业银行理财投资顾问业务。2010年以来，全国上百家城商行和农商行陆续获得了理财产品的发行资格，开始通过理财产品扩张自身的业务版图。然而，相对于大型国有商业银行和全国股份制商业银行，城商行和农商行在理财的系统与人才上都略逊一筹，很多机构的总部不在北京、上海、深圳等金融发达城市，在信息上也相对闭塞，其发行的理财产品投资渠道相对单一，收益率自然难以与五大行和全国股份制商业银行的理财相媲美。中信银行的理财业务曾在2008年风靡全国，建立了自身的品牌。不少城商行和农商行非常认可中信银行的理财业务，并使用自有资金购买中信银行的同业理财。中信银行的金融市场部、资产管理中心和资产托管部都出现了在城商行和农商行客户上的业务机会，开始与他们洽谈理财投资顾问业务，即利用中信银行理财产品的专业与经验优势，为城商行和农商行客户提供理财产品的产品设计、投资建议、操作指导等一系列的投资顾问服务。于是，资产托管部与其他两个部门在理财投资顾问业务上联合对现有客户进行营销，并将这个业务模式固化为中信银行针对城商行和农商行的服务产品。

Y银行是一家农商银行，是中信银行理财托管业务的重要客户，其发行的理财产品均由中信银行托管。Y银行刚刚开展理财业务两年，投向主要以同业存款搭配部分非标准化资产为主。随着理财市场竞争的白热化，以及银监会对理财投资监管的趋严，Y银行希望增加标准化投资产品，尤其是银行间债券投资。但是，Y银行并没有银行间债券的投资经验。恰逢中信银行资产托管部与金融市场部刚刚成立了"投顾+托管"的联合营销小组，小组通过分行获知该信息后，立刻对Y银行开展了联合营销。小组直接将设计好的四个产品方案带给了Y银行，分析了当时的监管政策与市场前景，并与Y银行就理财期限、收益率、销售规模等问题进行了沟通。Y银行即刻敲定委托中信银行作为其理财业务的投资顾问，自此中信银行开始为 Y 银行提供"投顾＋托管"的组合服务。

同年，中信银行的年金团队对 Y 银行开展了企业年金托管业务的营销，向 Y 银行提供了细致的年金计划方案。基于已经与中信银行开展的合作，Y 银行没有通过招标，而是直接确定并与中信银行签订了协议，由中信银行担任其年金业务的托管银行。年金业务的合作，将 Y 银行与中信银行牢牢地绑在了一起，双方共同努力，实现合作共赢。

中信银行向 Y 银行提供"投顾＋托管＋年金"的综合服务，这种服务是跨条线、跨业务的深入合作，业务的跨度越大，与客户的合作关系就越牢固，客户黏性就越强。此后，中信银行复制该模式，也为其他几家城商行和农商行提供了"投顾＋托管＋年金"的综合服务，将之固化成为标准服务模式。

案例点评

银行理财产品自 2004 年诞生以来发展非常迅速，带动了整个市场资产流转模式的改变，也在较大程度上改变了资产管理的业态和客户的储蓄习惯。起初，理财产品主要由五大国有银行和全国股份制商业银行发行，但随着业务发展的普及，越来越多的城商行和农商行也开始发行银行理财产品。根据监管要求，银行理财资金需要交由具备托管资质的商业银行托管，而对于城商行和农商行而言，大多是没有托管资格的。因此，银行理财产品也就成了各家托管银行竞相追逐的"蛋糕"。

银行理财产品的托管，除了本身的清算、核算和监督等基础工作，更需要为新加入理财发行军团的商业银行提供全方位的解决方案，包括市场情况分析、产品设计以及投资品种的建议，更深入的话，还可以包括系列理财产品账户管理的便捷系统以及商业银行年金的服务方案。如果托管银行能够为客户提供以上服务，托管业务自然就能收入囊中。

这一案例充分体现了托管业务的竞争已经不再是单纯托管服务的竞争，而是综合解决方案的竞争。谁能够站在客户的角度，切实解决客户在业务上的各类需求，谁就能够赢得客户，赢得市场。

参考文献

［1］中国银行业协会托管业务专业委员会，中国资产托管行业发展报告课题组．中国资产托管行业发展报告（2011）［M］．北京：中国金融出版社，2012.

［2］中国证券投资基金业协会．致敬托管 18 年——摸底基金业规范发展基石［N］.21 世纪经济报道，2016.

［3］李少君，廖志明．银行轻资产转型：竞逐 1 000 亿托管市场［EB/OL］.民生证券银行业研究报告，2016.

［4］中国人民银行调查统计司与成都分行调查统计处联合课题组．影子银行体系的内涵及外延［J］.金融发展评论.2012（08）.

［5］巴曙松．"影子银行"部分实现金融改革目标［J］.经济.2012（Z1）.

［6］方韡．中国影子银行的现状及其利弊浅析［J］.北方经贸.2013（04）.

［7］Foreign & Colonial Investment Trust 官方网站（http：//www. fandc. com/）.

［9］MFS 官方网站（https：//www. mfs. com/）.

［10］中国证券监督管理委员会官方网站（http：//www. csrc. gov. cn/）.

［11］前中国银行业监督管理委员会官方网站（http：//

www. cbrc. gov. cn／）.

［12］"全球托管"官方网站（www. globalcustody. net）.

［13］杨洪．P2P 行业：应告别野蛮生长　加强与银行合作［J］.中国银行业.2016（09）.

［14］刘长江．商业银行资产托管业务［M］.北京：中国金融出版社，2009.

［15］夏博辉．资产托管与托管银行［M］.北京：中国财政经济出版社，2011.

［16］杨洪．开拓"商行＋投行＋托管"业务发展模式，开辟银行轻资本转型新天地［J］.中信银行理论研究，2016（03）.

［17］中国银行业协会托管业务专业委员会，中国资产托管行业发展报告课题组．中国资产托管行业发展报告（2016）［M］.北京：中国金融出版社，2016.

［18］蔡宁伟．中国商业银行事业部制改革的机遇、优势与挑战［J］.国际金融.2015（1）.

［19］郑智，王文韬．解码信托［M］.北京：中信出版社，2014.

［20］段新生．私募股权基金——治理、评价与会计信息披露研究［M］.北京：中国金融出版社，2014.

［21］柳灯，杨董．银行理财十年蝶变［M］.北京：经济管理出版社，2015.

［22］刘长江．商业银行资产托管业务［M］.北京：中国金融出版社，2009.

［23］奚玉莉，杨芮，李耀东，等．互联网保险新模式［M］.北京：中信出版社，2016.

［24］深圳赢时胜信息技术股份有限公司官方网站（http：／／www. ysstech. com）.

［25］方鞾．商业银行资产托管业务的主要风险与防范措施探析［J］.时代金融.2015（29）.

［26］中国证券投资基金业协会．证券投资基金［M］．北京：高等教育出版社，2015.

［27］周晓明．余额宝的普惠金融实践及思考［N］．中国证券报，2016－06－17（A07）.

［28］周晓明．互联网金融时代打造“SAVE”基金［N］．中国证券报，2013－06－17（004）.

［29］常仙鹤．蚂蚁金服祖国明：“农村普惠”和“场景化”将成余额宝增长新动力［N］．中国证券报，2016－06－21（A05）.

［30］赵学毅．突破2.95亿人　余额宝成为全球用户数最多的基金［N］．证券日报，2016－06－17.

［31］廖学锋．余额宝“搅局”基金业托管银行“居中”应势图变［J］．银行家．2013（9）.

［32］方韡．互联网基金的发展及核心优势分析［J］．财经界（学术版）．2014（18）.

［33］支付宝官方网站（http：//www.alipay.com）.

［34］天弘基金官方网站（http：//thfund.com.cn）.

［35］王力．从企业家到资本家——中小企业新三板挂牌操作指南［M］．北京：中国金融出版社，2015.

［36］全国中小企业股份转让系统官方网站（http：//www.neeq.com.cn/）.

［37］N. Gregory Mankiw. Principles of Economics（6th edition）［M］. Cengage Learning，2011.